学前教育家文库

# 唐淑文集

凤凰出版传媒集团
江苏教育出版社
JIANGSU EDUCATION PUBLISHING HOUSE

# 目　录

## 农村幼教



## 其他

# 总 序

我国学前教育理论与实践的研究，始于 20 世纪初期的南京高等师范学校（南京师范大学的前身）。从南京高等师范学校到南京师范大学，在将近一百年的时间中，经过几代学前教育学人绵延不断的探索、传承、弘扬和发展，成就与积累了极为丰硕的学术成果，形成了我国学前教育学术宝库中一份十分珍贵的财富。为了使后继者得以在前人已有成就的基础上继续前进，为学前教育学术发展搭建一个历史平台，南京师范大学学前教育专业与江苏教育出版社决定联手出版《学前教育家文库》。

早在 20 世纪 20 年代，时任南京高等师范学校教务主任的陶行知先生创建了教育科，并任首届主任，就在这里开始了近代中国学前教育的奠基工作。陈鹤琴先生在这里开始了儿童心理、家庭教育、幼稚教育的研究与教学工作，创办了我国第一个幼教实验中心——南京鼓楼幼稚园；陶行知和陈鹤琴的学生张宗麟先生首先自愿成为陈鹤琴研究幼教的合作伙伴，在鼓楼幼稚园进行了课程、设备、故事、读法等项研究，后又成为陶行知在南京郊区开辟农村幼教基地的得力助手，陈鹤琴也曾被晓庄乡村试验学校聘为幼稚师范院院长。他们的论著如：《儿童心理之研究》《家庭教育》《幼稚教育概论》《幼稚园的演变史》《幼稚教育论文集》（一、二两册）等书，在幼教界影响深远。他们是中国化、大众化、科学化幼教道路的开拓者和领路人。他们作为先行者的实践业绩和理论建树其影响一直延伸至今。

新中国建立后，经 1952 年院系调整，由南京大学、金陵大学、上海震旦大学、广东岭南大学等相关系科组合在南京师范大学建立了当时全国惟一的幼儿教育系，陈鹤琴先生被国务院任命为南京师范学院的首任院长。陈鹤琴在幼教系亲自教授儿童心理学、教育史等课程，还设置了儿童教育研究室和儿童教玩具研究室及玩具工厂，开创了教学、研究、生产三结合的体制，并建立了南师附属幼儿园——附属幼儿师范学校——幼儿教育系的三级完整的幼教体系。在陈鹤琴先生的带领下，南师幼教系的老师们还分别深入各种类型幼儿园进行各科教学、玩教具、游戏、设备、营养、混龄教育等项研究，与幼儿园建立了鱼水关系。陈鹤琴所倡导的热爱儿童、热爱幼教的奉献精神，中西融通、不断探索的创新精神，理论和实际紧密结合的务实精神，深深地影响着一代又一代的南师学前教育学人，这种奉献、创新、务实的精神已蔚然成风，逐步形成为南京师范大学幼教人的传统风格。



改革开放后，南京师大学前教育专业进入了历史性突破的新时期。20 世纪 70 年代末，为促进全国幼教事业的复兴，南京师大学前教育专业肩负起筹备全国幼教研究会的重任，在南京召开了成立大会和第一届学术年会；80 年代初，南京师范大学学前教育专业首批执行教育部和联合国儿童基金会幼教师资培养的合作项目；80 年代末，承办了我国第一次幼教国际会议；90 年代初，被国务院学位委员会批准设立了我国首个幼儿教育学科博士点；本世纪初，被教育部确定为首个国家级学前教育重点学科。南京师大学前教育专业已成为当代我国学前教育领域中的先导和中坚。

近三十年来，南京师大学前教育专业以不断拓展理论视野和深入幼教实践来提高队伍素质，完善课程建设为根本方针。在教学方面：努力加强学前教育学、儿童心理学、儿童教育哲学等基础理论课，逐步增设了学前教育史、学前教育研究方法、学前课程论、儿童游戏论等科目，将幼儿园各科教学法改造成学科教育学。20世纪80年代中期承担了多项全国高校“七五”规划教材编写项目，由人民教育出版社出版了《学前教育学》及《学前教育学参考资料》，《中国学前教育史》及《中国学前教育史资料选》《学前儿童发展与教育科学研究方法》《学前儿童语言教育》《学前儿童音乐教育》《学前儿童美术教育》《幼儿科学教育》《学前儿童数学教育》《儿童营养学》等教材，填补了高师学前教育专业课教材的空白。在硕士和博士学位点的建设方面，设有学前教育基本理论、学前教育课程论、学前审美教育、学前科学教育、学前语言教育、学前道德启蒙、幼儿社会性发展、学前健康教育等专业方向。在科学研究方面：20世纪80年代初，率先进行幼儿园综合教育的研究，由此拉开全国幼儿园课程改革的序幕；承担了全国教育科学“七五”规划重点项目“农村幼儿教育研究”，“八五”规划重点项目“学前儿童艺术综合教育”、“幼儿道德启蒙教育”，“九五”规划重点项目“我国幼儿园课程体系的研究”、“学前儿童审美教育”、“幼儿园师幼互动的研究”等。此外，本专业教师还在健康、语言、社会、科学、数学、音乐、美术、游戏等教育研究领域自主开展研究。所有研究不但为本学科的发展奠定了坚实的基础，也在全国产生了较好的影响。出版了《农村学前一年综合教育课程设计》《学前儿童艺术综合教育》《幼儿道德启蒙的理论与实践》《师幼互动行为研究》《幼儿审美教育学》《儿童教育新论》《儿童精神哲学》《幼儿园课程指导丛书》《幼儿园课程实施指导丛书》《幼儿园课程研究论文集萃》《托儿综合教育课程》等书。近年来，还重视与国内外同行的合作研究，多次举办国际、国内学术研讨会，在刊物上开展学术思想争鸣。总之，南京师范大学学前教育学人的研究覆盖了学前儿童的生理和心理、正常儿童与特殊儿童、托儿所与幼儿园、教学与游戏、分科教学与综合教学、城市与农村、正规与非正规保教形式，涉及到幼儿教育系统工程的方方面面。她们的研究成果不仅有利于自身教育质量的提高、师资队伍的专业成长，也促进了全国幼教界教育改革的步伐，为建设有中国特色的幼教事业作出了重要贡献。

这次出版的《学前教育家文库》共 11 卷，包括：陶行知、陈鹤琴、方观容、黄人颂、赵寄石、汪爱丽、卢乐珍、屠美如、王志明、张慧和、唐淑 11 位教授、专家的个人专卷。用以彰显他们的开拓创新和求真务实精神，供人们分享他们的丰硕成果，以期薪火传承，发扬光大！在这里我深深祝愿本文库的出版将促进我国学前教育学术更加繁荣、事业更加兴旺！



鲁　洁

2005 年 10 月

# 序

## 用思想和行动诠释学前教育的灵魂

唐淑教授的学前教育文集出版了，我们由衷地高兴，也感到特别的欣慰。一个从十几岁就进入幼教领域、至今仍活跃在幼教领域的老兵，60 年来一直孜孜不倦地用她的思想和行动诠释着学前教育的灵魂——尊重儿童并促进儿童的发展，这让我们真正地钦佩和感动。综观唐淑教授的学前教育研究文集，我们有以下深切的认识和感受：

### 一、中国学前教育史研究领域的重要奠基者

中国学前教育的发展历史源远流长，中国学前教育史作为一个研究领域在整个幼儿教育学科中十分重要。当一个国家、一个民族、一种文化对自身的学前教育发展历史无法确切梳理和理论提升时，这个国家、民族和文化的学前教育发展水平一定会受到限制。我国第一本具有权威性的也是全国高等师范院校广泛采用的《中国学前教育史》及《中国学前教育资料选》就是在唐淑教授的积极参与、组织下完成的。《中国学前教育史》那种注重原始文献、以事实为依据、以社会发展为背景、以思想和制度为基本线索的研究方式，使之具有了学术生命力和学术影响力。这是整个学前教育学科发展的重要里程碑。《中国学前教育史》研究了中国不同历史时期重要的学前教育思想和实践，关注了对中国学前教育的发展产生了积极作用的不同时代的思想家，尤其是对近现代的学前教育家

的思想和实践进行了系统的研究。唐淑教授对有史以来的中国学前教育做了系统的编年史的研究，这填补了中国学前教育史研究的空白。唐淑教授特别关注对现代教育家陶行知和陈鹤琴的研究，她亲自组建了江苏省陈鹤琴教育思想研究会，曾担任了中国陶行知研究会学前教育专业委员会的领导工作。她在研究陶行知和陈鹤琴教育思想的同时，关注对两位教育家相互关系的研究，并提出了一些重要的学术观点。在唐淑教授的影响下，南京师范大学的教师和研究生分别对近现代的学前教育家进行了专题研究，对在中国学前教育史上有重要影响的机构进行深入的历史研究，发表了很多篇学术论文。唐淑教授还热情地指导来自全国各地及国外的中国学前教育史研究人员。在唐淑教授等老一辈学前教育专家的引领下，南京师范大学学前教育学科逐步形成了关注学前教育发展历史，注重经典著作的研读，史论结合，关注现实，积极创新的研究风尚。



**二、幼儿园课程领域的积极开拓者**

20 世纪 80 年代，是中国改革开放不断深入的年代，也是中国幼儿园课程发生剧烈变化的年代。唐淑教授站在幼儿园课程改革的前沿，一方面鼓励和组织南京师范大学传统研究领域——学科课程的不断发展和系统化，出版一系列相关研究成果；另一方面，主动参与幼儿园综合课程的研究，吸收系统论、信息论、生态学及建构主义的思想，努力促进幼儿园课程的改革和发展。她带领中青年教师深入城市和农村的幼儿园，开展幼儿园课程的研究和实践，形成了一系列的研究成果，也在全国产生了一定的影响。唐淑教授作为中国学前教育研究会副理事长及课程与教学专业委员会的第一任主任，大力倡导幼儿园课程的改革，组织了很多具有重要影响的学术活动，介绍国外幼儿园课程的新进展，交流我国幼儿园课程改革和发展的新成果，对推动我国幼儿园课程的改革和发展起到了积极作用。唐淑教授主编出版了《幼儿园课程研究与实践》及我国第一套四卷本的《幼儿园课程研究论文集粹》,对改革开放至1998年幼儿园课程改革的研究成果进行了系统的梳理。1998年之后的研究集粹四卷本也已经由她编辑完成并出版。唐淑教授还主持编写了《幼儿园领域课程》、《幼儿园渗透式领域课程》及《幼儿园活动体验课程》等幼儿园课程方案。

### 三、农村学前教育领域的热心践行者

唐淑教授对农村和农村学前教育有着深厚的感情。早在20世纪五六十年代她就参与了农村学前教育的调查、办园和师资培训工作。70年代初,她组织老师奔赴大江南北配合计划生育工作的开展,培训农村幼儿教师。改革开放以来,随着学前教育改革的不断深入,农村学前教育的改革和发展又被纳入了她的视野。她再次带领师生深入农村,深入幼儿园,深入班级,开展扎扎实实的调查和实证研究。20世纪八九十年代,在她的带领下,课题组组织了多次农村幼儿教师培训活动,几乎每月都要到农村的研究基地去开展活动,课题组出版了我国第一本《农村学前一年综合教育课程设计》,主编了农村学前教育研究专著《农村幼儿园综合教育》。时至今日,唐淑教授对农村幼儿园、对农村幼儿园的孩子、对农村幼儿园教师的关心从没有终止过,每年她都会抽时间去农村了解和指导农村幼儿园的改革和发展。她用自己的行动,实践着南师大幼教理论联系实际的研究传统。

在唐淑教授的学前教育文集出版之际,我们相信,唐淑教授一定还会以幼教为乐,以幼教为荣,继续她对学前教育的不断的追寻。

赵寄石、虞永平

2009年12月

# 学前教育史

# 中国幼儿教育发展

幼儿教育在中国源远流长，已有几千年的历史。大致经历了四个发展时期：古代幼儿教育的萌发、近代幼儿教育法规和机构的诞生、现代幼儿教育的勃起、当代幼儿教育的改革与发展。

## 古代幼儿教育的萌发

我国古代的幼儿教育经历了三个发展阶段，即原始社会的社会公育、奴隶社会的宫廷教育、封建社会的家庭教育。



### 一、原始社会的社会公育

由于生产资料公有，原始人群进行着集体的生产和生活。对儿童的教育由整个群落承担，社会公育成为原始社会的儿童教育的基本形式。诚如《礼记·礼运》中述："大道之行也，天下为公……故人不独亲其亲，不独子其子。"至原始社会末期，我国出现了名为"庠"的场所，即饲养牲畜和贮藏粮食的地方，自然也成了养老和育儿之处，成为对儿童实施社会公育的专门机构。

原始社会幼儿教育的特点：一是公共性，儿童公有，社会公育；一是原始性，教育与生活未分化，师生与人群未分化，靠口耳相传实施教育。

### 二、奴隶社会的宫廷教育

公元前21世纪，我国开始进入奴隶社会，大约从四千多年以前的夏朝开始，经过殷商到西周而极盛。随着生产的发展，人群开始分化，阶级出现了，私有制和家庭已形成。诚如《礼记·礼运》中所述："大道既隐，天下为家，各亲其亲，各子其子，货力为己。"对儿童的教育也由公育成为家事。我国奴隶社会重视未来王权继承人——太子的早期教育，故实施宫廷幼儿教育，即由朝廷委任德高望重的官员任教师，以学前年龄的太子和世子为对象，在天子宫廷及各诸侯王宫内进行幼儿教育，实行乳保教育和保傅教育制度。

公元前 11 世纪的西周时期，人们能按照婴幼儿年龄大小来制定循序渐进地实施幼儿教育的计划。如《礼记·内则》中曾记载："子能食食，教以右手。能言，男唯女俞，男鞶革，女鞶丝。六年，教之数与方名。七年，男女不同席，不共食。八年，出入门户及即席饮食，必后长者，始教之让。九年，教之数日。十年，出外就傅……"此计划内容贴近贵族子弟的日常生活，涵盖面广（包括生活习惯、日常礼仪、文化知识）；随年龄增长而逐步提高要求；男女分野。

奴隶社会幼儿教育的特点：一是宫廷性和等级性；一是学前性和准备性。

### 三、封建社会的家庭教育



春秋末年，奴隶制度崩溃，地主登上了政治舞台，我国进入了封建社会，直至清末鸦片战争为止，历时 2300 多年。随着经济、政治、文化的下移，教育也逐步下移，幼儿教育由宫廷之内扩大到普通家庭。此期的幼儿教育亦以儒家教育思想为指导，以家庭教育为主要形式。《颜氏家训》就是最早的家庭教育范本。

（一）家庭幼儿教育的目的

在封建社会，子女是家长的私有财产，家长希企通过家教早日使子孙"成龙"，以达到振兴家业、光宗耀祖的目的；子孙们亦以身相许，把光耀门楣作为自己的奋斗目标和报答父母养育之恩的最好方式。

（二）家庭幼儿教育的内容

包括思想品德教育、生活常规教育、文化知识教育、身体卫生保健等方面。

1. 思想品德教育。主要内容有：(1)孝悌。对幼儿进行"孝"的教育，就是要求幼儿从小养成不违背父母意志，服从父母绝对权威的习惯。如清代学者李毓秀在其所著《弟子规》中曾说:“父母呼,应勿缓;父母命,行勿懒;父母教,须敬听;父母责,须顺承。”二十四孝之一的“香九龄,能温席”,使东汉时的黄香成为封建社会儿童学习的榜样。当然封建社会的“愚忠”、“愚孝”完全抹杀儿童的个性与自由,成为制造奴性和奴才的渊薮,这是我们应当批判的。对幼儿进行悌的教育,主要是要求孩童自幼兄弟友爱。《孔融让梨》的故事就是悌德的典型事例。(2)崇俭。我国古代是农业文明的国家,农业生产艰辛,丰收得之不易,故珍惜粮食、崇尚俭朴就成为中华民族的传统美德和家庭教育的重要内容。陆游曾告诫后辈:“天下之事,常成于困约,而败于奢靡。”认为生活的清贫、俭朴,常促人奋进、成才,而专尚奢侈则会使人堕入深渊。对于幼儿的饮食与衣着,古人主张不能过于讲究,如《礼记·曲礼》中曾规定:“童子不衣裘裳。”(3)诚信。即诚实无欺。曾参杀猪、孟母买肉便是诚信教育的典型例子。(4)为善。即行合乎道义和礼仪的事。古人提倡为善积德,主张积小善以成大德。如刘备遗诏中有:“勿以恶小而为之,勿以善小而不为。”

2. 生活常规教育。(1)礼仪常规的训练,又称幼仪教育。首先是合乎礼仪的姿态训练,要求儿童行走坐卧的姿势保持端正。其次是尊老爱幼的礼仪训练。(2)生活卫生习惯的养成。早睡早起,自己穿戴整洁。进食时不可发出声响,不贪多暴食,不挑肥拣瘦。还应为家庭的环境卫生做些力所能及的“洒扫”小事,以养成勤劳、爱整洁的习惯。

3. 文化知识教育。家庭对幼儿进行文化知识教育,主要是识字、读书。广为流传的教材有《三字经》、《百家姓》、《千字文》等。

4. 身体健康教育。许多家庭注重教养结合,关注幼儿的身体健康。古时有各种游戏以锻炼身体、愉悦心情,如拔河、跳绳、滚铁环、放风筝、踢毽子、踢球等。

(三) 家庭教育的原则和方法

1. 及早施教。西汉初期的政论家、文学家贾谊认为,胎教是早期教育之始端。他在《新书·胎教》中,列举周妃后怀成王时的胎教:“立而不跛,坐而不差,笑而不諠,独处不倨,虽怒不骂。”北齐文学家颜之推认为,家庭教育应当及早进行,越早越好。他说:“幼而学者,如日出之光,老而学者,如秉烛夜行。”

2. 严慈结合。我国向来提倡长者应对幼者慈爱,诚如颜之推所说:“骨肉之爱,不可以简。”他也反对“无教而有爱”的溺爱。严教方面,他主张鞭挞是家庭教育不可缺少的有效手段。

3. 顺导性情,鼓舞兴趣。如明代教育家王守仁认为:“大抵童子之情,乐嬉游而惮拘检,如草木之始萌芽,舒畅之则条达,摧挠之则衰痿。”

4. 循序渐进,量力而施。王守仁提出,必须注意“从本原上用力,渐渐盈科而进”。

5. 因材施教,各成其材。王守仁认为:“因人而施之,教也,各成其材矣,而同归于善。”

封建社会幼儿教育的特点:一是家庭化,施教者是父母和长辈,在家庭中进行;一是封建性,为封建社会培养“建国君民”的统治人才奠基。



## 近代幼儿教育的产生

鸦片战争后,我国由封建社会逐渐沦为半殖民地半封建社会。20世纪初,形成了近代的学校教育制度,即“癸卯学制”,其中明确规定了幼儿教育的地位,建立了蒙养院制度。开始摆脱过去封建的家庭教育模式,逐步向由社会专门教育机构组织实施的方向发展。

19世纪中期以来,由于资本主义的发展,工矿企业逐步增加。我国工人阶级队伍开始出现并扩大,一些妇女为生活所迫,开始走出家门,走进工厂,走向社会,使近代幼儿教育的产生有了客观的需要。先进的中国人士在寻求救国救民真理时,效法西洋倡办西学,如维新运动领导人康有为在《大同书》中设计了一个从胎教到幼教的学前儿童公共教育体系。先进思想家们的积极宣传,也为近代幼儿教育的产生作了舆论和思想准备。帝国主义列强先后在我国设立了教会幼稚园和幼教师资培训机构，为我国幼儿教育的产生提供了借鉴。19世纪末、20世纪初，满清政府颁布了《奏定学堂章程》，才开始有了幼儿教育的法规和机构。

## 一、第一个幼儿教育法规

《奏定学堂章程》中规定：第一阶段为初等教育，包括蒙养院、初等小学堂、高等小学堂。专为蒙养院制定的《奏定蒙养院章程及家庭教育法章程》是我国第一部幼儿教育法规。主要内容有：

（一）确定蒙养院的地位和作用。“蒙养通乎圣功，实为国民教育之第一基址。”规定蒙养院招收“三岁以上至七岁之儿童”。院址可设在育婴堂和敬节堂内。

（二）提出保育教导要旨：“专在发育其身体，渐启其心知”，“体察幼儿身体气力之所能为，心力知觉之所能及”，“务留意儿童之性情及行止仪容”，“务专意示以善良之事物”。

（三）设置蒙养园的课程为：游戏、歌谣、谈话、手技。

## 二、最早的幼儿教育机构有以下形式

（一）公立官办的。第一个开办的是湖北幼稚园，光绪29年(1903)8月，湖北巡抚端方在武昌寻常小学堂内创办了这所幼稚园，聘请了户野美知惠等三名日本保姆负责经办，并拟订了《湖北幼稚园开办章程》。清政府颁布《章程》后，才更名为武昌蒙养院(现为湖北省武昌幼儿师范学校附属幼儿园)。湖南蒙养院，也由端方于光绪31年(1905)5月开办，聘来自日本的春山雪子、佐藤操子为保姆，拟订了《湖南蒙养院教课说略》。

（二）私人开办的。天津严氏蒙养院，1905年由清末翰林院编修、学部侍郎严修(1860—1929，浙江慈溪人)创办。聘请来自日本的大野铃子为教师，生源是亲友及邻居子女，附设在严氏女子小学内。先后开办的有1904年上海务本女塾附设幼稚舍，1908年北京曹氏(曹广权)家庭幼稚园等。师资培训方面，1903年秋开办的湖北幼稚园内，附设女子学堂，招收15—35岁的女子专门学习幼儿师范课程，这是我国幼儿师范最初的萌芽。严修于1902年设立严氏女塾，1905年开办保姆传习所，该所的毕业生是北方最早的幼教工作者。吴朱哲女士于1907年由日本学成回国，在上海公立幼稚舍创设保姆传习所，编撰的《保姆传习所讲义初集》于1909年由中国图书发行公司发行。这些师训机构和教材的出现虽是零星而不稳定，但毕竟是我国第一批幼儿教育师训机构和教材。清末幼儿教育主要受日本影响较广，从法规到实施，从教材到教师，从蒙养院到师资训练机构无一例外。1912年民国政府教育总长蔡元培主持制定了“壬子癸丑（1912—1913）学制”，将蒙养院改称为蒙养园，对蒙养园的宗旨、保教内容和方法及设备等作了十条具体规定，如蒙养园可附设于各级学校内或独立设置，师资由师范院校培养等。民国初年，各地新建了一批幼教机构。

## 现代幼儿教育的演进

1919年的“五四”新文化运动，提倡政治民主和科学进步。此期的幼儿教育从过去学习日本转向学习欧美，并在探索和实践中总结了自己的经验，奠定了幼儿教育中国化和科学化的良好基础。



### 一、杜威实用主义教育思想的传播

1919年5月1日，美国实用主义教育家杜威来华讲学。杜威的亲自宣传，使实用主义在中国产生极大的影响。陶行知的生活教育理论、张雪门的行为课程、陈鹤琴的活教育理论等均渊源于杜威学说。杜威的“儿童是教育中的太阳”即儿童中心论，在“五四”以后成为我国小学教育和幼儿教育的指导思想。由克伯屈根据儿童中心论创制的设计教学法也开始在我国试行。1922年11月，北洋政府制定了《学校系统改革令》，又称“壬戌学制”。此新学制将蒙养园改称幼稚园（此名称一直沿用到20世纪50年代初），并再一次把它正式列入学制系统。

### 二、幼儿教育中国化的实验研究

“五四”前后，陶行知、陈鹤琴等先后离美回国任教，对当时的幼稚教育进行了调查研究，揭露了普遍存在严重的照搬外国经验的弊病，开始着手进行使幼稚教育中国化和科学化的实验研究。如陈鹤琴对当时那种大抵是抄袭外人、“陈旧腐败不堪闻问”的“幼稚监狱”式的幼稚园，非常不满。他率先研究中国儿童心理、家庭教育和幼稚园教育，创办第一个幼教实验中心——南京鼓楼幼稚园，进行课程、设备、故事、读法及行为习惯的研究，探寻我国幼儿教育中国化和科学化的道路。陶行知揭露幼稚园害了三种大病——外国病、花钱病、富贵病，提出要建设中国的、省钱的、平民的幼稚园。他把工厂和农村称为“幼稚园的新大陆”，办起了我国第一批农村和工厂幼稚园。张雪门在任北平幼稚师范校长期间，探索培养中国化幼教师资的道路。张宗麟作为陈鹤琴和陶行知的助手和学生，除积极参加两位师长幼儿教育的实验研究外，对中国幼儿教育的发展方向、服务对象、师资培养等方面都有精辟的论述。

### 三、第一个幼稚园课程标准

1928 年 10 月，国民政府教育部聘请了 11 位专家，由陈鹤琴和胡叔异负责，拟订《幼稚园课程标准》。1932 年 10 月，由教育部正式公布。我国第一个《幼稚园课程标准》共分三部分。

第一部分为总目标，其内容是：

（一）增进幼稚儿童身心的健康。

（二）力谋幼稚儿童应有的快乐和幸福。

（三）培养人生基本的优良习惯（包括身体、行为等各方面的习惯）。

（四）协助家庭教养幼稚儿童，并谋家庭教育的改进。

第二部分为课程范围，包括音乐、故事和儿歌、游戏、社会和常识、工作、静息、餐点共七项。

第三部分为教育方法要点，共十七条。

### 四、幼儿教育机构的发展

随着幼稚园制度的确立，先后创建了一大批各种不同类型的幼教机构。

（一）幼稚园

1. 公立幼稚园。以附设于其他学校、机关者为多，其中大学和师范院校附设的幼稚园占有重要地位，如南京高等师范附属小学下设的幼稚园，成立于1919年，坐落在新建的“杜威院”内。

2. 私立幼稚园。多于公立幼稚园，由知名人士创办的在国内影响较大的有陈嘉庚的集美幼稚园、熊希龄的香山慈幼院、陈鹤琴的鼓楼幼稚园、陶行知的燕子矶幼稚园等。

（二）幼稚师范

1. 公立幼稚师范科及幼稚师范学校。国民政府于1932年颁布的《师范教育法》和教育部于1933年颁布的《师范学校规程》中，对附设幼稚师范科作了若干具体规定。1935年，教育部还颁发了幼师科的教学计划。1940年10月，我国第一所独立的公立幼稚师范学校——江西省立实验幼稚师范学校，诞生于江西泰和县的文江村，校长是陈鹤琴。办学宗旨有三：一是培养幼稚园的教师与幼稚教育的人才；二是幼稚教育在理论或教材教法方面的实验研究；三是活教育的实验。1943年被定为国立幼稚师范学校（全国10所国立师范之一）。同年，又增设专修科。抗战胜利后，幼师部交省办，专科部迁至上海，成为国立幼稚师范专科学校。期间，继续实验活教育，形成了活教育的理论体系。该校于1949年夏，并入南京大学师范学院。



2. 私立幼稚师范学校。20世纪20年代开始创办私立幼稚师范学校，如厦门集美幼稚师范学校（1927）、南京晓庄幼稚师范院（1929）、北平幼稚师范学校（1930）、上海幼稚师范学校（1930）等。各地教会先后开办了一批兼负培养幼稚园教师任务的女学，如苏州景海、杭州弘道、北平贝满等女学均附设幼稚师范科；独立的幼稚师范学校，如厦门怀德、福州协和、烟台玉皇顶等幼稚师范；一些教会大学，如金陵、震旦、齐鲁、沪江、华西、岭南等大学、女子大学也都分别设立过幼稚教育、家政、儿童福利等系科或专业组，培养了一批高层次的学前教育人才。

## 五、老解放区的幼儿教育

1937年抗日战争爆发后，为抢救民族后代，培育无家可归的难童健康成长为抗日建国之力量，经中国共产党联合各党派与各界知名人士发起，于 1938 年 3 月 10 日在武汉成立中国战时儿童保育会，这是抗日民族统一战线下国共两党合作的产物。该会成立后，全国各省市、陕甘宁边区、香港和南洋群岛相继成立 20 多个分会。以陕甘宁边区为例，1938 年 8 月也建立了战时儿童保育分会和战时儿童保育院。在抗日战争和解放战争时期建立的为革命战争和生产建设服务的各种类型的托幼机构有：寄宿制的保育院、托儿所；单位日间托儿所；变工托儿所、哺乳室；游击式的托幼组织（或称化整为零的托幼组织）；小学附设幼稚班（园）；私人设立的托儿所等。老解放区的幼儿教育积累了一些基本经验，如坚持党的领导和为革命与生产服务、为工农大众服务的方向；贯彻群众路线和勤俭办园的原则，以多种形式发展幼儿教育事业；实行“保教结合”，努力促进儿童身心的全面发展；建立一支既有崇高革命理想、又有一定专业修养的保教队伍等。

## 当代幼儿教育的发展



1949 年 10 月，中华人民共和国成立后，我国的幼儿教育事业发生了革命性的变化：从根本上改变了旧中国为帝国主义和少数统治阶级服务的半殖民地半封建的性质；确立了面向工农、为社会主义革命和建设服务的方针；明确了向全体幼儿实施全面发展教育的任务；逐步建设和发展了相当数量的适合中国国情的各种类型、不同层次、多种形式的幼儿教育机构；培养了一支有社会主义觉悟、有保教专业知识的幼教工作者队伍；在实践中积累了丰富的办好社会主义幼儿教育事业的经验。我国幼儿教育事业的发展，对培育祖国的下一代、解放妇女生产力、促进社会主义革命和建设发挥了重大作用。

### 一、国民经济恢复时期幼儿教育的改革(1949—1952)

1949 年 11 月，中央人民政府教育部成立，我国首次在初等教育司下设幼儿教育处，开始了幼儿教育的改造和建设工作。

（一）确定幼儿教育的任务和工作方针。

1. 对幼儿园长期沿袭的、与向工农开门相悖的制度，进行了一系列改革，如废除幼儿园的招生考试制度，将半日制逐步改为整日制等。

2. 教育部门扶持并陆续将一批私立幼稚园改为公立幼儿园，如南京陈鹤琴的鼓楼幼稚园、重庆刘文兰的景德幼稚园等。

3. 1951 年 1 月，教育部发出《关于处理接受美国津贴的教会学校及其他教育机关的指示》，教会幼儿园全部改为公办，收回了幼儿教育的主权。

4. 1951 年 8 月，教育部召开第一次全国初等教育会议和第一次全国师范教育会议，提出当前幼儿教育的工作方针及发展重点，首先应放在工业企业部门，其次是机关、学校及郊区农村。

5. 1951 年 10 月 1 日，政务院命令公布施行《关于改革学制的决定》，规定实施幼儿教育的组织为幼儿园，招收 3 足岁到 7 足岁的幼儿，使他们的身心在入小学前获得健全的发育。

（二）组织学习前苏联幼儿教育的理论和经验。1950 年 9 月，前苏联幼儿教育专家戈琳娜在北京师范大学教育系任教，除给本科生讲课外，还为来自全国各地的幼教工作者进修班和专修科讲课，在北京市六一、北海等幼儿园进行实验研究，到京、沪、宁等地讲学。同时，开展了对杜威的批判并涉及批判陶行知的"生活教育"理论和陈鹤琴的"活教育"理论，这是极不利于我国幼儿教育学科繁荣和发展的。



（三）制定幼儿园的暂行规程和纲要。1951 年，教育部制定了《幼儿园暂行规程》和《幼儿园暂行教学纲要》，并于 1952 年 3 月发至全国试行。规定幼儿园的任务是：根据新民主主义教育方针教养幼儿，使他们的身心在入小学前获得健全的发育；同时减轻母亲对幼儿的负担，以便母亲有时间参加政治生活、生产劳动、文化教育活动等。幼儿园教养活动项目有：体育、语言、认识环境、图画手工、音乐、计算等六项。

（四）积极培养幼儿教育的干部和师资。1952 年 7 月颁发的《师范学校暂行规程》规定：培养幼儿园师资的称为幼儿师范学校。师范学校得设幼儿师范科、师范速成班、短期师资训练班等。1952 年，教育部颁发试行的《关于高等师范学校的规定》中指出：高等师范学校设置的教育系得分设学前教育组，培养中等幼儿师范学校的专业课教师。

## 二、社会主义建设时期幼儿教育的发展(1953—1965)

1953年起，我国开始执行发展国民经济的第一个五年计划，此期经历了由稳步发展到盲目冒进到整顿提高三个阶段。

（一）稳步发展阶段(1953—1957)

1. 第一个五年计划中，对幼儿教育事业的规划是：稳步发展保育事业，五年内应该根据可能的条件适当地发展幼儿园，在城市可由机关、团体、企业单位和群众团体举办，在农村提倡农业生产合作举办。1956年2月，教育部、卫生部、内务部发出《关于托儿所、幼儿园几个问题的联合通知》，提出幼儿园的发展方针是：应当按照"全面规划，加强领导"和"又多、又快、又好、又省"的方针。

2. 1956年2月的《联合通知》，明确了对各类型托儿所、幼儿园的领导职责，以统一领导、分级管理为原则。托儿所归卫生行政部门领导，幼儿园归教育行政部门领导。

3. 1954年，前苏联学前儿童心理学专家马努依连柯来华任教，使幼教界掀起了学习儿童心理学的热潮。从1953年起，陆续翻译出版了几十种前苏联的幼儿教育专业书刊，成为我国师范院校的主要教学用书。

（二）盲目冒进阶段(1958—1960)

1. 在"大跃进"和"公社化"背景下，提出全国应在3—5年内，使学龄前儿童大多数都能入托儿所和幼儿园。一些地方更提出"三天托儿化"、"实行寄宿制，消灭三大差别"等口号，造成一哄而起、一吹即垮的混乱失控局面。

2. 1958年的"左"倾冒进错误，不仅使事业发展的规模和速度盲目发展，还导致在学术领域及知识分子中开展"兴无灭资"运动。首当其冲的是南京师范学院院长陈鹤琴，被强加上"文化买办"、"冒牌学者"等污蔑不实之词，致使这位著名的现代儿童教育家被迫离开教育岗位。

（三）整顿提高阶段(1961—1965)

1961年元月，中共中央制定了对国民经济实行“调整、巩固、充实、提高”的方针。幼儿教育也不例外，有条件的就整顿保留，没条件的则撤销，使幼教事业经过整顿得到正常发展。如幼儿园方面，1965年1.92万所，入园幼儿171.3万人；幼儿师范学校方面，1965年19所，在校学生5 267人，毕业生数861人，自1963年起，不再招收初级师范生；此时，鲁、闽、徽等地十多所高师虽增设了学前教育专业，但从1961年起，不仅这批刚“上马”的新专业纷纷“下马”，就连北京、南京等高校的学前教育专业也停止了招生，致使高师培养幼儿师范师资的工作全部停顿。

### 三、“十年动乱”对幼儿教育的破坏(1966—1976)

1966年5月至1976年10月，我国发生了“文化大革命”，各行各业全面遭到浩劫，幼儿教育也不例外。

（一）严重歪曲教育方针。彻底否定新中国17年的教育，把体智德美全面发展的教育方针批判为资产阶级的教育方针。致使幼儿园取消了生活制度和卫生保健制度；让幼儿背诵毛泽东的诗词、语录和“老三篇”，并把文明礼貌等基本行为品德斥之为“小节”等。



（二）彻底破坏管理体制，将行之有效的管理体制斥之为“管、卡、压”，取消规章制度，致使幼儿园陷于混乱境地。

（三）全面取消师资培训，原有19所幼儿师范学校全部停止招生，有的停办，有的改为中学，校舍、设备被占，专业教师被迫改行，仅有浙江幼儿师范学校未解散。高师学前教育专业也只有北京师范大学和南京师范学院保留了全部人员。

### 四、社会主义建设新时期幼儿教育的振兴(1977年至今)

1976年10月，“四人帮”反革命集团被粉碎。在全国拨乱反正、改革开放的新局面下，幼儿教育也得到了振兴和发展。

（一）建立统一领导、分级管理的幼教新体制

1. 1978年，教育部恢复了幼儿教育处。一些省（市）自治区的教育厅（局）也陆续恢复或新建了幼儿教育行政领导机构和教研机构，配备了专职或兼职的幼教行政干部和教研人员，逐步形成了由上而下的

统一领导、分级管理的体制。1979 年 7 月经中共中央和国务院批准，教育部、卫生部、劳动总局、全国总工会和全国妇联五部门联合召开了全国托幼工作会议。1989 年 8 月，国务院发布《幼儿园管理条例》。这是经国务院批准颁发的我国第一个幼儿教育法规，1990 年 2 月 1 日起施行。1997 年 7 月，国家教委印发《全国幼儿教育事业“九五”发展目标实施意见》，提出指导思想、总目标、具体目标及措施等共 11 条。

2. 1989 年 6 月，国家教育委员会发布的《幼儿园工作规程(试行)》(以下简称《规程》)，1990 年起施行。1996 年 3 月，国家教委令第 25 号发布《幼儿园工作规程》，1996 年 6 月 1 日起施行。经过 7 年试行，正式颁布的《规程》，其基本精神、主要内容不变，修改之处如下：(1)明确“幼儿园是基础教育的有机组成部分，是学校教育制度的基础阶段”，更强调其基础教育属性，而不仅仅为入小学作准备。(2)幼儿园双重任务的新提法为“为家长参加工作、学习提供便利条件”，这一变动体现了时代的需要。(3)总则增加“尊重、爱护幼儿，严禁虐待、歧视、体罚和变相体罚、侮辱幼儿人格等损害幼儿身心健康的行为”，体现了尊重和保护幼儿人格的重要意义。(4)培养目标方面，增加培养“求知欲望”，将“不怕困难”改为“克服困难”，增加培养感受美和表现美的“能力”。这比试行版更符合新世纪对未来人才的需求。(5)将第八章更名为“幼儿园、家庭和社区”，使之从家园两方的共育扩展为三方共育。

3. 1981 年 10 月，教育部颁发《幼儿园教育纲要(试行)》。内容包括幼儿年龄特点与幼儿园教育任务、幼儿教育的内容与要求、教育手段及注意事项等三大部分。根据《纲要(试行)》的精神，教育部首次组织编写了 7 种 9 册教材，并有配套的教学挂图，于 1982—1983 年由人民教育出版社出版。2001 年 9 月起施行教育部颁发的《幼儿园教育指导纲要(试行)》，此《纲要》共分总则、教育内容与要求、组织与实施、教育评价四个部分。第一部分总则共五条，说明了制定《纲要》的依据、原因、目的，我国幼儿园教育的性质和根本任务及自身特点，规定了幼儿园教育的内部和外部原则。第二部分教育内容与要求中，指出“幼儿园教育内容是全面的、启蒙性的，可以相对划分为健康、语言、社会、科学、艺术等五个领域，也可作其他不同的划分。各领域的内容相互渗透，从不同的角度促进幼儿情感、态度、能力、知识、技能等方面的发展”。然后分领域阐明目标、内容与要求及指导要点。第三部分是组织与实施，突出了教育性、互动性、开放性、针对性、灵活性等原则。第四部分是教育评价，提出了评价的发展性、合作性、标准的多元性以及多角度、多主体、多方法、重过程、重差异、重质性研究等原则。1991 年 9 月颁发《中华人民共和国未成年人保护法》、1995 年 3 月颁发《中华人民共和国教育法》等，均将儿童的生存、保护和发展与人类未来之间的关系，提高到人口素质基础和未来发展的先决条件的高度，也是幼儿教育依法治教的根本大法。

（二）多种渠道、不同规格和形式的幼儿教育事业

随着经济发展和经济体制改革，动员和依靠社会各方面的力量，有计划、有步骤，多种渠道、多种形式、不同规格地快速、稳定、健康地发展了幼儿教育事业。如幼儿园数从 1980—2000 年的 20 年中，基本上稳定在 17 万余所，入园幼儿数从 1 150 万人，跃升到 2 244 万人。到 2000 年，由于生育率下降和经济体制转轨等原因，幼儿园减少约 5 000 所，入园幼儿减少约 500 万人。



1. 各种渠道举办的幼儿园的发展。以入园的幼儿数为例，到 2000 年，教育部门办园占 41%；其他部门办园占 11%；民办（或集体）园占 48%，目前有逐年递增的趋势。

2. 城乡幼儿园的发展。1982 年 9 月，教育部印发《关于农村幼儿教育的几点意见》。1986 年 6 月，国家教委印发《关于进一步办好幼儿学前班的意见》。上述两个文件促使农村幼儿园、学前班得到迅速发展，但农村幼儿园发展不稳定，从 1996 年起迅速逐年递减。城市、县镇幼儿园的发展比较稳定，基本呈逐年递增趋势。

3. 各种收托形式的幼儿园的发展。(1)全(整)日制幼儿园，这是我国幼儿园的主要收托形式。(2)寄宿制幼儿园，此类幼儿园在我国数量不多。但随着家长外出经商、求学的增多，寄宿制幼儿园有增长

趋势。(3)幼儿学前班,主要招收学前一年的幼儿,多数设在小学或幼儿园内,也有单独设班的。(4)混合班,即在同一班内,混合收托幼儿。多在居住分散、幼儿人数少的农村举办,以学前一年儿童为主体。其他如季节性、计时制的幼儿班,游戏(活动)小组,大篷车,辅导站等无固定时间、地点和师生的非正规收托形式已逐渐涌现。

4. 不同规格幼儿园的发展。(1)示范性、实验性幼儿园,以教育部门办的为多,其他部门也有本系统的示范园和实验园,如部队、妇联、行业等也都在陆续建立。(2)乡(镇)中心幼儿园,一般由乡(镇)政府为主举办。(3)一般幼儿园,除示范(实验)园、中心园以外独立设置的幼儿园,由于经济条件和领导重视程度不同,各幼儿园的教育质量差异极大。

(三) 多元化的幼儿教育师资培训体系

经过20多年的努力,已形成了以师范院校为主体,其他教育机构共同参与的多渠道、多层次、多规格、多形式的学前教育师资培养培训体系,该体系由职前培养和职后继续教育构成,前者包括中等幼儿师范、专科、本科、硕士和博士研究生等层次,后者除以上学历教育外,还有通过各种专题培训班、教研与科研活动、学术研讨会、幼教研究会等活动及国内外进修和访问学者等非学历教育。



1. 中级幼儿教育师资的培训。根据我国的实情,幼儿园教师主要靠中等幼儿师范教育培养和培训。(1)职前新教师的培养。1980年8月,教育部颁发《关于办好中等师范教育的意见(试行草案)》,指出"要做好幼儿师范学校的发展规划。各省、市、自治区在1982年前,至少要办一所幼儿师范学校,并列为省级重点学校"。至2000年,全国幼儿师范学校为55所。上海幼儿师范学校于1985年经国家教委批准升格为上海幼儿师范高等专科学校,又于1997年秋并入华东师范大学。上世纪末,许多省、市幼儿师范学校纷纷仿效,大体为:业已并入高校,成为高校中一个系科或一个学院;与高校联合办学,但行政保持独立;与其他中师合并,力求挂靠一个高校;独立升格为专科。在西部及边远地区的中等幼儿师范学校,仍需继续培养中级幼教师资。

(2)职后幼教师资的培训。通过教育部门和民间办学,采取短期培训、脱产进修、夜校、函授、刊授、广播、电视、自学考试等形式,进行授予学历文凭、专业证书和结业证书的不同层次水平的培训,并编写出版了函授、培训等教材。在职培训体现了因地制宜,长短结合,脱产与业余相结合,正规与非正规相结合等特点。1996 年 1 月,国家教委颁发《关于开展幼儿园园长岗位培训工作的意见》。争取用 5 年左右时间将全国幼儿园园长轮训一遍,全脱产培训时间为 12 周,也可采取半脱产形式进行。

2. 高级幼儿教育师资的培训。1978 年起,原有的 6 所高师学前专业开始陆续招生,不少省(市)级师范院校也设置了该专业。高师学前教育专业的任务:(1)实施 2—3 年制的专科教育,培养幼儿园教师;(2)实施四年制本科教育,培养幼儿园骨干教师及其他幼教工作者;(3)实施三年制的硕士研究生和三年制的博士研究生教育,培养高校教师和教、科研人员。从 1998 年开始有了第一位进博士后流动站研究幼儿教育的学者。人民教育出版社出版了我国学者编写的一批高师学前教育专业的教材,如《学前教育学》及《学前教育学参考资料》,《学前心理学》及《学前心理学参考资料》,《中国学前教育史》及《中国学前教育史资料选》,《学前儿童发展与教育科学研究方法》等。还组织翻译出版了前苏联和美国等国的高校教材。并通过举办夜大、电大、干部专修科、研究生课程等大专、本科、硕士和博士研究生的在职教育(包括学历和非学历的)使广大学前教育工作者脱产或不脱产地接受高等教育。



(四) 开展科学研究,促进幼儿教育改革

我国幼儿教育有计划的科学研究兴起于 70 年代末,活跃于 80 年代,深化于 90 年代。建立了专门的科学研究机构和群众性的科学研究组织,开展了某些课题的研究,取得了一定的成果,对繁荣幼儿教育科学,提高幼教工作者的理论水平和实际教育工作质量,起着积极的推动作用。

1. 1978 年 7 月,经国务院批准重建中央教育科学研究所时,就设置了“幼儿教育研究室”。全国先后建立了近40个省(市)自治区和高校设置的幼儿教育研究机构。中央和地方的研究机构及教育行政部门相互协作，进行了“全国16个省(市)、自治区幼儿形态、机能、基本体育活动能力抽样调查研究”，组织全国10省(市)参加国际教育成就评价协会(简称IEA-PPP)学前项目——“影响4岁儿童发展的各种因素”(即“适应我国国情，提高幼儿素质”的调查研究和实验研究)、“农村幼儿教育体系的实验研究”等项目的协作研究。其他如南京师范大学教科所幼教研究室与南京市实验幼儿园合作进行的“幼儿园综合教育课程结构”的研究、上海市教科所幼教研究室进行的“幼儿家庭教育”的研究等都取得了丰硕的成果。

2. 1979年11月，全国幼儿教育研究会在南京成立，1992年该研究会升格为国家一级学会——中国学前教育研究会。该会于1988年加入世界学前教育组织(OMEP)，成为其会员国。中国学前教育研究会是群众性学术团体。其会刊《学前教育研究》被国务院学位委员会确定为国家核心刊物。1999年成功地举办了双庆(庆祝中国幼教事业开创50周年和中国学前教育研究会成立20周年)学术纪念活动。2003年10月又在北京人民大会堂召开了百年中国幼教纪念大会。该研究会体现了普及性、群众性、学术性的特点，对普及幼儿教育科学，探讨幼儿教育理论和实践中的重大问题，发挥了独特作用。

(五) 国际合作、承诺与交流

我国改革开放20多年来，也将中国幼儿教育界推向了世界。我国举办和外出参加国际学术研讨会，与国外合作的幼教研究项目逐渐增多，90年代以后更加注意对世界儿童发展事业作出承诺。

1. 1989年11月20日第44届联合国大会通过《儿童权利公约》，1990年9月30日在联合国召开的世界儿童问题首脑会议上，通过了《儿童生存、保护和发展世界宣言》和《执行九十年代儿童生存、保护和发展世界宣言行动计划》。1991年3月，李鹏总理代表中国政府签署了上述两个文件，作出了庄严的承诺，并于1992年发布《九十年代中国儿童发展规划纲要》。1996年4月，国家教委—联合国教科文组织联合主办了“中国履行《儿童权利公约》研讨会”。经过十年努力，中国基本实现了90年代儿童发展规划纲要和1990年世界儿童首脑会议提出的全球目标，已完成的《中华人民共和国九十年代发展状况报告》正是这十年中国儿童发展的真实写照。第二个《中国儿童发展纲要》(2001—2010)也已公布，我国将继续履行对国际公约的承诺。

2. 1982年—1984年，我国和联合国儿童基金会的幼教师资培训合作项目，由南京师范学院承担。1985年—1989年扩大到北京师范大学等8所高等师范学校学前教育专业和17所幼儿师范学校，90年代又扩大了几所高校和10多所幼儿师范。双方还合作建立了“儿童发展中心”。1990—1994年，联合国儿童基金会与国家教委的合作项目为“幼儿园与小学衔接的研究”，在16所小学和幼儿园进行教育实验，其成果《幼儿园与小学衔接的研究》丛书共7册。1996年—2000年，国家教委与联合国儿童基金会合作项目“贫困地区，社会、家庭、教育机构共同促进儿童发展”在内蒙古、广西、安徽等地进行。



3. 1989年10月，为纪念国际儿童年成立40周年及联合国儿童基金会与中国合作10周年，国家教委在南京主办了第一次“幼儿教育国际研讨会”，它向世界展示了我国幼儿教育10年改革取得的成绩，表明我国已迈入国际交流的行列。1993年5月，联合国儿童基金会和国家教委在广东省江门市联合举办“幼儿教育发展——向90年代挑战国际研讨会”。通过国际交流，不仅使我国学者了解世界，也让世界了解中国，国际交流使中国幼儿教育走向世界。

2003年1月，国务院办公厅转发教育部等10个部门(单位)《关于幼儿教育改革与发展指导意见》的通知，肯定改革开放以来我国幼教事业取得了长足发展：“大中城市已基本满足了适龄儿童的入园需求；农村和老少边穷地区通过灵活多样的形式，为越来越多的学龄前儿童提供了受教育机会；幼儿教育质量得到提高”；指出：“目前我国幼儿教育总体水平还不高，地区之间、城乡之间发展不平衡，与经济、社会、教育的发展和人民群众日益增长的需求还不相适应；幼儿教育事业投入不足；一些地方对幼儿教育的重要性认识不到位，简单套用企业改制的作法，将幼儿园推向市场，减少或停止投入，甚至出售；有的地方幼儿教育管理力量薄弱。”为进一步推动幼儿教育的改革与发展，根据《中共中央、国务院关于深化教育改革，全面实施素质教育的决定》和《国务院关于基础教育改革与发展的决定》精神，就“幼儿教育改革与发展的目标”、“进一步完善幼儿教育管理体制，切实履行政府职责”、“加强管理，保证幼儿教育事业健康发展”、“全面实施素质教育，提高幼儿教育质量”、“加强师资队伍建设，努力提高幼儿教师素质”、“加强领导，保证幼儿教育改革与发展的顺利进行”等六个方面，作出了25条决定。《指导意见》的新精神在于：

1. 明确以社会力量办园为主体，公办园起骨干和示范作用。

2. 扩大服务对象：从3—6岁幼儿扩大为0—6岁幼儿；要为提高家长及看护人员的育儿能力服务。

3. 倡导以社区为基础的公办与民办、正规与非正规相结合。

我国的幼教事业历经风风雨雨、坎坎坷坷，才赢得今天的兴旺发达。为迎接新世纪的挑战，只有依法治教，才能引导我国幼教走向新的胜利！



**参考文献**


1. 唐淑、钟昭华：《中国学前教育史》，人民教育出版社，1993年3月。
2. 中国学前教育史编写组：《中国学前教育史资料选》，人民教育出版社，1989年。
3. 唐淑、何晓夏：《学前教育史》，辽宁师范大学出版社，2001年9月。
4. 中国学前教育研究会编：《中华人民共和国幼儿教育重要文献汇编》，北京师范大学出版社，1999年。
5. 教育部基础教育司组织编写：《幼儿园教育指导纲要解读（试行）》，江苏教育出版社，2002年4月。


原载《中国教育大百科全书》（上、下卷）上海教育出版社2009年12月

# 陈鹤琴的学前教育理论与实践

陈鹤琴(1892—1982),浙江上虞人,现代儿童教育家。他是我国学前教育和儿童心理研究的开拓者和奠基人,对儿童教育事业作出过杰出的贡献。

陈鹤琴诞生于19世纪末年动荡时代的社会和家庭中,其先祖由农民成为商人,使陈鹤琴既具敦实忠厚的农夫品格,又具开拓进取的商人作风。到他父亲这一代便家道中落,杂货店倒闭。6岁那年其父去世后,陈鹤琴过早地品尝到人生的艰辛,贫困的生活使他从小感到"人生非奋斗,没有出路"。读了几年私塾后,靠亲友资助进入基督教浸礼会办的杭州蕙兰中学,在学习期间,他勤奋刻苦,成绩优异,常以"有志者事竟成"等格言自勉,从显亲扬名转变为济世救人的人生观。

1911年2月,考入教会学校上海圣约翰大学,秋季又转考入清华学堂高等科。期间,他认识到清华经费是美国退还的庚子赔款,读书是人民脂膏的栽培,萌发了爱国爱民的思想。曾创办校役补习夜校和城府村义务小学,自兼两校校长,并组织社团,培养热心服务的精神和能力。

1914年8月,他与陶行知同行,前往美国留学。原打算学医,经思前想后,认为"医生是医病的。我是要医人的……我是喜欢儿童,儿童也是喜欢我的。我还是学教育,回去教他们好"①,终于在"为人类服务,为国家尽瘁"②志向的指导下,决意学习教育以献身教育事业。他先在霍布金斯大学学习,自奉求学原则为:凡百事都要知道一些,有一



①② 陈秀云、陈一飞编:《陈鹤琴全集》第六卷,江苏教育出版社,2008年,第531页。

些事物，要彻底知道。他不仅如饥似渴地学习本科和几门外语，还学习政治学、市政学、经济学等，对地质学、生物学的实验研究也怀着极大的兴趣。暑假还到康奈尔大学和阿默斯特大学暑期学校选读园艺、养蜂、鸟学、普通心理学等。1917 年夏毕业，得文学学士学位。入秋，进哥伦比亚大学师范学院，专心研究教育学和心理学，就学于克尔帕屈克、孟禄、桑代克、罗格等名教授。冬，由孟禄率领去南方考察黑人教育。1918 年夏，获教育硕士学位，随后转入心理系，师从伍特沃思教授，准备攻读博士学位，但终因 5 年留学期满而回国。留学期间，他不仅获得了学士和硕士学位，增长了知识和学问；更重要的是研究方法和科学精神的习得，受到了进步教育和实用主义思想的深刻影响。

1919 年夏，他接受南京高等师范学校（后改为东南大学）校长郭秉文的邀请回国任教。期间，他任教育科儿童心理学和教育学教授。由他在高校首开的《儿童心理学》课程，不仅介绍当时许多国外知名心理学家的研究成果，并最早运用观察实验的方法，系统地研究我国儿童的心理发展。从 1920 年起，他以长子一鸣为对象，进行儿童心理发展的观察和实验，共 808 天。他把研究所得比照西方儿童心理学家的研究成果，写成《儿童心理之研究》一书。同时又以其子女为对象，研究家庭教育，写了《家庭教育》一书。两书均于 1925 年由商务印书馆出版发行，列入大学丛书。

1923 年春，陈鹤琴在自宅客厅里创办了南京鼓楼幼稚园，亲任园长。不久又以该园作为东南大学教育科的幼教实验园地，建立了我国第一个幼教实验中心，开创了科学幼教研究之先河。当时教育科曾委派张宗麟协助工作，在陈鹤琴的直接指导下开展了幼稚园的课程、设备、故事、读法以及幼稚生应有的习惯和技能等项实验研究。在此基础上，陈鹤琴于 1927 年发表了《我们的主张》一文，提出了适合我国国情、儿童心理、教育原理和社会现状的办园主张 15 条。鼓楼幼稚园的实验研究成果，于 1928 年曾作为《幼稚教育丛刊》出版了 4 种，并成为 1932 年教育部公布的《幼稚园课程标准》的基础。

1927 年 3 月，陶行知创办南京晓庄试验乡村师范学校。陈鹤琴兼任该校指导员及第二院(幼稚师范院)院长,支持晓庄师范创办乡村幼稚园,开辟乡村幼稚教育实验基地。

同年6月,陈鹤琴任南京特别市教育局学校教育课课长,着力整顿中小学教育和幼稚教育,设立实验区,试验新教法,并编纂教科书、儿童读物,研究和设计玩具、教具、设备等。为了推动教学研究工作,他还发起组织幼稚教育研究会,创办我国最早的幼稚教育研究刊物《幼稚教育》(1928年改为《儿童教育》),任主编。1929年7月,中华儿童教育社在杭州成立,他被推选任主席。

1928年5月,在蔡元培主持召开的第一次全国教育会议上,与陶行知共同提出《注重幼稚教育案》7条。同时经过几年的研究,他从90多万字的白话文材料中选出4 791个常用字,编成《语体文应用字汇》,作为中华教育改进社丛刊,于6月由商务印书馆出版发行。

同年9月,他应聘赴上海主持公共租界工部局的华人教育,任华人教育处处长共11年。先后办了6所小学(附设幼稚园),其中1所为半日二部制的简易小学(专为贫寒子弟)、1所女子中学、4所工人夜校;并争得了升国旗权及在4所华童公学增设中国人的校长和副校长等。期间,他对小学教育及小学教科书进行了研究,编写有关国语、算术、英文、作文、自然、历史等课本、卡片、字帖、读本、丛书等,并主编《小学教师》刊物。



1934年7月至次年3月,陈鹤琴赴英国、法国、比利时、荷兰、德国、丹麦、前苏联、波兰、奥地利、意大利、瑞士等11国考察教育。回国后积极介绍欧洲先进教育经验,特别是前苏联推行普及教育和儿童教育的经验,并在教育实践中作为借鉴。1937年2月,陈鹤琴代表中华慈幼协会与熊希龄、毛彦文、关瑞悟等出席在爪哇举行的国际联盟远东禁贩妇孺会议,他负责起草我国代表向大会的报告——《中国妇女被贩卖》,并于回国后在上海组织妇孺问题研究会和儿童保护会。

1937年7月,抗日战争全面爆发。上海"八一三"以后,有近百万难民涌入租界,当时在中国共产党的领导和推动下,通过各慈善团体的努力,成立了大批难民收容所和难民教育机构。他先后担任上海国际救济会常务委员会兼教育组负责人和上海国际红十字会教育委员会主任，负责领导开展难民中的儿童教育、成人教育和职业教育。在200多个收容所的160多所学校中，有27 000多名难童受到教育。以后又任上海慈善团体委员会教育委员会主任，在难童和难民中开展文化和抗日教育。为收容和教育流浪儿及孤儿，他发起组织儿童保育会，任理事长，并创办儿童保育院和报童学校10所。期间，他还大力提倡拉丁化新文字运动，编撰新文字的课文和读物，进行教学实验，举办师资培训班、展览会，召开座谈会、研讨会，以推进扫除文盲、普及教育。他担任了上海语文学会、上海市成人义务教育促进会的理事长。同时他还参加地下党领导的"民社"、"星二聚餐会"等进步团体，开展抗日救亡活动。为此，遭汪伪忌恨而被列入暗杀名单，因及早转移，幸免于难。

1940年，陈鹤琴以"要做事，不做官"的志气，拒绝了教育部提出的要他担任国民教育司司长的要求，赴江西筹建幼稚师范。10月1日，江西省立实验幼稚师范学校——我国第一所公立幼稚师范学校便诞生于江西省泰和县文江村。由他任校长，全面实验"活教育"，以实现其办中国化幼稚教育由中国人自己培养中国化幼稚师资的宏愿。当时江西省政府仅拨款25 000元，划地350亩。他克服各种困难，亲自规划设计、选购建材、寻找水源，并带领师生开山筑路、建造校舍、种菜养猪，不久便使荒岗出现了20多座简易、美观、实用的教室、宿舍、礼堂等。他提出了"敬业、乐业、专业、创业"的幼师培养方针，还为幼师设计了校徽：一只象征觉醒的幼狮图案；为幼师校歌作词："……幼师，幼师，前进的幼师！做中教，做中学，随作随习。活教材，活学生，活的教师。大自然、大社会是我们的工作室。还要有手脑并用，文武合一……"[①]并创办《活教育》月刊，任主编。

1943年，该校由省立改为国立，同时增设幼稚师范专修科，从而形成了一个较完整的幼稚师范教育体系，包括专科部、师范部、小学部、

① 陈秀云、陈一飞编：《陈鹤琴全集》第五卷，江苏教育出版社，2008年，第2—3页。

幼稚园、婴儿园等部分，另设国民教育实验区。1944 年，日寇窜扰赣江两岸，陈鹤琴迁校至赣南。1945 年初，局势再度紧张，他率领师生及家属 200 多人历尽艰辛，长途跋涉，于 3 月在广昌甘竹乡饶家堡重建校园。抗战胜利后，幼师改为省办，专科部迁至上海，成为国立幼稚师范专科学校，他任校长。

1945 年 9 月，陈鹤琴被聘为上海市教育局督导处主任督学，负责接管外国人办的中小学 30 余所。同年，创办上海市立幼稚师范学校(1947 年 2 月改为市立女子师范学校)并任校长，继续实验活教育，复办《活教育》月刊，并编写了《活教育——理论与实施》、《活教育的创造》、《活教育的教学原则》等，建立了活教育的理论体系。他支持学生参加进步政治运动，赞助学生在上海大场及江苏金坛举办农忙托儿所，实验并推广乡村学前教育。期间，他创办了上海儿童福利促进会，以解决难童教养问题；又筹建上海特殊儿童辅导院，任院长，计划将该院建成为盲、聋、哑、伤残、低能和问题儿童等 5 种特殊儿童综合性教育机构。



1946 年春，陶行知从渝返沪，两位好友切磋交流，互相勉励。陈鹤琴担任陶行知主持的生活教育社上海分社的理事长，陶行知应邀赴陈鹤琴任校长的幼师作报告，出席幼专学生的毕业典礼。7 月 25 日，陈鹤琴主持生活教育社上海分社暑期进修班开幕式，正等着陶行知前来讲话，突然传来陶行知逝世的噩耗，他悲痛万分，不顾个人安危，筹办并主持了陶行知的追悼会，护送陶行知灵柩去南京晓庄安葬。

从 1946 年到 1949 年，陈鹤琴积极投入民主运动。他不顾反动当局的压力，支持、保护师生的民主进步运动，聘用、接纳了一些遭受当局迫害的师生来校任教、读书。他担任了“上海市小学教师联合进修会”和“上海市教师福利促进会”两个进步团体的顾问，国立幼专和市立女师在学生运动中异常活跃，被誉为“民主堡垒”。由于陈鹤琴追求进步，支持子女和学生的革命活动，因而不止一次受到反动派的警告和恐吓，两次被捕入狱，经各大学校集体作保始得获释。

中华人民共和国诞生后，陈鹤琴努力学习马克思主义，拥护中国共产党的领导，热爱社会主义祖国，以极大热情参加各项政治运动。历任第一至第五届全国政协委员、中国人民保卫儿童全国委员会委员、全国文字改革委员会委员等，同时先后担任南京大学师范学院院长兼幼教系主任和南京师范学院院长。期间，他亲自开设儿童心理学、教育史等课程，并创立了包括附属幼儿园、附属幼儿师范学校、儿童教育研究室、儿童玩具研究室以及附设玩具工厂等一套完整的教学和科研体系，使他从20—40年代奋斗了30年未能完全实现的理想，在新中国成立后短短几年内都实现了。

然而，在这一过程中，由于“左”的思潮的影响，他却遭到了一系列不公正的待遇。从50年代初起，由批判电影《武训传》波及到陶行知的生活教育和陈鹤琴的活教育，对他的儿童教育思想全盘否定，“一棍子打死”。继而又在1958年对他进行了错误的批判，使他不得不于1959年被迫离开教育岗位。但在任江苏省政协副主席期间，他仍十分关心教育事业，并为祖国的和平统一大业做了大量工作。

“文化大革命”后，经过了拨乱反正，才重新恢复了陈鹤琴作为著名教育家的地位。1979年起，他出任江苏省人民代表大会常务委员会副主任、九三学社中央委员会常务委员，并当选为中国教育学会名誉会长、全国幼教研究会名誉理事长、江苏省心理学会名誉理事长。1980年他患了脑血栓病，经抢救后双腿瘫痪。1981年六一儿童节时，他行动虽然不便仍题词：“一切为儿童，一切为教育，一切为四化。”[①]1982年病情加重，当他连说话都困难时，还对友人写下“我爱儿童，儿童也爱我”的肺腑之言。[②]

陈鹤琴一生经历了由爱国主义、民主主义最终走向共产主义的漫长道路。他曾多次申请加入中国共产党，表示毫无保留地献出自己的全部知识和力量，为建设社会主义和共产主义而奋斗。1982年12月

① 《光明日报》，1981年5月28日。

② 陈秀云、陈一飞编：《陈鹤琴全集》第一卷，江苏教育出版社，2008年，高觉敷序第1页。

30 日，陈鹤琴在南京逝世，终年 90 岁。江苏省政府、省人大在悼词中称他是中国共产党的一位真挚的朋友，是我国著名的教育家和幼儿教育专家。

陈鹤琴的好友、著名心理学家高觉敷教授也在挽联中对陈鹤琴在学术上的建树，给予了恰当的评价，称赞他：采用日记法，辛勤观察，为新科学儿童心理学作贡献；提倡活教育，大声疾呼，给死读书传统训练猛扣丧钟。

陈鹤琴毕生致力于中国教育的改造和儿童的教育事业。从普通教育到师范教育，从家庭教育到学校教育、社会教育，从婴幼儿教育到青少年教育，从一般正常儿童的教育到特殊儿童的教育，从普及教育到新文字运动，他都作过全面深入系统的探索和研究。他开创了我国儿童心理、学前教育的科学研究工作，并促使家庭教育科学化、幼儿师范教育系列化。陈鹤琴无愧为我国现代著名的教育家和幼儿教育专家。



他所留下的近 400 万字的著作，也是我国教育史，特别是学前教育史上的宝贵财富。现在汇集他的教育论著的《陈鹤琴教育文集》上、下卷及《陈鹤琴全集》6 卷均已问世，可供人们研究和学习。我们应当学习其献身精神和创业精神，继承和发展其教育思想，为创建具有中国特色的社会主义学前教育体系而努力。

### 一、儿童的发展和教育

陈鹤琴从 1920 年冬开始，以其长子一鸣为对象，就儿童的动作、能力、情绪、言语、游戏学美感等方面的发展，逐日对其身心发展变化和各种刺激反应进行周密的观察和实验，作出详细的文字记录和摄影记录，写成《儿童心理之研究》一书，他在书中阐述了儿童心理发展的一般规律与年龄特征，揭示了儿童形成心理特征和道德品质、掌握知识与技能以及发展智力和体力的心理过程。50 年代初，陈鹤琴结合教学完成了《儿童心理学》讲稿，进一步系统地论述了儿童从新生到成长的整个过程当中所产生的一切变化。正是由于他对儿童身心发展进行了缜密的研究，为我国儿童教育的科学化提供了坚实的基础。

（一）儿童期对人生和教育方面的意义

陈鹤琴根据他的研究，认为人和一般动物相比，有一个明显的不同之处，就是人比一般动物不仅胎期长，儿童期（幼稚期）更要长得多。这有什么意义呢？他指出这种长期的胎内生活，与后天发展有密切的关系，并说："现在我们人的环境比较从前的环境一天复杂一天了。适应环境的准备期当然也要长些。"①"环境既然复杂，学习的时间当然要长，如果要全靠先天的遗传，而不加以后天的学习，必不能适应这样复杂的环境。"②同时，他指出："儿童期愈长，学习的机会愈多；学习的机会愈多，天赋的智力发展愈快，然后才可以适应复杂的环境。所以人的儿童期实在是预备适应环境的重要时期。"③他并且将初生的婴儿与小鱼、小鸟比较，说明鱼鸟的各种活动可以说生来就能做的，而"我们人的活动大部分是生后学来的。儿童的身体脑筋都要渐渐的发展；儿童的道德要逐渐涵养；儿童的谋生能力也要渐渐的储蓄；人生一切的活动都要在儿童期内发展的"④。他还特别强调："儿童期是发展个人的最好的机会。什么言语，什么习惯，什么道德，什么能力，在儿童的时候学习最速，养成最易，发展最快。"⑤因此，他得了结论："儿童期就含这两方面意思：一方面儿童期是发展能力的时期，一方面儿童期具有可以发展的性质，此即所谓可塑性或谓可教性。"⑥从而认定"幼稚期（自生至 7 岁）是人生最重要的一个时期"⑦，应当把幼稚期的教育当作整个教育的基础。

（二）幼儿的心理特点与幼稚教育

陈鹤琴通过揭示幼儿的心理特点来提出教育教学原则。他认为儿童不是"小人"，"儿童的心理与成人的心理不同，儿童时期不仅作为成人之预备，亦具有他本身的价值，我们应当尊敬儿童的人格，爱护他

---

① 陈秀云、陈一飞编：《陈鹤琴全集》第一卷，江苏教育出版社，2008 年，第 52—53 页。
②③ 同上，第 53 页。
④⑤⑥ 同上，第 52 页。
⑦ 陈秀云、陈一飞编：《陈鹤琴全集》第二卷，江苏教育出版社，2008 年，第 512 页。

的烂漫天真”[①]。他认为幼儿具有以下几个主要特点。

1. 好动。陈鹤琴认为“儿童生来好动的，他喜欢听这样，看那样；推这样，攫那样；忽而玩这样，忽而弄那样；忽而立，忽而坐；忽而跳，忽而跑；忽而哭，忽而笑。没有一刻的工夫能像成人坐而默思的”[②]。他对儿童的各种动作进行了观察记录，如口的动作、头的动作、手的动作、臂的动作、坐的动作、立的动作、爬的动作、足的动作、走的动作、跳的动作、退的动作等。他发现儿童出生后的第一天就有许多生来就有的动作，如打呵欠、打喷嚏、吸乳、把手指放入嘴里、吸指作声、手臂交互展动、两腿上下伸缩、足有防御性的反射动作、眉眼皱缩等。陈鹤琴经过研究，认为“儿童还没有养成自制力，他的行动完全为冲动与感觉所支配”[③]，所以儿童是好动的。陈鹤琴指出这是“因为他的感觉与动作很连通的，若他一想到吃，他就去寻东西吃。他一觉得痛，他就哭。他一听得门外欢呼声，会即刻跑出去看”[④]。对于儿童的这种好动心，家长及教师要正确对待，应当给他们充分的机会，适当的刺激，使儿童多与万物接触，儿童就是通过“他玩这样弄那样，就渐渐儿从无知无能的地步，到有知有能的地步”[⑤]。



2. 好模仿。陈鹤琴指出：“这个模仿心，青年老年亦有的，不过儿童格外充分一些。儿童学习言语、风俗、技能等等，大大依赖这个模仿心。”[⑥]为此，他对模仿动作的分类与发展进行了研究。他观察到自己的孩子在第112天时发生笑声的模仿，以后出现模仿唱歌及模仿各种动作（摇手、敲桌、刷牙、怀抱、舌声、读书、洗衣、扫地、浇水、贩卖）等。在此基础上，他对什么是模仿、模仿的种类、模仿在教育上的价值等问题，综合外国学者及自己的研究进行了探讨。他的结论是：

（1）模仿的动作与所模仿的动作不是一样的。比如儿童模仿成人说话时的发音，学写字时握笔的位置和姿势，都不可能和成人同样。

---

① 陈秀云、陈一飞编：《陈鹤琴全集》第一卷，江苏教育出版社，2008年，第7页。

②③④ 同上，第1页。

⑤⑥ 同上，第2页。

因此，当儿童模仿时，教育者应格外当心，若有错误要及时纠正，以免养成错误的习惯。

（2）模仿只在初做的时候，后来继续所做的动作，是感觉这个动作的快乐而做的，并不是模仿了。儿童的乐感有两种：一种是生理的快乐，即从肌肉筋骨以及其他器官所得的乐感；另一种是社会的快乐，即模仿时得到别人称赞他、鼓励他的乐感。因此，我们应当利用这种心理。凡能发生上述两种快感的事情，就做给他看，让他模仿；反之，则不让其模仿。

（3）模仿包含模仿能力。儿童的模仿能力是有差异的，并有一个发展过程。如四五个月的小孩，只能模仿声音，而决不能模仿写字、读书、缝纫等事。所以不要勉强儿童模仿他所不能模仿的东西。

（4）儿童模仿是无选择的。儿童的善恶观念很薄弱，不可能选择事物去模仿。所以成人要注意以身作则，并创设良好的环境，同时要教他鉴别是非善恶。

3. 好奇。陈鹤琴指出"儿童凡对于一切新的东西就生出好奇心。一好奇，就要与新的东西相接近。一接近，那就晓得这个东西的性质了。假使儿童与新的境地相接触愈多，他的知识愈广"[①]。这种好奇心在教育上极有价值，他说，"好奇心是儿童学问之门径"[②]，是父母和教师"施教的钥匙"[③]。怎样引起儿童的好奇心呢？陈鹤琴认为新异的刺激能激起儿童的好奇心。这种新异有两种：一种是事物本身所具有的，如较大的声响、鲜艳的色泽、显著的对比等。一种是事物与事物相接触而发生的新异，如儿童放风筝，起初风筝是他的新物，放风筝为他的新事，所以他对于风筝是很好奇的；但过了一段时间后，风筝本身的新异已经消失，儿童对它也就不会再有好奇心，这时若让孩子们在一起玩，并比赛谁放得高，儿童对风筝则又会产生新的好奇心。

---

① 陈秀云、陈一飞编：《陈鹤琴全集》第一卷，江苏教育出版社，2008 年，第 3 页。
② 同上，第 4 页。
③ 同上，第 194 页。

陈鹤琴根据他自己的观察和国外史密斯(R. A. Smith)、霍尔(G. S. Hall)的研究,认为儿童好奇心的表现有:(1)凝视观察。有的孩子两星期就能凝视物件;其子一鸣5天能熟视灯光,23天眼能随灯光转移,63天眼能随人转移。(2)自动观察。当一个4岁女孩走进房来发现一个盒子时,便想打开来看看,自己打不开,就拿来问人了。(3)试验。一个5岁男孩,他要把狗的口开开来看看,想知道嘴里有什么东西会使狗叫的。(4)问句。一个3岁男孩会问手表里有什么东西。(5)破坏的好奇。一个3岁的男孩,把木枪敲断了,要寻出为什么枪会响呢。

陈鹤琴还指出:好奇心不是永久不变的,是随年岁而发展的。他以克尔帕屈克的研究为例:当儿童未能行走以前,他们的兴趣在经历新的感觉,并注意感觉的关系;当儿童一能讲话,就要问所经验的东西的名词:这是什么?那是什么?当儿童知道事物的名称后,就常常要问:这有什么用处?你怎么做的?甚至问:这东西从哪里来的?待到三四岁时,"为什么"的问句格外多,所问大抵是普通公理,如"天黑暗因为太阳下山了",儿童问题常常是应用真理一方面的"太阳下山吗?""没有。""那么为何天如此黑暗呢?"在这个时期,儿童必加"为什么"三字,而且一直问到底始肯息,或等到受成人的责骂为止。总之,好问、好奇对儿童来说是启迪知识的关键,"儿童生而无知,后来长大起来,逐渐与环境相接触,他的好动能力和模仿能力逐渐滋长,而好问心也渐渐起来"①。正是通过提出问题,正确地解答问题,儿童才能获得新知识。成人对儿童的问题不应置之不答或假作聪明、牵强附会,而搅乱了儿童的思想。

4. 好游戏。陈鹤琴认为"儿童好游戏是天然的倾向。近世教育利用这种活泼的动作,以发展儿童之个性与造就社会之良好分子"②。他对游戏作了深刻的研究,不仅评述国外的游戏学说,还形成了他自己的游戏理论。



---

① 陈秀云、陈一飞编:《陈鹤琴全集》第一卷,江苏教育出版社,2008年,第194页。
② 同上,第151页。

(1) 对国外游戏学说的评价。他承认“力量余剩”学说“确实有点道理，游戏当然要靠力量发生的，力量是游戏的主因”[①]。他认为“休养”学说不能成立；“生活预备”学说，不攻而自破；“复演”学说没有证据；对“放弛”学说，他认为无非是“复演”学说的变相，并没有什么多大贡献；应该仔细研究“补足”学说，“不过这个学说也有缺陷的地方，恐怕不能成立”[②]。

(2) 游戏的种类。陈鹤琴认为游戏是一种复杂的动作，根据其本身的因素来分析，游戏有简单的，有复杂的。简单的游戏，如四五个月的孩子摇铃作戏或敲棒作声。他指出这种游戏必须要有游戏的力量，有反射的动作，有连合动作及有好动的天性；复杂游戏，如各种球戏、比赛，这种游戏与简单游戏最大的区别是必定要有智慧，靠记忆力和想象力而不是靠反射动作。这两种游戏均需靠快感，从游戏中所得的快感愈多，对游戏的兴趣也愈浓厚；快感少，兴趣也少。这种快感包括生理上的、心理上的和社交上的。总之，游戏是一种复杂的活动，必须靠游戏自身的吸引力及儿童从中得到的快感和其好动的天性。



陈鹤琴还介绍了帕尔默(palmer)的游戏分类。

关于发展身体的游戏。这又分为两小类：一类是感官游戏，如听的、看的、触的、嗅的各种游戏；一类是动作游戏，如儿童自己动作的游戏。

关于发展社交的游戏。是指各种团体游戏，如捉迷藏及各种比赛。

关于发展言语的游戏。这又分两小类：言语游戏，包括讲故事、读童谣；歌唱游戏，包括表情唱歌。

关于发展手的游戏。这又分为两小类：手工游戏，包括积木、图画、折纸等；球戏，包括各种颜色球、皮球、木球等。

关于发展人生观的游戏。这又分为两小类：化装游戏，如装作父

---

① 陈秀云、陈一飞编：《陈鹤琴全集》第一卷，江苏教育出版社，2008年，第153页。

② 同上，第159页。

母、装娶亲的游戏;手指游戏,以手指在灯光上作各种形状的游戏。

(3) 游戏的发展。陈鹤琴认为"人生一期有一期之游戏"。他介绍了华特尔(C. W. Waddle)的研究结果。

幼稚期(出生至3岁)。此期儿童所爱的游戏属于感觉和动作方面的。儿童遇到小东西,就要捻它、尝它;遇着大东西,就要推推、动动。儿童不但爱触觉游戏,也爱听觉游戏。所以,应当给予各种发响的玩物,使其单独玩并发展其听觉。

儿童初期(4—7岁)。此期不再停留在独自游戏状态,而是要找伙伴同游了,或者想象一个或几个同伴共游。这时出现的"模仿游戏"、"化装游戏",常常三五成群玩娶亲、开火车等游戏,这类游戏使儿童无形中学习社会上的风尚和习惯,我们应当设置优美的环境使儿童不知不觉模仿才好。

(4) 游戏的价值。陈鹤琴认为"小孩子是生来好动的,以游戏为生命的。要知多运动,多强健;多游戏,多快乐;多经验,多学识,多思想"①。他将游戏的教育价值概括如下:



第一,发展身体。游戏是一种自然的、有兴趣的活泼的运动。游戏的时候儿童不知不觉地会将他的全副精神拿出来的。因此游戏可以锻炼他的筋骨,辅助他的消化,促进他的血液循环,增加他的肺之呼吸。

第二,培养高尚道德。游戏是一种发展儿童道德之利器。各种高尚道德,几乎都可从游戏中学得。如自治、克己、忠信、独立、共同作业、理性服从、纪律等美德之养成,再没有比游戏这个利器来得快而切实。至于公平、信实、尊敬他人的权利、勉尽个人的义务等德行,也可从游戏中培养。

第三,能使脑筋锐敏。游戏亦能发展智力,如判断力、知觉力、观察力、想象力、创作心、冒险心等,都能从游戏中渐渐养成。

第四,为休息之灵丹。人的精神有限,不能经年累月地操劳。休

① 陈秀云、陈一飞编:《陈鹤琴全集》第一卷,江苏教育出版社,2008年,第523页。

息与放弛是必需的。游戏是休息最好之灵丹。一游戏，他的脑筋就得放松；他的心思就到游戏上去了。所以要使儿童活泼，非选择适当的游戏不可。

（5）喜欢成功。陈鹤琴认为“小孩子固然喜欢动作，但更是喜欢动作有成就的”①。这是“因为事情成功，一方面固然自己很有趣的，但是还有一方面可以得到父母或教师的赞许”②。他肯定这种心理是很好的，成人应当利用这种心理去鼓励他做各种事情。他告诫人们：让儿童做的事情不要太难，“若太难，就不能有所成就；若没有成就，小孩子或者要灰心而下次不肯再做了”③。反言之，若所做的不甚难，小孩子就能够胜任而有成就的。“一有成就，就很高兴，就有自信力；所成就者愈多，自信力也愈大；自信力愈大，事情就愈容易成功。”④他认为自信力与成就可以互相为用。

（6）喜欢合群。陈鹤琴认为“凡人都喜欢群居的，幼小婴儿，离群独居，就要哭喊，2岁时就要与同伴游玩，到了五六岁，这个乐群心更加强了”⑤。他以自己的观察揭示了儿童乐群心的发展。如一鸣在第47天发生乐群心理，当陈鹤琴抚摸其下颌时，发出“a-ke”的声音，以表示快乐并承认他人的存在；到了第3个月时，一鸣喜欢别人同他讲话、玩耍，若你接近他，他就笑逐颜开牙牙学语了。陈鹤琴还观察到邻人的孩子五六个月时，一定要别人站在他身旁，若离开他，他就哭；一看见有人来就不哭了。他友人的一个5岁女孩，因为孤独的缘故，常常有一个想象的伴侣同她游玩。直到进了幼稚园，这个想象的伴侣才慢慢消失。为此，陈鹤琴告诫人们，要利用这种好群的心理教育孩子：要给他得着良好的小朋友；应给他驯良的小动物，如猫狗兔等做他的伴侣；应给他小娃娃之类的玩具以聊解他的寂寞。

（7）喜欢野外生活。陈鹤琴认为“小孩子都喜欢野外生活。到门

---

①②③④ 陈秀云、陈一飞编：《陈鹤琴全集》第二卷，江苏教育出版社，2008年，第524页。

⑤ 同上，第525页。

外去就欢喜,终日在家里就不十分高兴”[①]。他指出:不能到外边去看看玩玩是许多小孩子哭闹的一大原因。因此他主张让“他们在旷野里跑来跑去,看见野花就采采,看见池塘就抛石子入水以取乐。这种郊游对于小孩的身体、知识、行为都有很好影响的”[②]。他还主张儿童的野外生活须以他们的年龄为断。如年龄较小的儿童,我们叫他采采花呀,种种树呀,举行短距离的远足会呀;年龄较大的儿童,则应带他们采集标本,举行旅行等活动以增长他们的知识,强健他们的身体,愉快他们的精神,使他们无形中得着许多好处。他并告诫做父母或做教师的,要充分认识小孩子不论年纪大的小的,不论男的女的,大都喜欢野外生活,做父母的不要总不放心让孩子到外面去,一怕身体疲劳,二怕弄脏衣服,三怕感冒风寒;做教师的则不要怕麻烦而不愿多事,以使学生失去与自然界相接触的良好机会。

(8) 喜欢称赞。陈鹤琴认为“二三岁的小孩子就喜欢‘听好话’的,喜欢旁人称赞他的”[③],如当他们穿新衣穿新鞋时,就要给他人看。“到了四五岁的时候,这种喜欢嘉许的心理还要来得浓厚。”[④]成人应用言语、动作、表情来鼓励他。他认为“这种赞许心,我们做父母的教育小孩子时应当利用的,然而不可用得太滥”[⑤],以免适得其反。



陈鹤琴指出,以上这几点儿童的心理,虽然不过是荦荦大者,然而却能根据上述幼儿的心理施行教育,那教育必有良好的效果。

(三) 学前儿童的发展阶段与教育

陈鹤琴认为“人生的过程,是一个连续不断的发展过程”[④]。为了研究人生的整个过程和进行教育,需把人生过程分成几个阶段来考察。我们研究的是儿童的心理生活,进行的是儿童的教育工作,所以,也必须把儿童的生活过程分成几个段落来加以研究,因为“儿童时期

---

① 陈秀云、陈一飞编:《陈鹤琴全集》第二卷,江苏教育出版社,2008年,第524页。

② 同上,第525页。

③④⑤ 同上,第526页。

④ 陈秀云、陈一飞编:《陈鹤琴全集》第一卷,江苏教育出版社,2008年,第431页。

的重要，就在于他是人类独立人格生活的奠定基础的时期”[①]。他指出人类独立人格的生活方式，包括反射生活、感觉运动生活、情绪生活、智慧生活与社会生活。他说：“这 4 种生活内容，在人类生活的过程中虽然是统一表现、相互发展的，可是，就其发展的程序上看，他们都是在相当的年龄中有先后发达的趋势。”[②]一般学者把儿童的分期定为 1 岁为一个阶段，3 岁左右为一个阶段，6 岁为一个阶段，12 岁为儿童期之终止时期。陈鹤琴则认为儿童的发展程序大致是：大概感觉运动生活在新生后 1 个月左右就已发展，情绪生活则在新生 1 个月后至 1 年左右亦具有发展的初型，其后到 6 岁为智慧生活奠基之时，到 12 岁则社会生活亦均有显著的发展。陈鹤琴根据自己多年的观察和实验的研究成果，主张把新生到学前儿童时期分成四个阶段，每一阶段，都包含一个特征。这四个阶段即：新生婴儿期——新生；乳儿时期——新生后到 1 岁左右；步儿时期——1 岁左右到 3 岁半左右；幼儿时期——3 岁半左右到 6 岁左右。

陈鹤琴按照儿童发展的有序性，揭示了每一阶段的发展特点，并确定了与各发展阶段相适应的教育重点。

1. 新生婴儿的发展与教育

陈鹤琴指出：新生的一刹那间，在人类的生命过程中来说，实是一个重要的关键，从这一刹那间开始，他便逐渐地向着独立的生活发展。

(1) 发展特点

第一，生理现象。婴儿新生时，他的循环系统的变化非常显著，婴儿出生后即开始用肺呼吸，每分钟约 37 次。消化系统方面，胃壁已有饥饿收缩，饿时会吸吮、觉醒、哭喊、全身乱动，饱后会安静下来重新入睡，饥饿收缩三四小时一次，这也是理想的哺乳间隔时间。内分泌方面，不管男、女婴孩，最初都有乳汁分泌。体重方面，生后一星期内有减轻的倾向，第 7 天后才逐渐恢复原有重量，直到第 4 星期，每日平均

① 陈秀云、陈一飞编：《陈鹤琴全集》第一卷，江苏教育出版社，2008 年，第 434 页。
② 同上，第 434—435 页。

增加一两。骨骼方面,主要是软骨,顶骨有囟门(18 个月后才关闭),额后有小囟门(生后两个星期关闭)。总之,新生婴儿的生理现象是复杂的,生长则非常迅速。

第二,感觉。新生婴儿的感觉在胎儿时已萌芽。视觉方面,已有瞳孔反射,能睁眼、闭眼、眨眼、双眼转动、注视灯光等。听觉方面,其发展程序大致如下:第一步,发生听觉;第二步,能感觉各种平常的声音;第三步,能转眼运头找寻声音;第四步,能认识声音;第五步,能辨别和区分声音的高低和粗细。触觉方面,婴儿触觉的敏感区是舌尖、鼻孔、眼和手掌。其他感觉,如味觉、嗅觉、痛觉、温度觉等。生后几天的婴儿对各种不同的味(苦、甜、咸、酸)都能作不同的反应。嗅觉的发展较迟缓,约出生 10 天后才有可能。压觉和痛觉的反应在出生一月内显然已有,大都是啼哭的反应。

第三,动作。新生婴儿的动作可分成无谓的动作和反射的动作两种。无谓的动作是那些并被特定刺激所唤起,或具有任何目的的动作。如婴儿静睡在床上时,他的面部肌肉便无时无刻地不在那里活动,他的四肢、手脚也不断地玩弄、活动。反射的动作是那些被某一特定的刺激所唤起,而且往往是非常固定的动作,如巴宾斯基反射(刺激婴儿脚底所引起的层趾反射动作)、吸吮反射、把握反射及哭的动作。



第四,情绪。新生儿已表现出快乐、惧怕、愤怒等情绪变化,但难以确定他的表现说明什么。

(2) 教育重点

陈鹤琴认为"新生婴儿第 1 个月的生活,在其生理与心理发展的过程中,实占有重要的地位"①。他针对一般人认为新生儿无须教育的谬误见解,提出:"根据科学的研究,每个儿童自出生之日起就已开始学习(甚至可以说是胎内已开始学习)。"② 并强调"新生婴儿的教育,每能影响儿童的一生"③。此期的教育重点,"在于建立儿童健康身体的基础,同时使优良习惯的形成,有一个初始的基础"④。

①②③④ 陈秀云、陈一飞编:《陈鹤琴全集》第一卷,江苏教育出版社,2008 年,第 423 页。

第一，环境。新生婴儿自脱离母体之后，便开始进入一个新世界，他们对于环境的适应能力是薄弱的，做父母的应控制环境，使之适应于婴儿各方面的要求。如保持环境的安静，室内空气的流通及室温的调节等。

第二，饮食。哺乳在新生婴儿的生活中非常重要，要定时、定量。大小便也要养成定时的习惯。经常观察婴儿有无怪异现象，注意预防疾病。

第三，睡眠。睡眠是婴儿生活的主要部分，要养成睡眠的优良习惯。如独睡、熄灯睡、不应抱着睡等。

2. 乳儿的发展与教育

从生后到1岁的乳儿期。此期最主要的特征是哺乳。动作发展和情绪发展是此期的重要表现。

(1) 发展特点

第一，各种动作的发展。乳儿的生活，已开始从新生时的反射生活范围而发展为许多复杂的联合运动的范围。坐、立、爬等动作的发展为日后能独立、行走、跳跑打下基础。根据陈鹤琴的观察和实验，3个多月的乳儿开始有坐的姿势；满4个月的乳儿，便有爬行和站立的初步表现；12个月的乳儿，大概都能站立得稳了。这几种动作的发展因人而异，有的先滚转再经爬行与匍匐而起立及步行，有的也许不经过滚转便能自由爬行。总之，人生最重要的活动之一，亦即人类所最宝贵的行走运动，在此期内奠定了基础。

第二，情绪的表现和发展。根据许多研究的结果，情绪表现大概有赖于几个方面：生理上的变化，面部的表现（面色、眼色的变化和嘴角的形状），全身筋肉的变化（紧张、松弛、痉挛），声音的表现（哭声、泣声、笑声、惊叫、扬声），动作的表现（头部、手足、躯体各运动的变化）等。陈鹤琴运用观察法和实验法研究了婴儿的几种特殊情绪——笑的发展、快乐的发展、愤怒的发展、惧怕的发展等。

(2) 教育重点

陈鹤琴认为乳儿的教育，不仅要注意他的生理调护，而且还应有正确的教育。

第一，动作的教育。就是儿童身体筋肉活动时，所应受的指导和维护。陈鹤琴认为一个成年人的体态与各种活动姿势，可以说在乳儿时期，就已具备了雏形。乳儿期的体态教育，可从以下几方面着手：为乳儿准备合适的衣服，式样要简单，容易洗涤，轻暖、合身、舒适和没有紧系的带子；鞋袜的大小、质料要注意保护乳儿的脚尖，以便孩子学习行走；要鼓励孩子学习爬行和行走。陈鹤琴告诫人们："行走的活动，虽然是儿童生长过程中自然的趋势，但成人能给儿童以适当的指导则可以促进儿童行走活动的发展。"①

第二，优良情绪的培养。陈鹤琴指出："一个成人的情绪表现，有许多都是由他幼小时代情绪生活来决定的。"②如怕狗、怕单独在空屋子里等的不良情绪反应，就是由于小时经验的结果。所以，在儿童幼小时来培养其优良习惯是非常重要的。培养的方法要注意不可暗示儿童使他害怕；要避免儿童哭泣，养成儿童乐观的情绪；儿童情绪激动时，要使之安静；勿讲恐怖的故事等。如果孩子已养成了不良的情绪反应，应采用隔离法、抑制法、同化法、更替法等方法去纠正他。



3. 步儿期的发展与教育

1 岁左右到 3 岁半左右为步儿期。此期最大的表现为步行，儿童学习步行，开始步行，乐于步行，喜欢跑跳，进步迅速。同时，语言和智力也有明显的进步。

（1）发展特点

第一，儿童行走的发展。陈鹤琴强调行走的重要。认为"人类之所以能成为万物之灵，直身行走亦是主要因素之一"③。他指出："行走的活动，在儿童时期，已有完成的趋势，这种运动的构成，是有赖于儿童主观的与客观的原因的。"④如健全的骨骼、筋肉和神经的作用，适

① 陈秀云、陈一飞编：《陈鹤琴全集》第一卷，江苏教育出版社，2008 年，第 443—444 页。

② 同上，第 444 页。

③④ 同上，第 453 页。

当的智力程度，有行走的动机，有行走的机会等。此外，陈鹤琴告诫人们要正确处理成熟与学习的关系，他认为成熟后的学习特别见效，应把握生长之相对可能性而加以练习，促使步儿行走活动的发展。他说："总之，这时儿童的大筋肉活动，是在迅速地发展着。由于儿童活动空间的扩大，使他从一个不独立的或半独立的个体，而进于独立的个体。"①

第二，言语的发展。陈鹤琴认为"言语是人类建立社会关系的主要因素之一。人们借言语之助，使思想的交换成为可能，固然在社会关系的沟通方面，图画、文字等也非常重要，但最简单而最基本的工具，还是要算言语"②。充分肯定了言语在人际交往和思想沟通方面的重要作用。他介绍了研究言语的几种方法，如长期研究法、逐期研究法、一天研究法、字语意义研究法等。根据学者们的研究成果，认为儿童言语发展分为四个阶段：言语模仿的开始、将字结合、应用代名词与复数、应用叙述字。陈鹤琴对一鸣的言语发展作了详细的观察记录，从 99 天发出 a 音起，直到 2 岁半止，经历了从母音到子音、单音到复单音、独字句到多字句、歌唱到说话的过程。



（2）教育重点

第一，行走教育。陈鹤琴指出："行走是儿童全身各部分大联合的最显著的活动之一，同时也是一种大筋肉的活动。"③对于儿童的行走，必须顺应其自然的发展趋势，而后给予正确的指导。合适的服装、适当的设备（如围杆、梯架、一物三用轮椅——坐、立、推行）等，积极的暗示和鼓励，都能促进步儿行走的发展。

第二，言语教育。陈鹤琴强调"首先要紧的就是使儿童把学习言语作为游戏一般乐于接受"④。他指出儿童开始说得不对或发音不正确，成人切不能讪笑他或模仿他，而应纠正他。成人还应注意勿以自己不良言语的习惯遗留给儿童。对于口吃或"不说话的儿童"，既要考

①② 陈秀云、陈一飞编：《陈鹤琴全集》第一卷，江苏教育出版社，2008 年，第 459 页。
③④ 同上，第 462 页。

察其说话的各种生理机构(接音部、联音部、发音部)有无缺陷,也要注意情绪与思想方面心理上的缺陷,我们应当及早发现,而予以纠正。

4. 幼儿的发展与教育

3.5—6 岁为幼儿期,陈鹤琴又将此期分为三小段,即 3.5—4 岁,4—5 岁,5—6 岁。思维的活跃和社会性的发展是此期突出的表现。

(1) 发展特点

第一,思想的活动。陈鹤琴认为"思想是最高的智力作用,也是支配万物、创造文化最紧要的利器"①。他指出儿童的思想与成人不同:数量不如成人多,准确性比成人差,内容限于游戏方面。但儿童的思想是逐渐发展起来的,其发展过程如下:

① 儿童生后茫然无知无识,论到思想,不过渐渐地能注意人物和观察环境。随着与环境接触的增多,经验逐渐丰富,到了 1 岁时,对环境中的形状、颜色、声音、物质等稍有熟识,并有单独的观念和少数的联念。



② 记忆力渐渐发展,能将各种观念遗留脑中。

③ 言语的发展,使之能表达思想,思想力自然有较大进步。

④ 儿童的理解能力增长,会比较,好发问,概念亦显雏形。

⑤ 3 岁时,能运用想象使单独的经验有系统。

⑥ 儿童经验日渐充足,知识逐渐丰富,他的思考力也因此逐渐发展。

第二,社会性的发展。陈鹤琴认为,所谓儿童的社会性不仅是指儿童与儿童或儿童与成人的个别关系,还应当在于社会的组织性活动的建立。儿童社会性的发展,也是有其进程的。

首先,儿童很早就发生对于人与人的关系的感觉。陈鹤琴认为"儿童是好群的,甚至年岁很幼的儿童,也不愿意独自孤处"②,如当母亲离开他时便会哭;在他身旁时,便显出安静与舒适的样子,表现出对

---

① 陈秀云、陈一飞编:《陈鹤琴全集》第一卷,江苏教育出版社,2008 年,第 328 页。

② 同上,第 471 页。

成人的依赖与被动。

其次,3 岁前后开始发展真正的社会生活。陈鹤琴指出:“以前他是独自游戏,或者看别人游戏。现在他开始对其他儿童的活动发生了兴趣,他回答他们的问题,并向他们问许多问题。接着便参加了其他儿童团体,共同来进行游戏。”①表现出儿童之间的合作、交往和友谊。

再次,对成人给予的帮助或干涉表现反抗。陈鹤琴认为,如果以前幼儿对成人依赖或期待的话,现在则表现出“一切都开始借自己的力量来做自己所要做的事情”②,如自己穿衣、吃饭、取东西来玩等。他指出“对于成人的帮助或干涉每取强烈的反抗。但他自己,却非常高兴帮助其他儿童,尤其是帮助年龄较幼的儿童”③。陈鹤琴还介绍了布里奇斯(K. M. Bridges)的研究,布氏认为 3 岁后幼儿的行为,逐渐由固执的、对抗的而转变为合作的、友谊的。4—5 岁幼儿表现了充分的自信与互信,跟成人更有着友谊的合作。此外,儿童社会性的发展,充分表现着个别差异。陈鹤琴认为儿童社会性的发展,并不是完全一致的,“各个儿童具有不同的社会态度,就是每一不同的时期,儿童的社会态度也都在不断地变化”④。一般将社会态度分为 3 种形式,即社会盲目型、社会依赖型、社会独立型。陈鹤琴指出:“这种种分类,自然并非绝对的,每个儿童由于环境和教育的不同,都具有自己特殊的社会态度。”⑤



第三,情绪的转变。陈鹤琴指出:“在儿童的初期,他们情绪的表现,大都是由自身生理上的要求所激起的。他们的惧怕、愤怒与情爱的情绪之激起,一般说来,只能与周围的环境发生简单的关系。”⑥但是,到了幼儿时期,随着儿童身心的发展,生活范围的扩大,儿童与环境之间的关系也表现得空前的繁复。这时,儿童情绪的激起,由于社会环境的刺激而与日俱增。陈鹤琴认为:“儿童情绪表现的这一转变,就是儿童情绪从自我的到他人的,从机械的到繁复的,从个人的到社

①②③ 陈秀云、陈一飞编:《陈鹤琴全集》第一卷,江苏教育出版社,2008 年,第 471 页。
④⑤⑥ 陈秀云、陈一飞编:《陈鹤琴全集》第一卷,江苏教育出版社,2008 年,第 476 页。

会的这一转变，与儿童日后的生活，具有极大的关系。尤其是社会性的发展，对儿童情绪生活的转变，关系更大。"①

陈鹤琴介绍了弗洛伊德(S. Freud)关于情绪的分类和发展阶段，但他不赞成弗氏过分强调性欲本能而忽视其他因素的主张。他还介绍了布里奇斯对儿童情绪的研究，包括痛苦与哭泣、惧怕与警戒、愤怒与烦恼、愉快与情爱、激动与遗尿、习癖与不正常的说话等。陈鹤琴对布氏的详细描写中，又强调社会刺激日趋繁复是幼儿情绪发生转变的重要原因。

(2) 教育重点

陈鹤琴认为："无论在生理方面或心理方面，幼儿期的教育，都是非常重要的。儿童对社会适应得是否健全，儿童生理方面或心理发展的程度，是否表现着常态的前进，儿童对于卫生习惯有否养成，以及儿童身体健康，是否得到健美的发展，幼儿期的教育都该负担相当的责任。"②根据幼儿思想的活动、社会性的发展及情绪的转变，实施教育时尤其应注意以下几点：



第一，以积极代替消极。陈鹤琴指出应积极地发展儿童的才能，积极地提高儿童的兴趣。可用暗示、启发和鼓励，切勿消极地批评和抑制他们。

第二，不姑息，不严厉。陈鹤琴既反对过分溺爱子女而姑息迁就，也反对处处用成人的意志要求儿童，用成人的道德规范儿童。他指出姑息足以发展儿童的自私心，严管则会摧残儿童一切活动的倾向。

第三，让儿童使用自己的手脑。陈鹤琴分析了由大人代替小孩子做的害处是：剥夺了他们肌肉发展的机会；养成他们怠惰的习惯；养成他们不识时务，不知劳苦的习性；阻止他们发展独立自主的精神。为此主张让儿童自己去做，让儿童自己能想。

① 陈秀云、陈一飞编：《陈鹤琴全集》第一卷，江苏教育出版社，2008年，第476页。
② 同上，第487页。

第四，让儿童自己有活动的园地。陈鹤琴批评那些爱把儿童关在冷静狭隘的室内，让其孤处于成人。主张独立儿童有适当的游戏场所和适当的伴侣。

第五，发展儿童的好问心。陈鹤琴认为应当详细启发儿童，利用他的发问而进行教育工作，不但要有问必答，最好要常常带儿童外出观察、参观，借以激发其好问心来丰富他的知识和经验。切忌怕烦斥责，以阻抑其求知欲望和磨灭其探索雄心。

第六，父母和教师要以身作则。陈鹤琴指出，父母和教师是否以身作则，对于儿童优良习惯的养成关系是很大的。所以，他们的行为举动必须谨慎。

总之，陈鹤琴一贯重视对儿童生理和心理发展特点的研究，要求把教育建立在科学的基础上。为此，20 世纪 70 年代末，在他所提出的发展幼儿教育的几点建议中，首先提出的也就是“要对于作为幼儿教育基础的儿童心理做全面、系统、切实的科学实验”①。他说：“儿童不是成人的缩影，而是有他独特的生理、心理特点的。幼儿期是身体和智力发展的极为重要的时期，必须掌握其特点，掌握其生长发展的科学规律，才能把幼儿教好、养好。”②



## 二、儿童的家庭教育

家庭教育素为我国所重，家庭教育的书籍从最早的《颜氏家训》起，不乏善本。但若论家庭教育的科学化、民主化、游戏化、艺术化，当首推陈鹤琴于 1925 年所著的《家庭教育》以及 30 年代后陆续发表的《怎样做父母》等论文。这些论著既有理论也有实践，融生理学、心理学、教育学、社会学、美学等基本知识于一体，涉及儿童家庭教育的方方面面，可说是具有中国特色的儿童家庭教育“百科全书”。陶行知为《家庭教育》一书所作《愿与天下父母共读之》的序言中赞誉道：“这本书是儿童幸福的源泉，也是父母幸福的源泉。”③夸著者“以科学的头

①② 陈秀云、陈一飞编：《陈鹤琴全集》第二卷，江苏教育出版社，2008 年，第 504 页。
③ 同上，第 510 页。

脑，母亲的心肠做成此书”[①]，说该书是“中国做父母的必读之书也不为过”[②]，并肯定此书“系近今中国出版教育专著中最有价值之著作”[③]。事实证明，该书一经问世，不到5个月就再版，到40年代末已再版10多次。1981年重新再版，说明该书是经得起时间和历史的考验的。书中所阐明的基本观点和原则，对今天我国的家庭教育仍有借鉴意义。陈鹤琴的家庭教育思想，主要有以下内容：

（一）要把家庭教育作为关系到国家前途、命运的大事

陈鹤琴认为，家庭教育同社会的进步和国家的强盛密切相关。他说：“我们中国有许多人，方在盛年，即显出衰弱的现象，驼着背、耸着肩、垂着头，气息奄奄不绝如缕；讲到他们的道德，真所谓道其所道，非我之所谓道，德其所德，非吾之所谓德，只知利己，不道利人，苟有利于己，虽卖国亦所不惜，倘利于人，即拔一毛而亦不为。至于他们的知识，有的固然很丰富，但是有许多人实在欠缺得很，他们有病，不求人而求神，不问医而问卜；倘有不测，即诿之于天，脑筋的简单，知识的缺乏，真和太古民族没有什么两样。”[④]为什么会出现这样一批体弱、缺德、庸才之辈呢？陈鹤琴认为“是因为他们小的时候没有受过良好的教育；不特没有受过良好的教育，而且受了恶劣的教育”[⑤]，倘从小“施以良好的教育，则将来成为良好的国民，倘施以恶劣的教育，那么将来成为恶劣的青年了”[⑥]。陈鹤琴在《家庭教育》自序中写道：“幼稚期(自生至7岁)是人生最重要的一个时期，什么习惯，言语，技能，思想，态度，情绪都要在此时期打一个基础，若基础打得不稳固，那健全人格就不容易形成了。”[⑦]可见，陈鹤琴充分肯定幼稚期教育对未来良好国民的奠基作用。进而指出：“知识之丰富与否，思想之发展与否，良好习



①② 陈秀云、陈一飞编：《陈鹤琴全集》第二卷，江苏教育出版社，2008年，第510页。
③ 同上，第508页。
④⑤ 同上，第606页。
⑥ 同上，第605页。
⑦ 同上，第512页。

惯之养成与否，家庭教育实应负完全的责任。"①陈鹤琴对家庭教育寄予热切的期望："对于如花含苞、如草初萌的小孩子，我们应当用很好的教育方法去教育他，使他们关于体德智三育都从小好好儿学起，那么老大的中国，未尝不可以一变而为少年的国家？不过少年中国的责任，固属诸今日之儿童，而造成少年中国的责任则属诸今日之父母，做父母的能够教育小孩子，而小孩子能够从小学好，则少年中国，即在其中了。做父母的，做小孩子的，大家努力！大家努力！幸勿失之交臂！"②足见陈鹤琴这些包含爱国主义内容的家庭教育思想是多么难能可贵。

《家庭教育》1981年重版序中，陈鹤琴进一步论述了儿童教育与国家命运的关系。他说："儿童是振兴中华的希望。儿童教育是整个教育的基础。关系到我们伟大祖国的命运。……社会主义现代化建设需要人才，培育人才要从小开始。"③他认为"家长是子女的第一个老师，父母应尽到教育好孩子的责任……幼儿在父母那里学说话，认识周围事物，模仿父母言行，在父母影响下形成性格。因此，必须十分重视对幼儿的家庭教育"④。



（二）要把科学地了解儿童作为实施家庭教育的依据

陈鹤琴指出，小孩子既难养，更难教。"家庭教育必须根据儿童心理始能行之得当。若不明儿童的心理而妄施以教育，那教育必定没有成效可言的。"⑤所以在《家庭教育》中，陈鹤琴首先略述儿童之心理与学习性质及原则，以此为家庭教育之基础。有关儿童之心理特点在"儿童的发展与教育"部分已作过介绍，现将其有关学习性质及原则略述如下：陈鹤琴指出，初生小儿"除了几种简单感觉（如痛、触、冷热、饥饿等）和几种简单动作（如手足上下左右伸缩、头向左右转动、吸乳、打

① 陈秀云、陈一飞编：《陈鹤琴全集》第二卷，江苏教育出版社，2008年，第522页。
② 同上，第606页。
③ 同上，第515页。
④ 同上，第504页。
⑤ 同上，第522页。

喷嚏、打呵欠等)之外,差不多别无所能"[①]。但逐渐地能听,能言,会走会画,有思想,有能力了,这是因为他有先天的遗传之基础,凭借后天的环境与教育方能得到发展,其中教育起主要作用。

1. 学习的性质。陈鹤琴认为儿童生来有3种基本能力,即感觉、联念和动作。学习就是先感觉外界的刺激,后把所感觉的事物与所有的感觉联合起来,再发生相当的动作去反应外界的刺激。刺激与反应是可见的,联念却相反。

2. 学习的原则。一是刺激的原则。刺激必须优良、正确,并进行实地施教。二是联念的原则。刺激必须快乐有趣,时间要长,次数要多,联念才能深刻而牢固。三是动作的原则。第一次的动作要格外留意教导,以免错误;养成习惯时不宜有例外的举动;学习事物必须让儿童自己与事物接触,不能包办代替。

（三）要把教育功能自然地渗透于家庭生活的各个方面

陈鹤琴认为家庭教育应融化和渗透于日常生活之中,通过家长的言传身教、亲子间的交往和家庭生活的实践,随机地、个别地、面对面地进行。他是从家庭生活的需要和儿童在家庭中的主要学习内容来阐述家庭教育的各项原则的。



1. 卫生教育方面。陈鹤琴从一般家庭的现实条件出发,详尽地阐述了培养良好卫生习惯的内容,共计25条,涵盖了吃、喝、拉、睡以及相应的设备。他指出卫生习惯与身体的健全是有密切关系的,而"强健的身体是小孩子幸福的根源,若身体不健全,小孩子固然终身受其累,而做父母的也要受无穷的痛苦"[②]。

2. 情绪教育和群育方面。陈鹤琴非常重视教会孩子待人接物,特别强调要从小教育孩子心中有他人,学会考虑别人的安宁和幸福,鼓励孩子每天做件好事,使人得着快乐;尊敬长者,对人有礼貌;敬爱父母,父母回家时会热情相迎;亲人有病时,能表示同情;乐意帮助父

① 陈秀云、陈一飞编:《陈鹤琴全集》第二卷,江苏教育出版社,2008年,第528页。
② 同上,第570页。

母做事，养成爱劳动和爱惜物品的习惯等。陈鹤琴认为，“我们要救国保民必定从教训小孩子爱人着手，小孩子今日能爱人，他年就能够爱国了”[①]。陈鹤琴重视保护儿童的心理健康，注重创造温暖、宽松、愉快的精神环境。他告诫父母应减少孩子的惊慌和哭泣，不要用雷电、黑暗、大声训斥等恐吓孩子，发现孩子冷热过度、下身潮湿、饥饿、疲劳、疾病、疼痛、寂寞、惊吓时，要及时缓解和解除孩子的痛苦和精神上的压抑，家庭生活中的这种良好的情感气氛，不仅能向孩子进行积极的情绪教育，也是儿童形成对人对事正确态度的重要因素和良好起点。陈鹤琴还十分反对父母对孩子的溺爱和放任，他指出赏罚分明和严格要求正是克服任性和依赖的有效良方。

3. 智育方面。陈鹤琴强调通过多种途径让儿童获得并积累早期经验；他主张经常带孩子外出观察和参观，以丰富他们的知识，增进他们的经验。他提倡让孩子做自己能做的事情，最好每天帮父母做一点事，使孩子知道自己是家中的一个重要分子，并锻炼其独立能力。他赞成让孩子自己去试探物质，在弄雪、玩沙、敲钉、剪纸等探索活动中，得到许多经验，增长许多知识。他还提醒做父母的应当利用儿童的好问心以作教育儿童的一种良好动机。他强调要为孩子创造良好的环境，包括游戏的、艺术的、阅读的环境，以开拓儿童的视野，增强其适应能力。

此外，陈鹤琴认为全面提高父母的素质和教育能力，是保证家庭教育质量的前提条件。他再三强调做父母是一桩不容易的事情。他对父母提出：必须要研究儿童的身体如何发育，儿童的心理如何发展，儿童的知识如何获得，儿童的人格如何培养，这种种问题要在未做父母之前应当有初步的研究；既做父母之后，应当继续不断地注意。这是因为：“栽花的人，先要懂得栽花的方法，花才能栽得好；养蜂的人，先要懂得养蜂的方法，蜂才能养得好；育蚕的人，先要懂得育蚕的方法，蚕才能育得好；甚至养牛、养猪、养羊、养马、养鸟、养鱼，都先要懂得专门

① 陈秀云、陈一飞编：《陈鹤琴全集》第二卷，江苏教育出版社，2008年，第615页。

的方法才可以养得好。难道养小孩，不懂得方法，可以养得好吗?”[①]

20世纪70年代末，陈鹤琴还建议“要重视幼儿家庭教育的科学实验，对幼儿的家庭教育应作为一门科学来研究和推广”[②]。他说:“幼儿自一出生，就得到父母和家庭成员的保护和关怀。幼儿在家庭中感到温暖，得到抚爱，这对幼儿的感觉和情感上的发展特别重要。同时，幼儿个性形成的最初基础，也是在家庭中奠定的。家庭对幼儿的思想和行为习惯的影响是极大的。”[③]所以必须重视家庭教育，应当向家庭广泛宣传科学的育儿知识，使广大家长能对自己的子女有个正确的培养目标和教育方法。他结合自己的经验，强调:一是“教小孩要从小教起”[④]，二是“开始教的时候必须要教得好”[⑤]。他盼望能见到这方面的科学实验与研究的更大发展。

### 三、中国化的幼稚园教育

在半殖民地半封建的旧中国，我国的幼稚教育深受外国教会幼稚教育的影响，存在着“全盘西化”的倾向。陈鹤琴对这种“抄袭外人……墨守成规，不知改良，以致陈旧腐败不堪闻问”[⑥]的幼稚教育极为不满。他不仅撰写了《现代幼稚教育之弊病》、《我们的主张》、《幼稚教育之新趋势》、《战后中国的幼稚教育》等论文揭露弊端，提出主张，指明改革的方向;还通过创办鼓楼幼稚园，实验研究有关幼稚园的教育、教学及教材、设备等，探索中国化幼稚教育的道路。

#### (一)办好中国化幼稚园的15条主张

陈鹤琴认为幼稚园的教育功能和社会功能都是明显的:首先，可以发展儿童的个性，适应其体力、智力和德性发展的需要。其次，可以节省家长的时间和精力，补充家庭教育之不足。再次，可以“养成种种合作的精神，爱护团体、爱护国家的精神。同时又可以培养公民应有



① 陈秀云、陈一飞编:《陈鹤琴全集》第二卷，江苏教育出版社，2008年，第653页。

②③ 同上，第504页。

④⑤ 同上，第505页。

⑥ 同上，第1页。

的知识与技能，砌成一个稳固的公民基础”[①]。此外，“幼稚生教得好，小学生就容易教了……幼稚教育，实是小学教育的基础”[②]。既然幼稚园关系于儿童终身的事业与幸福，关系于国家社会，那么我们来创办幼稚园时，“倘是一些主张都没有，仍旧像中国初办教育时候，今日抄袭日本，明日抄袭美国，抄来抄去，到底弄不出什么好的教育来”[③]。为此，陈鹤琴提出 15 条主张：

1. 幼稚园是要适应国情的。陈鹤琴指出：“现在中国所有的幼稚园，差不多都是美国式的……要晓得我们的小孩子不是美国的小孩子，我们的历史、我们的环境均与美国不同，我们的国情与美国的国情又不是一律；所以他们视为好的东西，在我们用起来未必都是优良的……总之，幼稚园的设施，总应当处处以适应本国国情为主体，至于那具世界性的教材和教法，也可以采用，总以不违反国情为唯一的条件。”[④]

2. 儿童教育是幼稚园与家庭共同的责任。陈鹤琴认为：“幼稚教育是一件很复杂的事情，不是家庭一方面可以单独胜任的，也不是幼稚园一方面可以单独胜任的，必定要两方面共同合作方能得到充分的功效。”[⑤]他提出多种的合作方法，如恳亲会、讨论会、报告家庭、探访家庭等。

3. 凡儿童能够学的而又应当学的，我们都应当教他。陈鹤琴指出，给孩子学的东西有三条标准。一是“凡儿童能够学的东西就有可能作为幼稚园的教材”[⑥]。二是“凡教材须以儿童的经验为根据”[⑦]。三是“凡能使儿童适应社会的，就可取为教材”[⑧]。

4. 幼稚园的课程可以用自然、社会为中心。

---

①② 陈秀云、陈一飞编：《陈鹤琴全集》第二卷，江苏教育出版社，2008 年，第 15 页。
③ 同上，第 75 页。
④ 同上，第 75—76 页。
⑤ 同上，第 76 页。
⑥⑦ 同上，第 77 页。
⑧ 同上，第 78 页。

5. 幼稚园的课程须预先拟定，但临时得以变更。陈鹤琴倡导的这种计划性与灵活性相结合的教法，一方面幼稚园的设备要充分，另一方面教师的知识要丰富，这样才能使儿童的能力可以加强，儿童的思想可以发展得很充分。

6. 幼稚园第一要注意的是儿童的健康。陈鹤琴强调，强国必先强种，强种先要强身，强身先要注意幼年的儿童。他指出，身体强健的儿童，举动活泼，脑筋敏捷，做事容易，乐于听从，所以幼稚园为儿童的将来与现在，都应极力注意儿童的健康。

7. 幼稚园要使儿童养成良好的习惯。陈鹤琴认为“人类的动作十分之八九是习惯，而这种习惯又大部分是在幼年养成的；所以幼年时代，应当特别注重习惯的养成”①。如果从小养成良好的习惯，则终身受其福，否则将终身受其累。

8. 幼稚园应当特别注重音乐。音乐是儿童生来喜欢的，音乐可以陶冶性情、鼓舞进取。幼稚园应该有音乐的环境，培养他们对音乐的兴趣，发展他们的欣赏能力和音乐技能。



9. 幼稚园应当有充分而适当的设备。陈鹤琴认为“有了充分的设备，小孩子就可以随意玩弄，不但不致生厌而且由此可以得到许多知识”②。因此，要发展儿童各方面个性，就应当有充分的设备，应顾到设备的数量和适用问题。

10. 幼稚园应当采用游戏式的教学法去教导儿童。游戏是儿童生来喜欢的，儿童的生活可以说就是游戏。用游戏方式教育幼儿不但学得快、效果好，而且印象深刻。

11. 幼稚生的户外生活要多。让幼儿到户外去活动，不但可以使他们在接触自然实物中学到功课，还可在新鲜的空气和明亮的日光下增加儿童的快乐，活泼儿童的精神，强健儿童的身体。

12. 幼稚园多采取小团体的教学法。幼儿的年龄是不齐的，智力

---

① 陈秀云、陈一飞编：《陈鹤琴全集》第二卷，江苏教育出版社，2008 年，第 80 页。
② 同上，第 81 页。

各不相同，兴趣又不能一致，应划分小团体进行教学才能取得较好的效果。

13. 幼稚园的教师应当是儿童的朋友。要使幼儿不害怕、肯接近，教师应当和幼儿同游同乐地去玩去教。

14. 幼稚园的教师应当有充分的训练。教师既要具有各种教学技能，还要有丰富的自然和社会常识，就得有充分的训练不可。

15. 幼稚园应当有种种标准，可以随时考查儿童的成绩，对幼稚生在园应当养成的德行、习惯、技能、知识，都应有考查标准。

可见，15 条主张阐明了我国幼稚园教育的方向和任务，课程的中心和组织，教学的方式和方法，教师和幼稚生的关系，幼稚园和家庭的关系以及环境设备等。15 条主张不仅使 20 世纪 20 年代末我国的幼稚园有了办园的标准，其基本精神对当代幼儿园教育仍有借鉴作用。

（二）幼稚园的课程理论

20 世纪 20 年代初，那时我国幼稚园课程非常混乱：有教会幼稚园的宗教课程，如唱赞美诗、听圣经耶稣的故事、行祷告礼仪等；有蒙养园的日本式课程，如日语、行仪、手技等；也有少数幼稚园实施福禄培尔、蒙台梭利课程，通过“恩物”或“教具”开展游戏，训练感官等。陈鹤琴认为这种大抵抄外国人的课程，“抄来抄去，到底弄不出什么好的教育来”[①]。他决心实验研究适合我国国情的幼稚园课程。另一方面，他对我国当时那种“幼稚监狱”式的幼稚园教育也十分不满，指出弊病有四：(1)没有具体的目标，在教养程度、技能习惯、知识、做人态度等方面达到什么要求，培养到什么程度没有想过，也不去研究，成天忙忙碌碌，没成效，无进步；(2)功课太简单，即不外是看图、玩沙、玩土、折纸、团体游戏、唱歌、玩积木；(3)团体动作太多，既不顾年龄、个体差异，也不管学得如何，是否愿意；(4)与环境接触太少，即几乎全是室内活动，生活太单调、呆板。陈鹤琴决心实验研究适合幼儿身心发展特点的幼稚园课程。其课程思想的主要内容有：

① 陈秀云、陈一飞编：《陈鹤琴全集》第二卷，江苏教育出版社，2008 年，第 75 页。

1. 课程应为目标服务。他认为“课程与方法都是达到目的的工具，所以谈教育，第一应当解释目的”[①]。在谈目标前，他先确立了“儿童是主体”[②]的思想。他认为儿童、教材和教师是教育上的三大要素，并用图示揭示三者的关系。

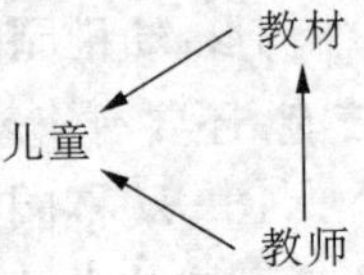


教师先测量儿童的个性，希望他们达到怎样的目的，然后选择最适宜的教材，使用最适宜的方法，以达到所希望的目的。目的有四：

(1) 做怎样的人：应有合作的精神、同情心、服务的精神。

(2) 有怎样的身体：应有健康的体格，养成卫生的习惯，并有相当的运动技能。

(3) 怎样开发儿童的智力：应有研究的态度、充分的知识、表意的能力。

(4) 怎样培养情绪：应能欣赏自然美和艺术美，养成欢天喜地的快乐精神，消泯惧怕情绪。



可见，陈鹤琴早在20世纪20年代就提出了符合幼儿身心特点和适应未来社会需要的全面发展的培养目标。

2. 课程应以自然和社会为中心。陈鹤琴指出：“小孩子能够学的与应当学的东西，本来是很多的，但是我们不能这样漫无限制地毫无系统地去教他。总必定有一种组织，在相当范围内，使其成为一个系统并使各科目中间互相连接起来发生关系。”[③]他主张把幼稚园的课程打成一片，成为有系统的组织。但这种有系统的组织以什么为中心呢？他说：“这当然要根据儿童的环境。”[④]他认为儿童的环境不外乎两种：一种是自然环境，包括动植物和自然现象；一种是社会环境，包括个人、家庭、集体、市廛等类的交往。可确定的中心，如节期，包括中秋、重阳、元旦、端午等；自然界的应时物，包括秋菊、冬雪、春桃、夏荷

①② 陈秀云、陈一飞编：《陈鹤琴全集》第二卷，江苏教育出版社，2008年，第16页。

③④ 同上，第78页。

等;社会性事件,包括纪念日、庆祝会、恳亲会等。自然和社会这两种环境是儿童天天接触到的,应当成为幼稚园课程的中心。

3. 课程应实验“整个教学法”。陈鹤琴不主张幼儿园分科教学,他认为分科教学是模仿大学的,大学生程度高、知识深,非分科不可。而幼稚园的分科教学是四分五裂、杂乱无章的,是违反儿童的生活和心理的。他提倡的“整个教学法,就是把儿童所应该学的东西整个地、有系统地去教儿童学”①。因为儿童生活是整个的,教材也必然是整个的,互相连接不能四分五裂的。他并主张最好由一位老师去教,以体现整体性,而不致割裂。

4. 课程应当采用游戏式、小团体式等教学方法。陈鹤琴认为儿童以游戏为生活,儿童总是喜欢游戏的。幼稚园的课程又是很容易游戏化的,儿童在游戏中、在活动中学习,会有事半功倍的效果。陈鹤琴还主张多采用小团体的教学法,他认为幼稚生的年龄不齐、智力不同、兴趣不一,应当区别对待、分组施教,以使处于不同发展水平的幼稚生都有所长进。以后,他又陆续提出比较法、比赛法、替代法、观察法等。通过多样化的方法,生动、形象、具体地向幼儿进行教育,既可以增强教育效果,又使幼儿的兴趣格外浓厚。

5. 课程应当有考查儿童成绩的标准。陈鹤琴认为要回答幼稚园应当教什么,幼稚生做什么,做到什么地步,程度怎样,非得有种种标准不可。他说:“考查品行,应当有品行的标准;甄别习惯,应当有习惯标准;检验技能,应当有技能标准;测验知识,应当有知识标准。”②知道了幼稚生的成绩,就可以施行相当的教育,扬长补短,促进儿童的发展。为此,陈鹤琴等编制了《幼稚生应有的习惯和技能表》,计185项,开创了我国幼稚园教育的评估工作。

从以上简介中可知,课程中心制是编制课程的一种方式,指幼儿在园一天的所有活动,包括教育、教学的各种教材、内容、范围和方法

① 陈秀云、陈一飞编:《陈鹤琴全集》第二卷,江苏教育出版社,2008年,第165页。
② 同上,第84页。

等的安排运用，都围绕自然和社会这个中心，组成一个个单元来实施。我们用现代课程理论来分析，陈鹤琴的课程设计有明确的目标，生动的教育内容，整体的组织结构，多样的活动方式和方法，并有一定的评估测验标准，具有整体性、综合性和活动性。这种以儿童生活、儿童经验、儿童活动为中心的课程，基本上属于活动课程模式。

20 世纪 50 年代初，陈鹤琴努力学习马列主义和毛泽东思想，改造自己的教育观点，并用以指导其教育实践，他结合当时的社会背景，逐步形成新的教育思想。表现在他对单元教学有了更新的认识，具体的内容和方法亦随之有所改变。提出了编制幼稚园课程的十大原则、九项内容、五指活动及三种编制课程的方法，使其课程论更趋全面、系统。他在 1951 年发表的《幼儿园的课程》一文中，批判了欧美国家实行单元教学的弊端(完全从儿童出发、不系统)，提出了我国单元教学与编制课程应遵循的原则：(1)是民族的，不是欧美的。(2)是科学的，不是封建迷信的。(3)是大众的，不是资产阶级的。(4)是儿童化的，不是成人的。(5)是发展连续的，而不是孤立的。(6)是配合形势实际的需要，而不是脱离现实的。(7)是适合儿童心身发展，促进儿童健康的。(8)是培养"五爱"国民公德和团结、勇敢等优良品质的。(9)是陶冶儿童性情，培养儿童情感的。(10)是培养儿童说话技能，以表达自己的情感和思想的。[①]



根据这十大原则，他修订了原来所定的单元，加入了"五爱"教育，共分九项内容，包括节日、"五爱"教育、气候、动物、植物、工业、农业、儿童玩具、儿童卫生。以节日和"五爱"教育为例：一月新年，做慰问袋，慰劳抗美援朝志愿军；二月春节，爱护公共财物；三月植树节、百花节，爱护花草树木；五月劳动节，爱劳动；六月国际儿童节，国际友爱；七月党的生日，热爱中国共产党；八月建军节，热爱人民解放军；十月国庆节，可爱的祖国，等等。

五指活动的五指，陈鹤琴说："是生长在儿童的手掌上的，换句话

① 陈秀云、陈一飞编：《陈鹤琴全集》第二卷，江苏教育出版社，2008 年，第 456—457 页。

说，就是一切的活动要在儿童的生活上、智力上、身体上互相联系，连续地发展……是指要注意儿童心理和生理的发展，但是不脱离社会实际，领导儿童作合理的活动，予以适当的教养。”[①]他又说：“五指，是活的，可以伸缩，互相联系……课程是整个的，连贯的。依据儿童心身的发展，五指活动在儿童生活中结成一个教育的网，有组织有系统，合理地编织在儿童的生活上。”[②]五指活动的五个方面是：(1)健康活动，包括饮食、睡眠、早操、游戏、户外活动、散步等。(2)社会活动，包括朝夕会、周会、纪念日集会、每天的谈话及政治常识等。(3)科学活动，包括栽培植物、饲养动物、研究自然、认识环境等。(4)艺术活动，包括音乐(唱歌、节奏、欣赏)、图画、手工等。(5)语文活动，包括故事、儿歌、谜语、读法等。陈鹤琴指出：“幼稚园的课程全部包括在五指活动中，并采用单元制，各项活动都围绕着单元进行教学。”[③]

关于幼稚园课程的编制，陈鹤琴提出了三种方法：(1)圆周法。“就是各班预定的单元相同，研究的事物也相同，不过取材内容随着儿童年龄的不同而分别予以适当的教材和分量。”[④]亦即各班课题相同而要求由浅入深。(2)直进法。“就是将儿童生活中可能接触到的事物，依照事物的性质和内容的深浅而分布在各个不同年龄的班级里，如小班研究猫和狗，中班研究羊和牛，大班研究马和虎。”[⑤]亦即各班的课题和要求均不相同。(3)混合法。“就是在编制课程的时候，以上二法均须采用。”[⑥]亦即课题和要求有相同或不同。在编制课程时，通常运用混合法为最多。

此外，陈鹤琴对幼稚园的教具和玩具、教材和设备等都进行过实验研究，建树颇多。

20 世纪 70 年代末，陈鹤琴建议：“对幼儿园的教育应进行系统、深入的科学实验与研究，要办好示范性幼儿园。”[⑦]他特别认为：“应根据

①②③④　陈秀云、陈一飞编：《陈鹤琴全集》第二卷，江苏教育出版社，2008 年，第 458 页。
⑤⑥　同上，第 459 页。
⑦　同上，第 505 页。

幼儿的特点，多给儿童感性的知识，创造各种环境和条件，多让儿童接触大自然和社会生活，多观察，多活动，扩大他们的眼界，增进幼儿的科学常识，发展他们的智力。”[①]他还认为“应一分为二地总结‘五四’以来及解放以来这方面我国自己的经验和创造，继续前进。外国有许多经验，也有许多好的经验，但不能不加分析地照搬照抄，要结合中国实际情况，以实践来检验哪些是成功的、切实可行的，哪些是不可取的，要适合中国的特点”[②]。此外，他还提出了必须重视和解决幼教玩具、教具的教学实验和制造，认为这是一个极为迫切的重大问题。

**四、特殊儿童的教育**

早在1935年，陈鹤琴在《对于儿童年实施后的宏愿》中写道：“愿全国儿童从今日起，不论贫富，不论智愚，一律享受相当教育，达到心身两方面最充分的可能发展。愿全国盲哑及其他残疾儿童都能够享受到特殊教育……”[③]他不仅研究特殊儿童的心理特征，并创办特殊儿童教育机构。他对特殊儿童教育的研究和实践，既丰富了教育理论，也促进了教育体制的完善。



（一）特殊儿童教育的意义

陈鹤琴认为，特殊教育只是一个总的名称，特殊儿童有许多种，他们之间的差异非常大。他将特殊儿童分为以下六类：

1. 视觉缺陷的儿童——有：(1)全盲；(2)近视、远视、散光。
2. 听觉缺陷的儿童——有：(1)聋哑；(2)重听。
3. 语言缺陷的儿童——有：(1)口吃；(2)口齿不清。
4. 肢体缺陷的儿童——有：(1)残疾(四肢残缺)；(2)大脑残疾。
5. 问题的儿童。
6. 低能的儿童——有：(1)智力薄弱；(2)智力低劣。[④]

这些特殊儿童在整个儿童群体中是一个客观存在，教育应当面向

①② 陈秀云、陈一飞编：《陈鹤琴全集》第二卷，江苏教育出版社，2008年，第505页。
③ 同上，第330页。
④ 同上，第320页。

所有儿童,包括普通儿童与特殊儿童。特殊教育应该是对普通教育的补充和完善。

陈鹤琴针对人们认为特殊儿童是极少数的,对特殊儿童的教育不重视的现象,凭借美国的格洛兹曼(M. P. E. Grossman)关于特殊儿童占学龄儿童总数的四分之一的统计,来估量当时我们中国的特殊儿童约有 2 700 万人。他说:"要知道 2 700 多万特殊儿童没有享受教育的机会,就等于使国家多了 2 700 多万废人,这对国家是何等大的损失?反过来说,如果给他们以特殊教育,他们就可以好好地发展,从而增加了极大的力量。"[①]对于个人来说,如果所有的残疾儿童都能够享受到特殊教育,尽量地发展他天赋的才能,成为社会上有用的分子,同时使他们本身能享受到人类应有的幸福。这是件利国利民、福泽万千的重要事业。

(二) 特殊儿童教育的目标、内容和方法

1. 目标。陈鹤琴认为,教育目标总是和时代、社会密切相关的。无论是普通儿童抑或是特殊儿童,都应培养儿童"做人,做中国人,做现代中国人"[②],但期望达到的层次间可以存在差异。这是因为,"他们同样地无法避免时代与社会所给予的制约作用"[③]。如果我们将陈鹤琴的普通儿童的教育目标和低能儿童教育目标放在一起加以比较的话,就不难看出他这一观点的体现。普通儿童教育目标:(1)要有强健的身体;(2)要有建设的能力和创造的能力;(3)要有合作的态度;(4)要有服务的精神[④]。低能儿童教育目标:(1)改进低能的健康状态,使能担负日常劳动;(2)建立低能的思想态度,使能了解自身的工作;(3)培养合作习惯,使能适应集体的生活;(4)训练生活技能,使能维持自己的生活[⑤]。



① 陈秀云、陈一飞编:《陈鹤琴全集》第四卷,江苏教育出版社,2008 年,第 318 页。
② 同上,第 274 页。
③ 陈秀云、陈一飞编:《陈鹤琴全集》第一卷,江苏教育出版社,2008 年,第 546 页。
④ 陈秀云、陈一飞编:《陈鹤琴全集》第四卷,江苏教育出版社,2008 年,第 274—275 页。
⑤ 陈秀云、陈一飞编:《陈鹤琴全集》第一卷,江苏教育出版社,2008 年,第 546 页。

2. 内容。陈鹤琴认为特殊教育的课程内容，仍然应该以大自然、大社会为中心，根据各类儿童的不同特征，在以“五指活动”形成的网上进行取材。

3. 方法。陈鹤琴介绍了国外教育聋哑儿童的三种方法：(1)“手言”(以手势代言)；(2)“口言”(以口说话的)；(3)二种兼用的。[①] 他将平脱纳(R. Pintner)和佩特森(D. G. Paterson)研究口授聋儿与手授聋儿记忆广度比较的表格详尽列出，以证实前者比后者的平均成绩好。当时，我国的聋哑教育普遍采用的是手语教学，但陈鹤琴仍然努力探索教学方法的改进，力挺“口语法”，以求特殊教育不断获得革新和突破。如今，聋哑人能开口说话、“听”音乐、跳舞已成屡见不鲜之常事了。

陈鹤琴研究了口吃儿童口吃发生的时间、原因和特殊心理，提出要增加口吃儿童的自信心，克服惧怕心理，唱歌和喃喃自语都是较好的矫正方法。



对低能儿童的教法强调以做为中心，从观察入手，多利用暗示心理，同时注意交替方法的运用，教学中普遍采用启发教授法、渐进教授法、实物教授法和设计教授法等。

(三) 特殊儿童教育的原则

陈鹤琴于 1947 年发表了《中国儿童教育之路》，他将特殊教育和幼稚教育、国民教育并列为中国儿童教育的三大方面。提出了我国推行特殊儿童教育的三大原则：

1. 特殊儿童教育必须全部由国家主办。他认为过去极少的特殊儿童教育机构完全由教会或私人慈善团体办理，其精神虽令人钦佩，但这种团体极少，经济力量又很微弱，教育的内容和方法又极成问题，如果把 2 700 万特殊儿童的责任，委诸他们，其不能胜任是无疑的。他提出：“教育的对象本来是‘有教无类’，而国家对儿童犹之父母之对他的子女，必须一视同仁，不能因为他们身心智力的差别而遂不顾到，忽

① 陈秀云、陈一飞编：《陈鹤琴全集》第一卷，江苏教育出版社，2008 年，第 353 页。

略他的前途,他的幸福。”①

2. 特殊儿童教育机构在国内的散布应当是网状的。他认为:“每一种特殊儿童必须有他的特殊学校,这种学校设立的地点以都市或适中的地点为最相宜,因为都市是网状的线的交通点,在它的附近范围之内的县、市、乡、镇,都可以把特殊儿童送到特殊儿童学校里去。这样才可以把人才集中,效率扩大,而在经济方面却节省很多。”②

3. 必须立刻着手特教师资的培养。他认为这一事业在中国尚未开创,一要请外国专家来帮助我们培训师资,建议各师范院校增设特殊教育系;二要派学者出国考察,以备借鉴。

(四) 特殊儿童教育的实施

陈鹤琴不仅在舆论上倡导特殊儿童教育。1947年3月,他筹办了上海特殊儿童辅导院,兼任院长。该院开办了问题儿童班、盲童班、聋哑儿童班和肢残儿童班。不仅组织他们学习普通的文化知识,还针对不同类型特殊儿童的特点和专长,本着扬长补短的原则,教给他们专业技术和技能,为毕业以后自食其力地立足社会、贡献社会打下基础。1953年,特殊儿童辅导院改为上海市第一聋哑学校,1956年,该校又发展成为我国第一所聋哑青年技术学校。陈鹤琴还将特殊儿童教育的内容列入师范院校的教学内容中。

回顾特殊教育的发展历史,它和普通教育的关系经历了“合—分—合”的过程,第一次的结合说明特殊教育从无到有。随后,特殊教育开始关注特殊儿童的特殊性,建立特殊学校——集中安置的教育形态,正是针对此种特殊性进行的教育方式。当下,特殊教育兴起的“回归主流”运动和“全纳性教育”观念,表明特殊教育在经历了“合—分”之后,正在走向第二次融合,因为全纳性教育是在兼顾共性的基础上对特殊教育的全新考虑,实现了对第一次结合的超越。陈鹤琴主张特殊教育与普通教育的分轨制,正是代表了我国特殊教育发展初期的典型思想。那时,我国众多的特殊儿童从无教育权向有教育权过渡(如

①② 陈秀云、陈一飞编:《陈鹤琴全集》第四卷,江苏教育出版社,2008年,第318页。

盲童、聋童)，或者从接受不适当教育向适当教育过渡(如问题儿童)。他倡导并践行的特殊儿童教育对当时我国特殊儿童教育的发展起到了推动作用。

综上所述，陈鹤琴借鉴国外特殊儿童教育的理论和实践，结合中国国情，运用本人在儿童心理和幼儿教育方面的研究成果，阐明了特殊儿童教育的地位和作用，研究了特殊儿童教育的目标、内容、方法和原则，为我国当代的特殊儿童教育奠定了良好的基础。

### 五、“活教育”的理论与实践

陈鹤琴自 1940 年在江西省立实验幼稚师范学校时开始提出“活教育”思想，经过几年的教育实验，直到 1947 年在上海逐步整理出“活教育”的理论体系。什么是活教育呢？他引证陶行知描写当时死教育情形的两句警语：

“教死书，死教书，教书死；
读死书，死读书，读书死。”①



他决心使这种腐败的死教育，变为前进的、自动的、有生气的活教育。其表述为：

“教活书，活教书，教书活；
读活书，活读书，读书活。”②

陈鹤琴的活教育理论体系，包括三大纲领——目的论、课程论、方法论，以及教学原则、训育原则等。

(一) 目的论

陈鹤琴指出活教育的目的就是在“做人，做中国人，做现代中国

①② 陈秀云、陈一飞编：《陈鹤琴全集》第五卷，江苏教育出版社，2008 年，第 20 页。

人”[①]。这样的人应该具备什么条件呢？第一要有强健的身体。他认为一个人身体的好坏，对于他的道德、学问、事业有很大影响。第二要有建设的能力。当时中国百废待兴，急需建设人才。第三要有创造能力。他坚信儿童本来就有强烈的创造欲，只要善于启发、诱导、教育、训练，是可以培养起创造力的。第四要有合作的态度。改变中国人在团体活动中缺乏合作的精神，必须从小训练他们能合作、能团结。第五要有服务的精神。抗战胜利后，随着形势的发展，他又进一步提出“做人，做中国人，做世界人”[②]、要“爱国家，爱人类，爱真理”[③]的要求，说明陈鹤琴的活教育的目的论不仅体现了他的爱国主义精神，并且反映了他具有放眼世界的胸怀。

（二）课程论

陈鹤琴指出：“大自然、大社会，都是活教材。”[④]针对传统教育书本万能的旧观念所形成的课程固定、教材呆板的死教育现象，陈鹤琴认为大自然、大社会才是活的书、直接的书，应该向大自然、大社会学习。活教育的课程有如下特点：“(1)以大自然大社会作主要的教材，以课本作参考资料，这是直接的活知识，是直接的经验。(2)各科混合或互相关联。(3)不受时间的限制，没有分节的时间表，时间倒为功课所支配。(4)内容丰富。(5)生气勃勃。(6)儿童自己做。(7)整个的，有目标。(8)有意义。(9)儿童了解。”[⑤]活教育课程编制有两个原则：一是根据部颁的课程标准；一是根据当地实际环境的情形。

（三）方法论

活教育方法论的基本原则是“做中教，做中学，做中求进步”[⑥]。活教育重视直接经验，强调以“做”为中心，主张在学校里的一切活动，



---

① 陈秀云、陈一飞编：《陈鹤琴全集》第四卷，江苏教育出版社，2008年，第274页。
② 陈秀云、陈一飞编：《陈鹤琴全集》第五卷，江苏教育出版社，2008年，第59页。
③ 同上，第62页。
④ 陈秀云、陈一飞编：《陈鹤琴全集》第四卷，江苏教育出版社，2008年，第284页。
⑤ 陈秀云、陈一飞编：《陈鹤琴全集》第五卷，江苏教育出版社，2008年，第23页。
⑥ 同上，第1页。

"凡儿童自己能够做的,应当让他自己做"[1]。做了就与事物发生直接的接触,就得着直接的经验,就知道做事的困难,就认识事物的性质。他把教学过程分为四个步骤:实验观察、阅读参考、发表创作、批评研讨。教师的责任是:引发、供给、指导、欣赏。

(四) 教学原则

陈鹤琴根据"心理学具体化,教学法大众化"的指导思想,提出了活教育的 17 条教学原则,即:(1)凡是儿童自己能够做的,应当让他自己做。(2)凡是儿童自己能够想的,应当让他自己想。(3)你要儿童怎样做,就应当教儿童怎样学。(4)鼓励儿童去发现他自己的世界。(5)积极的鼓励胜于消极的制裁。(6)大自然大社会是我们的活教材。(7)比较教学法。(8)用比赛的方法来增进学习的效率。(9)积极的暗示,胜于消极的命令。(10)替代教学法。(11)注意环境,利用环境。(12)分组学习,共同研究。(13)教学游戏化。(14)教学故事化。(15)教师教教师。(16)儿童教儿童。(17)精密观察。[2]以上 17 条教学原则可以综合概括为活动性(做)原则、儿童主体性原则、教学法多样化原则、利用活教材原则、积极鼓励原则和教学相长的民主性原则等,其基本精神为当代心理学和教育学的科学研究所证实,尤其适用于学前教育。



(五) 训育原则

陈鹤琴认为训导工作在整个的教育工作上可说是最繁重最重要的。有了训育原则,才可以使训育工作不致茫无头绪,无所适从。他提出的训育原则:(1)从小到大。(2)从人治到法治。(3)从法治到心理。(4)从对立到一体。(5)从不觉到自觉。(6)从被动到自动。(7)从自我到互助。(8)从知到行。(9)从形式到精神。(10)从分家到合一。(11)从隔阂到联络。(12)从消极到积极。(13)从"空口说教"到"以身作则"[3]。

---

①② 陈秀云、陈一飞编:《陈鹤琴全集》第五卷,江苏教育出版社,2008 年,第 66 页。

③ 同上,第 103—110 页。

以上13条训育原则，揭示了道德的认知、情感和行为表现的内外统一和相互促进，充满了辩证法，符合道德教育的基本规律。

陈鹤琴的活教育主张针对死教育来说无疑具有进步性。他曾将活教育与死教育作了十大区别的对比。[①]

活教育：

1. 一切设施、一切活动以儿童做中心的主体，学校里一切活动差不多都是儿童的活动。

2. 教育的目的在培养做人的态度，养成优良的习惯，发现内在的兴趣，获得求知的方法，训练人生的基本技能。

3. 一切教学，集中在“做”，做中学，做中教，做中求进步。

4. 分组学习，共同研讨。

5. 以爱以德来感化儿童。

6. 儿童自订法则来管理自己。

7. 课程是根据儿童的心理和社会的需要来编订的，教材也是根据儿童的心理和社会的需要来选定的，所以课程是有伸缩性，教材是有活动性而可随时更改的。

8. 儿童天真烂漫，活泼可爱，工作时很静很忙，游戏时很起劲很高兴。

9. 师生共同生活，教学相长。

10. 学校是社会的中心，师生集中力量，改造环境，服务社会。

死教育：

1. 一切设施，一切活动，教师(包括校长)是中心是主体。学校里一切活动差不多都是教师的活动。

2. 教育的目的，在灌输许多无意义的零星知识，养成许多无关紧要的零星技能。

3. 一切教学，集中在“听”，教师口里讲，儿童用耳听。

4. 个人学习，班级教授。

---

① 陈秀云、陈一飞编：《陈鹤琴全集》第五卷，江苏教育出版社，2008年，第22—23页。

5. 以威以畏来约束儿童。

6. 教师以个人主见来约束儿童。

7. 固定的课程，呆板的教材，不问儿童能否了解，不管与时令是否适合，只是一节一节地上，一课一课地教。

8. 儿童呆呆板板、暮气沉沉，不好动，不好问，俨然像个小老人。

9. 师生界限分明，隔膜横生。

10. 校墙高筑，学校与社会毫无联系。

从上可见，活教育是“五四”新文化运动浪潮下对封建旧教育的有力批判，也是抗日战争烽火催生下时代精神的体现；活教育是对欧美新教育的吸收和再创造，更是陈鹤琴长期教育实践的总结和理论探索的结果。尽管活教育理论有其历史和领域的局限性，但却非常适宜于学前教育领域。



原载普通高等教育“十一五”国家级规划教材《学前教育思想史》唐淑主编，人民教育出版社，2009 年 11 月，第三章第五节

# 我国幼儿园社会领域教育初创阶段研究略述

幼儿园社会领域教育是以发展幼儿的情感——社会性为目标，以增进幼儿的社会认知、激发幼儿的情感、培养幼儿的社会行为为主要内容的教育，其实质是做人的教育、人格的教育。我国自古以来就重视做人的教育，孔子说："行有余力，则以学文。"意思是说在品行、德行修养有余力时才可以学习文化知识，即首先要学做人，然后才学做学问。现代意义上的幼儿园社会教育的形成和发展是有一个历史过程的，是伴随着我国幼儿园教育的诞生和发展而逐步发展起来的。本文拟对初创阶段(20 世纪前半叶)的幼儿园社会教育作一梳理和剖析，以便从中得到一些启示。

## 一、我国幼儿园社会领域教育(课程)萌芽时期的概况

### (一)《奏定蒙养院章程及家庭教育法章程》中的相关内容

1904 年元月，我国出台了第一个幼儿教育法规——《奏定蒙养院章程及家庭教育法章程》，其中第一章第一节"保育教导要旨"中规定：

1. 保育教导儿童，专在发育其身体，渐启其心知，使远于浇薄之恶风，习于善良之规范。

2. 保育教导儿童，当体察幼儿身体气力之所能为，心力知觉之所能及，断不可强授以难记难解之事，或使为疲乏过度之业。

3. 保育教导儿童，务留意儿童之性情及行止仪容，使趋端正。

4. 儿童性情好模仿，务专意示以善良之事物，使则效之，孟母三迁即此意也。

以上四条中，第一、三两条提出了培养幼儿身心健康、个性良好、行为端正的目标要求。第二、四两条则提出了量力适宜、正面教育、运

用榜样和环境的原则和方法。这一保育教导要旨凸现了蒙养院应实施做人教育的任务。

第二节规定应设置幼儿易懂、有趣、与小学迥然有别的“条目”：

1. 游戏。分随意游戏(各自运动)和同人游戏(合众运动)两种。使其心情愉快活泼,身体健康安全,且养成儿童爱众乐群之气习。

2. 歌谣。且使心情和悦为德性涵养之质。

3. 谈话。择幼儿易解及有益处、有兴味之事实,或比喻之寓言,以期养其性情兴致。

4. 手技。意在引导幼儿手眼,使之习用于有用之处,为心知意兴开发之质。

从上可见,四条目均围绕培养幼儿爱众乐群、涵养德性的宗旨进行,尤以游戏和谈话为最,足见章程对幼儿进行社会教育的重视。

(二)《湖北幼稚园开办章程》的有关内容

1903 年秋,我国第一个国人自办的幼儿园——湖北幼稚园创办于武昌,这个公立官办幼稚园的开办章程中,以“专辅小儿自然智能、开导事理、涵养德性,以备小学堂之基础”为宗旨。明确提出“重养不重学”的办园方针。设园旨趣有三:保全身体之健旺,体育发达基此;培养天赋之美材,智发达基此;习惯善良之言行,德育发达基此。所定的保育课目凡七:行仪、训话、幼稚园语、日语、手技、唱歌、游嬉。其中行仪和训话是和社会教育直接相关的,唱歌、游嬉则间接相关。



(三)《湖南蒙养园教课说略》的有关内容

教课说略即教学纲要,设立七课:谈话、行仪、读方、数方、手技、乐歌、游戏。其中谈话即示为人之道,行仪即真实修身,此两课为德育之始基。而乐歌,关系于国民忠爱思想者,如影随形;培养美感,高洁心情,涵养性情也。

综上所述,20 世纪初幼儿社会领域教育的目标要求和内容方法已略有呈现;直接或间接地散见于幼儿园的有关课目中,但仅是蕴含性的,尚处于萌芽状态;而且这些幼教法规、开办章程、教课说略均源于日本,不是照搬就是移植,受日本幼教的影响较大。

## 二、我国幼儿园社会领域教育(课程)独创时期的研究

“五四”时期的思想解放运动带动了教育战线的改革运动,涌现出以陶行知、陈鹤琴为首的一批幼儿教育革新家,正是他们开辟了幼教的中国化、科学化的道路,并开始创建我国幼儿园社会领域的教育(课程)。

(一) 论述幼儿园社会领域教育的价值

陶行知认为“人格教育,端赖六岁以前之培养。凡人生之态度、习惯、倾向,皆可在幼稚时代立一适当基础”。他把幼儿教育视为人生之基础,指出“凡人生所需之重要习惯、倾向、态度多半可以在六岁以前培养成功。换句话说,六岁以前是人格陶冶最重要的时期。这个时期培养得好,以后只须顺着他继长增高的培养上去,自然成为社会优良的分子,倘使培养得不好,那么习惯成了不易改,倾向定了不易移,态度决了不易变。这些儿童升到学校里来,教师需费尽九牛二虎之力去纠正他们已成的坏习惯、坏倾向、坏态度,真可算事倍功半”。

陈鹤琴也认为“儿童期是发展个人的最好机会,什么言语,什么习惯,什么道德,什么能力,在儿童的时候学习最速,养成最易,发展最快”。在他的活教育理论体系中,更是把“做人”作为活教育三大纲领之一的目的论:做人,做中国人,做现代中国人。

1. 做人:做一个真正的人,必须热爱人类、热爱真理,以“世界一家”的思想作为人类最终目标。

2. 做中国人:做一个中国人必须热爱自己的国家,热爱自己的同胞,为自己国家的兴旺发达而努力。

3. 做现代中国人:首先要有强壮的身体,其次要有创造的能力,第三要有合作的精神,第四要有为社会服务的热情,第五必须心胸开阔和目光远大。

从上可见,陶行知、陈鹤琴所述的人格教育、做人教育均重在情感—社会性的发展,涉及情感、态度、习惯、能力等诸方面。这些观念都体现在由陈鹤琴主持制定的于 1932 年公布的《幼稚园课程标准》中,如在“幼稚教育总目标”四条中就有两条提到:“力谋幼稚儿童应有的快乐和幸福。”“培养人生基本的优良习惯(包括身体、行为等各方面

的习惯)。”充分说明 20 世纪二三十年代,我国教育界对幼儿园的社会教育(人格教育、做人教育)的重视。

(二) 构建幼儿园社会领域教育的课程

我国幼儿园社会领域教育的课程形态在初创阶段的发展过程为:散在—常识—社会和自然或社会和常识—社会。30 年代初,《幼稚园课程标准》中课程范围七项中就有一项是“社会和常识”(其他六项为音乐、故事和儿歌、游戏、工作、静息、餐点),虽不是独立的一项,却是第一次出现在国家法规中。张宗麟所著《幼稚园的社会》,第一次全面、系统地论述了“社会”领域教育的目标、内容、原则和方法等;精辟地分析了社会、儿童社会的实质;以案例形式展示其丰硕的研究成果,倡导实施社会化的幼稚园课程。及至 40 年代后期,陈鹤琴提出了“五指活动”计划,即开展健康、社会、科学、艺术、文学活动。50 年代初,陈鹤琴进一步论述五指活动的意义、内容等,并将文学活动改称语文活动。至此,社会领域已相对独立地立足于幼稚园课程之中了。



1. 社会领域教育的目标

《幼稚园课程标准》规定社会领域教育的目标为:甲,引导幼儿对于自然环境和人民活动的观察和欣赏。乙,增进利用自然、满足生活、组织团体等的最初步的经验。丙,引导对于“人和社会自然的关系”的认识。丁,养成爱护自然物和卫生、乐群、互助、合作等的好习惯。

从发展过程来看,社会领域终于有了比较明确的目标,这显然是进步。但张宗麟对此目标提出了意见,他认为应添加“幼儿园各种活动都应该倾向于社会性的”。因为照着上述目标,几乎把教育化成工具,没有灵魂。教育的灵魂不是在乎罗列许多科目,也不是在乎“养成良好的公民”一语所能概括,而在于“养成适合于某种社会生活的人民”。这种工作在唱歌、游戏等活动里可以做出来,但是这种精神都要从以“社会”做中心作出发点,他介绍了美国和苏俄对相关目标的研究,特别指出苏俄教育所以能传播于全世界,乃是它能处处表现苏俄的精神。

陈鹤琴于 20 世纪 40 年代末在五指活动中提出了社会活动,强调儿童与社会的关系，要求儿童有能力和带着对公共服务的兴趣去参加社会活动，懂得个人与国家的关系、国家与世界的关系，以此来激励儿童的爱国心与爱人类之心。笔者以为，陈鹤琴揭示了社会领域教育目标的实质，诚如张宗麟所强调的“精神”。

2. 社会领域教育的内容

1919年办在杜威院内的南京高等师范学校附小幼稚园，每天安排谈话、游戏、手工、音乐四种活动，与社会相关的各方面，如音乐材料大略是团体、再会、老师你早、家庭等；时令和节日方面有收获、新年、国旗、四季、春天等类；职业方面有铁匠、皮匠、木匠等类。

涉及的社会生活主要包括团体和家庭，此外还有职业或别种公共机关的动作等，凡是儿童看见的或自己做过的，无论是实在的或表演的，只要他学过了就可以做。这种动作是儿童明白社会生活里互助、协力、团结、责任等的基础。同时也使儿童明白社会进化的意义和价值。

陈鹤琴于1923年创办的鼓楼幼稚园的课程包括常识等九方面，其中常识分自然和社会两方面，关于社会，则随时按风俗之序，随时教学；其他，如日常礼仪之演习，社会上实事实物之观察，简易的卫生规律及健康清洁的检查，务使儿童对某项问题有研究之兴趣，并有讨论之机会。



陈鹤琴所主持制定的《幼稚园课程标准》中“社会和常识”的内容大要为：甲，关于衣食住行等生活需要、卫生方法，以及家庭、邻里、商铺、邮局、救火组织、公园、交通机关等社会组织的观察研究，与本地名胜古迹的游览。乙，日常礼仪的演习。丙，纪念日和节日（如元旦、国庆、总理忌诞辰、儿童节以及其他令节）的研究举行。丁，集会的演习（以培养公正、仁爱、和平的态度精神为主）。戊，党旗、国旗、总理遗像等的认识。

从上可见，社会领域教育的内容明显偏重于社会认知方面，基本上都是对时令节日和社会环境的认识。

张宗麟则对社会领域教育内容有独到的见解，他十分重视良好习惯的养成，他比较分析了代表南方和北方幼儿园的两张习惯技能表。一张是以鼓楼幼稚园为基础、经张宗麟整理的、代表南方的习惯技能表，包括做人的习惯——社会的，如礼貌待人、友好交往、敬爱朋友、帮助人家、哀怜他人、与人共享、尊重别人、遵守规则、认真工作、不争先恐后、不相骂争斗等 19 条；做人的习惯——个人的，如准时到园、集合迅速、动作轻快、物归原位、整齐清洁、说话清楚、爱惜书籍、爱护花草动物、不大声叫喊、不乱丢东西等 15 条；卫生习惯，如饭前便后洗手、细嚼慢咽、姿势端正、不随地吐痰、不沿路大小便等 23 条；其他，如会做团体游戏、会排列椅子、会爱抚玩偶、会表演故事等 12 条。合计 59 条。另一张是张雪门所拟、代表北方的习惯技能表，包括社会，如礼貌待人、与人互助、不轻易求人、帮助幼小、按时到园、物归原位、不故意阻挠别人、略述一种职业生活（铁匠、店铺……）、能说出两三种食物来源（如米、从整地到贩卖）等 12 条；卫生，如整齐清洁、姿势端正、刷牙洗手等 12 条；其他，如比较脸的美丑、给物定义（五件中能说出三件，如筷、马、母亲）、解决三个问题等 4 条。合计 28 条。



以上两表，大体都涉及了对己、对人、对事、对物的态度，张宗麟认为这些都是直接有社会性的活动，为此，必须使幼儿养成以上所述的良好的习惯。

3. 社会领域教育的原则和方法

陈鹤琴提出了训导（即思想品德教育）工作的 13 条原则：

（1）从小到大。一个人要从小就注意，怎样讲话，怎样批评，做人的态度，对人的礼貌，以及一切的一切都要从小养成。一种习惯之养成，莫不由“渐”而来。

（2）从人治到法治。即讲人情，法治即重法守法。人治易受环境变迁的影响，法治则对于人事权衡有一定的准尺，来得比较固定。如洗手，不是为了听某老师的话，而是注意卫生。

（3）从法治到心理。训育上的种种问题，有时不是遵循法理就能解决的，儿童的行为问题往往是心理问题，教师必须了解儿童的心理，才能成功解决问题。

(4) 从对立到一体。师生双方决不是两个对立的团体，应该共同生活、共同研究、共同学做人、共同求学问。

(5) 从不觉到自觉。每个人都有极大的潜在力量，教师就是要发掘各人的潜力，使一个糊糊涂涂、浑浑噩噩的不觉青年(或小朋友)转变为一个自觉的、有力量、有责任的青年。

(6) 从被动到自动。学生在训导过程中处于完全由老师管理——由团体管理——自己管理。教师应尽快使学生摆脱被动，转向自动、自主。养成学生的独立人格而不是依赖人格。

(7) 从自我到互助。虽说人是自私的，但可以用崇高的道德观念来克制。纵然不能要求人人都“舍己为人”，但至少亦应做到“互助”。教师应促使学生从“自我”转向“互助”。

(8) 从知到行。单“知”而不“行”，单是“理论”而无“实践”，都是不会成功的。只有不断地做，习惯养成了，然后可以持续不断，才能获得成功。

(9) 从形式到精神。只有表面没有精神是不好的。古人云“诚于中而形于外”，意即精神可以影响外表，教师应教育学生不重形式而追求精神，做到表里如一。



(10) 从分家到合一。训育与教导是不能分割的，全体教职工都有教育学生的责任，训、教合而为一才能有利于训育工作的开展。

(11) 从隔阂到联络。学校和家庭之间往往由于隔阂而不能共同步骤。应该加强学校和家庭的联系，打破隔阂，做到家校同步。

(12) 从消极到积极。一方面，一般学校对学生的不当行为常常作消极的防止或制裁，而未积极地消除引起不当行为的动机；另一方面，积极的鼓励比消极的制裁来得好，孩子是喜欢鼓励的。

(13) 从“空口说教”到“以身作则”。教师要使学生建立起对自己的信仰，不是靠欺骗或权威获得的，信仰是学生对你的道德和学识的钦敬而来的。空口说教是徒劳的，必须自身保持高尚的道德，处处以身作则，才能成功。

以上 13 条训育原则，揭示了道德教育的认知、情感和行为表现的内外统一和相互促进关系，充满了辩证法，符合道德教育的基本规律，不仅适用于普通学校，也是幼儿园社会教育应遵循的原则。

张宗麟在论述实施社会活动的原则和方法时，首先根据教育学的新趋势，提出三条原则：一是要把学校生活和社会实际生活打成一片，二是个别学习而能互助合作，三是“朋友制”的师生关系。其次他以心理学为依据，提出四条原则：一是成功与有效，二是继续不断地练习，三是兴趣与目的，四是交替反应。随后，张宗麟又提出实施时应注意留心儿童的动作、临时的遭遇、有意的刺激。这是决定要做活动的路径。此外，还应注意提供丰富的原料品与适当的工具，恰当的指导组织，做到“随时息手，随处起头”。这是教师陪着儿童做各种活动时应注意之点。关于习惯训练的方法，张宗麟认为可以参考蒙台梭利教学法，但关键在于幼儿园与家庭的切实合作。

张宗麟的论述不仅富有教育学和心理学的理论价值，对于幼儿园社会领域教育的实施更具实际指导意义。



4. 幼稚园社会活动案例分析

张宗麟在《幼稚园的社会》一书中，介绍了实践中进行过的幼稚园社会活动。如：

(1) 婚丧寿庆

张宗麟认为婚丧寿这三件事用社会学的眼光来评论，实在都是正常事，但现代中国社会习尚竟以此三者为最隆重的活动，这必然影响到孩子，使他们有相当的经验，因此在幼儿园教育中应有所反映。

①有哪几种活动可以做？小朋友组织家庭的嫁娶，玩偶家庭里的嫁娶；死了家禽、家畜、虫、鱼等去葬，打破了的玩偶等的葬殓；小朋友或教师的生日。②怎样攫取动机？孩子自发的，教师允许；孩子忽略的，教师提醒。③预备什么材料？场地、实物或制品。④怎样进行？要简短、变化多、新奇层出；教师不过早介入；每个活动要有极显然的结果。本组活动可以和音乐、美工、识字等结合起来进行。⑤怎样结束？这组活动无所谓结束，半天即可，能在放学时结束为妥，不必今天准备，明天正项，后天做结束。

（2）节期、赛会期、纪念日

张宗麟认为节期、赛会期、纪念日在孩子们眼里是同一看待的，但社会上以赛会期为最注重，而家庭间以节期为最注重，法令上则以纪念日为最重要。因此，他并不主张将三者完全放到幼儿园里去，他根据江南风俗以为应留意的节期、赛会期、纪念日大致如下：①有哪几个日期应该采用？节期：元旦、春分（或植树）、清明、立夏、端午、中秋、重阳、冬至、腊八、除夕。赛会日：农村里在春夏之交的集会，城市里的迷信会（如关帝会）。纪念日：中山诞辰、逝世，国庆，黄花岗，儿童节等。②怎样攫住动机？节期：社会上家家户户都会影响幼儿，孩子们会议论，教师稍一留心，不难开头；赛会期的活动虽不多，但社会上风传的多，教师要探听会期的准日和特点；纪念日则必须由教师设法引起。③预备什么材料？④怎样进行？⑤怎样结束？（略）

（3）展览会及其他

①有哪些活动包括到展览会、母亲会里去？展览会可以单独开，也可与母亲会合开。单独举行的展览会：名目繁多，如花草展览会、石子展览会、邮票展览会、贺年片展览会、玩具展览会等。与母亲会联合起来的展览会：成绩展览会（图画、手工、写字等）、儿童用品展览会（衣、食、玩等）。母亲会：这是妇女运动的一种方式，开始不易立即见效。表演游艺会：可与母亲会等合开。②怎样进行？本组活动由师生合作进行，教师领头干，先带着孩子们讨论，然后分头进行。花草、石子、邮票是搜集活动的结束工作，事前要提出任务，再将搜集到的集中在指定场所。先认识，次评判，再奖励。贺年片及玩具展览会则与手工相联系，也是手工的结束工作，但要注意这是儿童工作展览，不是购买来的货物展览；可以选择优良的贺年片代表班级送出，巧妙的自制玩具，应陈列几天供观赏再发还给制作者。成绩展览会展出的成绩是平日工作的积存，不必临时制作，可请母亲参加评判。儿童用品展则由教师去收集，开会时再详细介绍。这组活动对儿童来说，最大的工作是布置会场、做招待、写画请柬、请客人等。做招待员、布置员、主席等都要有标志，并在事前练习。展览会、表演会大都是别种活动的结

束,不需另做结束工作。

从上可见,张宗麟对上述几种社会活动分析细致、精辟。这几种社会活动有的当前已做过,有的尚未得到普遍重视。笔者以为有许多活动都是值得当前推广运用的。

## 三、启示

1. 陶行知、陈鹤琴的有关论述,是幼儿园社会领域教育的指导思想和理论基础。

(1) 既要培养热爱自己民族和国家的情感和精神,也要培养热爱人类、面向世界的胸怀和志气。

(2) 既要培养适应当前生活的态度和习惯,也要培养适应未来生活的胆略和能力。

2. 陈鹤琴、张宗麟为幼儿园社会领域课程的形成和独立发挥了设计师和引领者的作用。

(1) “社会”不仅是幼儿园课程的中心,也是相对独立的一个领域。



(2) 社会领域课程的任务,不仅是发展幼儿的认知,更要发展幼儿的社会情感和社会行为。

**参考文献**


1. 戴自俺、龚思雪主编:《陶行知幼儿教育的理论与实践》,四川教育出版社,1987年。
2. 陈鹤琴著:《创建中国化科学化的现代幼儿教育》,金城出版社,2002年。
3. 张沪编:《张宗麟幼儿教育论集》,湖南教育出版社1985年。
4. 中国学前教育史编写组编:《中国学前教育史资料选》,人民教育出版社,1989年。
5. 虞永平主编:《社会》,南京师范大学出版社,1997年。


原载《学前教育研究》2006年第2期

# 试论宋庆龄对我国儿童的生存、保护和发展、教育的贡献

1993年元月27日是爱国主义、民主主义、国际主义、共产主义的伟大战士宋庆龄同志诞辰100周年纪念日，北京、上海等地召开了隆重的纪念大会。中国福利会和上海宋庆龄基金会于1月16日至18日在上海举行了"宋庆龄儿童教育思想和实践研讨会"，出席研讨会的有来自全国9省市从事幼儿教育、中小学教育、校外教育、特殊教育的学者、专家及特邀的有关人士106人，还有宋庆龄同志的亲属和外国友人40多人。这次研讨会的中心议题是"宋庆龄的教育思想与90年代的儿童教育"。与会者探讨了宋庆龄儿童教育思想的形成、内涵、历史意义和现实意义等。宋庆龄儿童教育思想诞生于战争年代，形成于新中国，其内容丰富广泛，涉及学前儿童和学龄儿童、托幼和中小学、校内和校外的教育；其思想的核心是"缔造未来"。这次研讨会，使宋庆龄儿童教育思想的学习和研究有了良好的开端。我们相信，今后，这方面的工作将继续深入进行。



中华人民共和国原名誉主席宋庆龄不仅是一位举世闻名的政治家，也是一位杰出的儿童教育活动家。她在为国家的生存、民族的兴亡和人类的进步进行英勇斗争的同时，也为儿童的生存和保护、儿童的发展和教育艰苦奋斗了一生。今天，当我们在学习和贯彻《九十年代中国儿童发展规划纲要》(以下简称《纲要》)的时候，重温宋庆龄的儿童教育思想，缅怀她的儿童工作业绩，倍感其儿童教育思想的高瞻远瞩和儿童工作业绩的光辉灿烂。继承、发扬宋庆龄的儿童教育思想对于《纲要》的贯彻执行，具有现实的指导意义。

## 一

宋庆龄热爱儿童，始终如一地致力于儿童的生存和保护的工作。她不单从人道主义出发关心儿童的命运，而且从国家前途、民族兴亡、世界和平、人类命运的高度来认识爱护和关心儿童的必要性和重要性。

在抗日烽火燃遍中华大地的年代里，宋庆龄时刻关注着全国儿童的命运，尤其是战灾儿童的命运。她在《救济战灾儿童》一文中指出：一定要将这些无家可归和无所依靠的儿童"保存下来"，必须把他们从由于饥饿而濒于死亡和由于无人照顾而使肉体和精神上遭受摧残的恶果中"拯救出来"。为此，她领导保卫中国同盟发起战灾儿童服务运动，领导全国孤儿救济总会进行了艰苦的救济孤儿的工作。



抗日战争胜利后，处于贫病交加、饥寒交迫的儿童依然比比皆是。此时，宋庆龄便将儿童工作的重点放在济贫上。她领导中国福利基金会(前身是保卫中国同盟)公开募集儿童福利基金。先后在上海的贫民区办了三个儿童福利站，并资助湖南四所孤儿院和全国 30 多个学校和儿童团体。基金会还设立一个儿童义养会，通过全国 30 多个团体机构，在全国义养了五千多个孩子。

中华人民共和国诞生后，她更是把儿童视为"世界之宝"、"人类的至宝"。她指出："儿童是我们的未来，是我们的希望，是我们国家最宝贵的财富。"她认为"儿童工作就是缔造未来的工作"，"是关系到祖国前途和革命未来的大业"。她并强调"保护儿童的权利，是建立人民民主政权的必需条件"。她欣喜地看到我国宪法里关于要保护妇女和儿童权益的规定。她说："根据我们的基本法律，我们千千万万的儿童，生来就获得了生命和幸福的保障，有从各方面发展的机会，以及发展智力和培养品德的权利。"

# 二

宋庆龄一贯主张向全体儿童进行教育，使孩子们的身心得到健全的发展。早在 40 年代，她就提出了“为广大贫苦儿童服务”的方针，主张“不仅要给孩子们粮食、衣物和医疗，还要给他们精神食粮，让他们看到未来”。为此，她在福利站里开展了广泛的教育活动。

中华人民共和国成立后，她指出：“今天的儿童是未来共产主义建设者，他们将继承我们完成共产主义建设伟业。”她告诫人们：“少年儿童的培养是不可以等待的。现在，他们正在长身体，血开始澎湃汹涌，生动力活泼力正在增长，我们不能等待……”她教导人们必须像爱护幼苗、花朵那样爱护他们，栽培他们。

宋庆龄认为儿童的健康，对于一个民族的强盛有重要意义。她指出：“要有强健的民族，先从母性及儿童福利着手。”她于 1950 年“六一”儿童节发表的题词中写道：“我们要使他们得到温暖的保育，养成健全的体格，成为革命的生力军，肩负新中国的伟大任务。”她提倡开展丰富的文体活动，如游泳、爬山等。她说：“要锻炼身体，要从小养成卫生习惯，保护眼睛，增强体质，才能获得充沛的精力，养成活泼开朗的性格。”她重视用知识把儿童武装起来，提倡儿童在生命的最初几年中就要“获得开启人类知识的钥匙”。她循循教导儿童：“如果没有现代化的科学技术，没有丰富的文化知识，就等于赤手空拳去打仗，那是要吃败仗的，是搞不成四个现代化的。”她教育孩子除学好课堂知识外，还要阅读课外读物，从小爱科学、学科学、用科学，立志做文化的主人，做自然的主人，做宇宙的主人。宋庆龄特别重视儿童的思想品德教育。她指出：“要使他们的生活有目的，这个目的应是把个人的前途和全人类的进步事业联系起来。”要使儿童“从小学习为人民服务，为多数人谋幸福，而不单为个人利益，更不能损害别人的幸福”。她要求把孩子培养成“有理想、爱祖国、爱劳动、诚实、勇敢、守纪律的下一代”。让他们“在生命的最初几年中就正确地形成观念、行为和性格的基础”。宋庆龄也很重视美育。她指出:“优美的音乐、美术、文学对陶冶性情起着重要作用,能够抵抗那些不健康的有害的东西,养成优美高尚的情操。”她认为儿童读物是儿童的良师益友,儿童剧的典型形象可以感染儿童,使他们有文娱生活并寓教育于文娱之中。她主张学校(幼儿园)、家庭、社会的“结合教育”。她说:“把这一代孩子教育成人,教育成符合革命需要的人,是全社会的责任,需要家庭、学校、社会的三结合教育。”她要求从托儿所、幼儿园到学校、家庭、剧院、校外教育机构,以至各种文化娱乐场所,都要对儿童进行教育。

宋庆龄也是个教育实践家。50年代初,上海刚解放不久,宋庆龄就把“中国福利基金会”改组为“中国福利会”(以下简称“中福会”),其任务是在妇幼卫生保健和儿童文化教育方面,开展实验性、示范性的工作。1951年宋庆龄将获得的“加强国际和平斯大林国际奖金”十万卢布全部捐献给“中福会”。该会按照她的意愿在上海创办了国际和平妇幼保健院,并先后创办了《儿童时代》半月刊、少年宫和儿童艺术剧院,以及托儿所、幼儿园等,宋庆龄是这些单位的“总设计师”和“总工程师”。在妇幼保健方面:从1956—1988年,先后对32万城乡妇女作了妇女病普查、医治,并面向社会实行系列化的保健服务,开设了青春期保健、婚姻保健、遗传优生、孕期保健、夫妇同诊和计划生育的咨询门诊;开办了新婚学校、孕妇学校、胎教试点等。在试行孕期家庭自我监护、康乐分娩、母婴同室、提倡母乳喂养等方面,都取得了可贵的成果。尤其在计划生育的临床研究方面的科研成果获得了全国医药卫生科学大会的嘉奖,并受到世界卫生组织的重视。在儿童教育方面,以“中福会”托儿所和幼儿园为例,他们修建了游泳池,开展了三浴(日光浴、空气浴、温水浴)锻炼,建立了一套行之有效的卫生保健制度。他们始终坚持寓教于生活、娱乐和游戏之中,发展幼儿动手动脑的能力,探索了不少启迪幼儿智力的新方法和新途径。他们重视劳动教育,让幼儿学习自我服务,学会管理自己的生活,进而能关心集体,为集体做好事。他们编辑《保卫儿童》画册,开展电子琴、国画、溜冰、远足等文体活动,活跃幼儿的生活。80年代初,宋庆龄在生命最后的时刻里，竟接连写下《愿小树苗健康成长》等三篇遗爱于人间的著作，倾诉了她对下一代深切的爱和所寄予的期望。

## 三

宋庆龄为儿童的生存和保护、发展和教育所作的杰出贡献，不仅永载史册，更具有积极的现实意义。十一届三中全会以来，我国儿童工作进一步走上了社会化、科学化、法制化的轨道。在1990年的世界儿童问题首脑会议上，通过了《儿童生存、保护和发展世界宣言》以及《执行九十年代儿童生存、保护和发展世界宣言行动计划》，1991年3月，李鹏总理代表中国政府签署了这两个文件，向全世界做了庄严的承诺。1992年2月16日，国务院颁布了《九十年代中国儿童发展规划纲要》，这是面向21世纪的儿童工作纲领。《纲要》的颁布，明确了本世纪内我国儿童事业发展的十项主要奋斗目标及实施目标的策略和措施。目标内容涉及：降低婴幼儿及孕妇的死亡率和五岁以下儿童营养不良的患病率；普及初等义务教育，3—6岁幼儿入园（班）率达到35%；各省地和90%的县要有一种以上儿童校外教育、文化、科技、体育、娱乐等活动场所，并使家长掌握保教知识；支持少数民族、边远地区和贫困地区的儿童工作；残疾儿童的康复和教育；保护儿童合法权益，等等。对照宋庆龄的儿童教育思想及其所从事的儿童工作，几乎涵盖了《纲要》中目标所述及的方方面面：首先，她是“爱护儿童，教育儿童，为儿童做表率，为儿童办实事”的典范；其次，她的儿童工作对象包括胎儿至少年儿童，她不仅关心儿童，也关心与之密切相关的妇女尤其是孕妇，不仅关注正常儿童也关注非正常、残疾儿童，对贫困儿童尤其给予厚爱。再次，她的儿童工作内容，不仅进行教育，也进行保育和保健。她的儿童教育场所，不仅重视校内、园内，也重视校外、家庭。至于保护儿童的合法权益，她更是为之奋斗了一生。我们应从宋庆龄的儿童教育思想中得到启示，并学习其儿童工作的宝贵经验，为贯彻执行《九十年代中国儿童发展规划纲要》，为宋庆龄的未竟事业而努力奋斗。

## 参考文献

1. 中国福利会编:《宋庆龄论儿童教育和儿童工作》,上海教育出版社。
2. 中国福利会编:《中国福利会五十年》。
3. 国务院妇女儿童工作协调委员会儿童组编:《九十年代中国儿童发展规划纲要》。

原载《学前教育研究》1993年第2期

# 夸美纽斯的儿童早期教育思想[①]

17世纪捷克著名教育家夸美纽斯，不仅在学校教育理论方面有划时代的贡献，而且对学前教育也有很多创见。夸美纽斯的《母育学校》是教育史上第一本学前教育专著，该书阐述的学前儿童早期教育理论，是幼儿教育的珍贵遗产。

早在三百年前，在著名的《大教学论》一书中，夸美纽斯就把六岁以前儿童的教育称做“早期教育”。他从人本主义的观点出发，认为人是自然的人，儿童时期等于春天，主张“教导的确切秩序应当从自然去借来”，从儿童时期开始。这种“适应自然”、“模仿自然”的教育思想，同无视儿童的年龄特征，同教师的专横作风是针锋相对的，击中封建主义教育束缚儿童的弊病，也是对中世纪盛行的经院主义教育的批判。夸美纽斯十分重视儿童的早期经验和早期教育，认为一个人要想成为一个优秀的书法家、画家、裁缝、音乐家，从小就该从事那种技巧，因为那时“想象是活泼的，指头是柔顺的”，“愿望正在沸腾，思想正很迅捷，记忆正还牢固”。他把人脑比作“蜡”，说这块蜡在儿童时代“湿润柔顺”，适宜于接受一切外来的影响；随着年龄的增长，“蜡”就渐渐变硬，变干燥，事物就不容易刻在上面了。因此，主张对儿童的教育要抓早抓好。抓得早，“头一次印象是黏附得非常深刻的，除非一种神迹，否则什么都把它们祛除不了”。抓得好，可以及早形成好的影响，避免无益、以至有害的影响。夸美纽斯认为，“一切有赖于开端”，“预防堕落要比改正堕落容易些”，当儿童睡在摇篮里的时候就应该给予

① 本文引言均引自夸美纽斯《大教学论》、《母育学校》。

正确的教育，以利为以后各年龄阶段进行教育打下良好的基础。

夸美纽斯对学前儿童教育的内容和方法进行了广泛的研究，提出要重视德育、智育和儿童身心的健康发展，并且采取儿童乐于接受、易于接受的教育方法。对比当时的封建教育、宗教教育，这些主张是别开生面的。

在儿童的道德品质教育方面，夸美纽斯把重视培养良好的行为习惯放在重要地位。在对待他人方面，他要求培养儿童有礼貌（如问候别人、同人握手、向别人致谢等），要诚恳、谦逊、谨慎和诚实，不说谎话，不损害别人，不暗地隐藏和拿别人的东西；当别人有困难时，要乐于助人；特别要培养儿童尊重长者等。在对待自己方面，他要求儿童从小养成勤劳、爱清洁的习惯，不能闲散怠惰；既要勇于发表意见，在必要时又要善于沉默、节制自己，控制自己的情感，具有忍耐的能力。他认为德育的最主要的手段是榜样和练习；当榜样对某些儿童所起的作用不大的时候，或者他们虽希望效法别人而又做不好的时候，应该及时进行合理的训示和练习，有时则需要惩罚以示训诫。他认为对子女"猴驴式溺爱"是愚蠢的人，对儿童放纵娇养易于形成任性等不良品质。



夸美纽斯十分重视学前儿童的智育，认为母育学校的任务主要是训练儿童的外部感官，并教育他们学会正确地对待和识别周围的事物，从而"把一个人在人生的旅途中所当具备的一切知识的种子播植到他的身上"。他为智育规定了三方面的内容，即科学知识、儿童的活动和语言（包括知、行、言三个部分）。关于科学知识，他认为应当让儿童从小就知道一些有关自然界和社会生活的基本观念和生动印象。认识"什么是水、土、空气、火、雨、雪、冰、石头、铁、树、草、鱼、鸟、牛，等等"。知道什么叫做天、日、月和星辰，并且知道它在什么地方升起和落下。初步知道山谷、河流、村落、城市等地理知识。

夸美纽斯还把年代学、历史学、经济学和政治学这类社会科学知识，也列入学前教育大纲之内。他所指的年代学，就是最初步的时间概念，如时、日、周、年以及四季；历史学，就是记住今天、昨天、去年、两年或一年前发生的事;经济学,主要指家务管理,知道家庭用具名称和用途。关于政治学,他主张通过谈话让儿童知道首长、法官、公民等名称,应该尊敬谁、服从谁就够了。

对于儿童的活动,夸美纽斯提出两种形式:一种属于发展智力的活动,如辩证法、算术、音乐;另一种是发展手的动作,如手工劳动、体操。他认为儿童理解什么是问题,什么是回答,能直截了当地回答问题,而不是答非所问,就算辩证法初步入门。儿童知道什么是“多”,什么是“少”,会从“一”数到“十”或“六十”,懂得什么是偶数和奇数,三比二大,三加一等于四,能区别长短、宽窄、厚薄,就算初步掌握了数学的要求。在音乐方面,要求让儿童经常听到和谐的有节奏的声调、优美的歌曲,并教会儿童唱简单的歌;在发展手的动作方面,他认为两三岁儿童可以做跑跳、转动、放下、抬起等活动,四五岁的儿童可以做多样的手工劳动和建造活动,六岁儿童可以掌握一些带有体力劳动因素的技能(如劈、砍、建筑、系结、解开等),并通过画画和写字,训练儿童的技能。夸美纽斯认为手工劳动无非是一种游戏,在于养成劳动习惯,不应超过儿童的力量。

夸美纽斯主张在日常生活中把发展语言和认识事物、发展智力结合起来,让儿童用眼、用舌、用手、用脚去感知事物,使一切事物由实际的观察、由感官的知觉去获得,形成并积累关于周围世界的初步观念。他认为从儿童初生起,就要谨慎地发展儿童的各种感觉,尤其是视觉。应当让儿童看柔和的光,特别要看绿颜色。三岁以后应扩展其视野,带儿童到户外观察自然现象,指导他们看书上的图画和墙上的图片。通过观察,让儿童认识人和物,并且通过叙述、交谈以及利用寓言、诗歌来传授知识,发展智力和语言。

夸美纽斯认为强健的身体是一切的基础,儿童只有在活泼而健康的情况下,才能受到教育。他号召家长特别是母亲要仔细地关心儿童的健康,并提出孕妇要注意保护胎儿的健全,母亲必须亲自哺乳自己的婴儿。儿童的饮食要注意分量适度,质地软和,易于消化,不要给孩子吃太烫、味道太浓、过于腥辣等刺激性太强的食物。他反对从小让儿童经常服用药物，因为药物会阻碍食物在胃中的消化，妨害儿童的成长，而且过量地服药会逐渐产生抗药性而失去其效能。他还建议让儿童进行锻炼和运动，给儿童安排充分的睡眠时间，促使其健康地成长。夸美纽斯把游戏看作是对学前儿童进行早期教育的重要手段，他说："在游戏时，智慧总是会由此而紧张地活动，甚至常常会由此而得到磨炼。"因此，主张儿童从二—四岁开始，应该做一些使他们感到愉快的游戏，通过游戏，促进儿童身心的健康发展，学习多方面的知识。

夸美纽斯把儿童入学看作一件十分严肃的事情，非常重视儿童的入学准备工作。他告诫父母在儿童入学前，不要利用学校和教师来恐吓儿童，相反地，要鼓励他们入学，要对儿童描述学校和教师的一些最好的特征，赞扬教师的博学和智慧、善良和可亲，教导儿童热爱和信任未来的教师，以引起孩子对学校的热爱和兴趣，并提高教师的威信。



夸美纽斯第一次提出了在家庭条件下六岁以前儿童教育的完整体系，为建立近代学前教育提供了良好的理论依据。其中，许多具体的要求和见解，至今仍有参考价值。这是他的伟大贡献。但由于夸美纽斯处在封建社会瓦解和资本主义萌芽时期，他一方面受宗教唯心主义世界观的支配，另一方面又受到十六、十七世纪先进思想家、科学家的影响。他所拟定的学前儿童教育纲要，除了有符合科学的、合理的成分，还有人本主义思想，以及宗教思想的杂质，我们应当批判地继承，吸其精华，去其糟粕。

还必须指出，夸美纽斯把儿童的早期教育，仅仅限于家庭教育，把培养幼儿的责任完全委之于父母，尤其是母亲，忽视了社会教育的作用；他虽然重视并提到了儿童的年龄特点，但大多是直观的描述、直觉的经验，还缺乏科学实验的论据。这些局限性，是当时封建小生产方式思想的反映。至于他把儿童仅仅看成是自然的人，这种离开社会性、阶级性研究儿童教育，必然抹煞阶级社会里教育的阶级性。

今天，我们在建设社会主义中国化的学前教育学的过程中，以马克思列宁主义毛泽东思想为指导，不断总结我国幼教的经验，认真探索社会主义的幼教规律，同时还应学习国外的经验，包括夸美纽斯的教育遗产，以繁荣我国的学前教育科学，促进我国幼教事业的发展。

合作者：吴家苓

原载《南京师范大学学报(社科版)》1983 年第 1 期

# 以陈鹤琴教育思想解读《幼儿园教育指导纲要(试行)》[1]

陈鹤琴先生是我国著名的儿童心理学家、幼儿教育专家。他从中国国情出发,学习和借鉴西方进步主义教育思想,改革传统教育,创建了富有中国特色的现代幼儿教育理论,他是我国幼儿教育中国化、科学化的开拓者和奠基人,他的不平凡业绩已在中国现代教育史上留下了光辉的一页。2003 年是中国幼儿教育诞生 100 周年。值此纪念"中国幼教百年"之际,笔者拟以陈鹤琴教育思想来解读《幼儿园教育指导纲要(试行)》,以此倡导历史研究的风气。



**首先,从《幼儿园教育指导纲要(试行)》产生的背景说起**

在我国幼教百年历史中,经教育行政部门颁布的幼儿园课程标准或教育、教学纲要共有四份:1932 年的《幼稚园课程标准》、1951 年的《幼儿园暂行教学纲要》、1981 年的《幼儿园教育纲要(试行草案)》和 2001 年的《幼儿园教育指导纲要(试行)》。从 1903 年国人自办幼教机构算起,差不多 30 年、20 年、30 年、20 年的间隔产生一份幼儿园课程标准或教育、教学纲要也许只是历史的巧合,但也正体现了我国幼教发展的历史节律,说明每一份课程标准或教育、教学纲要都是一定时代的产物,既有历史的积淀,又有时代的需要;不仅反映了当时我国社会和幼教发展的需要与可能,也体现了当时国际幼教发展的动向和趋势。

《幼儿园教育指导纲要(试行)》的产生适应了社会进步的需要。

---

① 所引用的原文,均出自陈鹤琴著《创建中国化科学化的现代幼儿教育》,金城出版社,2002 年 9 月。

当今社会已进入知识经济社会，国际竞争日趋激烈。综合国力的竞争，归根结底是人才的竞争。为此，各国都高度重视教育改革，以加快对人才的培养。我国从科教兴国的战略出发，加快了全面推进素质教育的步伐。基础教育是实施科教兴国战略任务的奠基工程，幼儿教育属于基础教育，是奠基工程最基础的一环，也必然要适应社会进步的需要，加大改革力度，跟上社会前进的步伐。2001年5月底，国务院发布了《关于基础教育改革与发展的决定》，确立了基础教育在社会主义现代化建设中的战略地位。6月，教育部印发了《基础教育课程改革纲要》，决定大力推进基础教育课程改革，调整基础教育的课程体系、结构、内容，构建符合素质教育要求的新的基础教育课程体系，并明确指出新的课程体系涵盖幼儿教育、义务教育和普通高中教育。8月，教育部又颁发了《幼儿园教育指导纲要》(以下简称"新《纲要》")，作为《基础教育课程改革纲要》的下位文件，充分体现了我国基础教育改革的基本精神和理念。可见，新《纲要》的出台，也是基础教育课程改革的需要。1981年开始试行的《幼儿园教育纲要(试行草案)》，适应了十年"文革"结束后拨乱反正的需要。近20年来，中国幼教界学术思想空前活跃，教育观念迅速转变，课程改革硕果累累，教师素质很快提高。20世纪后期所取得的成绩为21世纪的发展奠定了良好的基础。所以，新《纲要》也是幼教自身发展的需要，新《纲要》既建立在改革开放所取得的丰富经验和成果的基础上，又积极应对新的机遇和挑战。

让我们回眸七八十年前，陈鹤琴先生进行幼稚园课程实验研究和我国第一个《幼稚园课程标准》产生时所处的背景。20世纪二三十年代，中国正处于"五四"新文化运动时期，革命的先驱者们高举着反帝反封建的大旗，倡导科学和民主。教育界则在杜威教育思想的影响下，掀起了一场声势浩大的教育改革运动，矛头直指传统的封建死教育。此时，各种教育思潮风起云涌。就幼儿教育来说，陶行知先生揭露了我国幼教的三大毛病——外国病、富贵病、花钱病，由此积极倡导建设中国的、平民的、省钱的幼稚园教育。陈鹤琴先生则针对幼稚园课程混乱的情况，如教会幼稚园的宗教课程、蒙养园的日式课程、少数幼稚园的福禄培尔及蒙台梭利课程，于20世纪20年代末进行课程的实验研究，并在此基础上敦促当局颁发了我国第一个幼稚园课程标准。可见，《幼稚园课程标准》和新《纲要》的历史背景有着惊人的相似之处，20世纪二三十年代与八九十年代都是社会大变革时期，因此带动了教育的大变革。人才观念的转变促进了教育观念的转变，教育观念的转变又促使了课程标准或教育教学纲要的诞生。

**其次，从新《纲要》总则的基本精神来看**

1. 新《纲要》的制定是为了指导幼儿园深入开展素质教育。陈鹤琴先生虽然没有用过"素质教育"这个词，但素质教育的基本要素"两全一主动"，却是陈鹤琴先生所追求和提倡的。他于1935年发表了《对于儿童年实施后的宏愿》一文，文中所提的第一条就是"愿全国儿童从今日起，不论贫富，不论智愚，一律享受相当教育，达到身心两方面最充分的可能发展"。第二条为"愿全国盲哑及其他残废儿童，都能够享受到特殊教育，尽量地发展他天赋的才能，成为社会上有用的分子，同时使他们本身能享受到人类应有的幸福"。可见，陈鹤琴先生不仅主张面向全体儿童，并且特别关注弱势儿童。1926年，他在《幼稚教育》一文中提出了全面发展的培养目标：教育幼儿做怎样的人（合作的精神、同情心、服务的精神），幼儿应该有怎样的身体（健康的体格，卫生习惯、技能），应该怎样开发儿童的智力（有研究的态度，有充分的知识，有表意的能力），怎样培养幼儿的积极情绪（欣赏、快乐、打消惧怕）。他强调儿童是"教育的主体"，主张"凡是儿童自己能够做的，应当让他自己做"，"凡是儿童自己能够想的，应当让他自己想"，"鼓励儿童去发现他自己的世界"。

2. 新《纲要》重申了幼儿园教育的基础性质。陈鹤琴先生始终把幼儿教育视作基础教育，早在1926年，他在回答为什么要办幼稚园的问题时说道："幼稚教育，是一切教育的基础教育，因为它的对象早于学龄儿童。它的功用，正如培植苗木，实在关系于儿童终身的事业与幸福，推而广之，关系于国家社会。"1979年，他在全国幼教研究会成立大会上再次强调："幼儿期是人生最重要的一个时期，是一个人健康成长的一个奠基时期。对婴幼儿的早期教育是为了培养人才打基础的工作,也是极大地提高整个中华民族的科学文化水平所必需的。"

3. 新《纲要》提出应建立共育机制。陈鹤琴先生于1927年发表了办中国化幼稚园的《我们的主张》15条,其中第二条即为"儿童教育是幼稚园与家庭共同的责任"。他认为:"幼稚教育是一件很复杂的事情,不是家庭一方面可以单独胜任的;也不是幼稚园一方面可以单独胜任的;必定要两方面共同合作方能得到充分的功效。"第四条主张"幼稚园的课程可以用自然、社会为中心",提倡充分利用儿童周围的自然和社会环境。同年,陈鹤琴先生在《幼稚教育之新趋势》一文中,提出加强"幼稚园与一年级之联络","为沟通小学与幼稚园起见,有许多地方,小学一年级与幼稚园联络起来,成为一个系统"。可见,陈鹤琴先生重视幼儿园与家庭、社会、小学的联系和沟通。

4. 新《纲要》确定幼儿园应使幼儿在快乐的童年生活中获得有益于身心发展的经验。陈鹤琴先生一向重视幼儿情绪的培养,他认为:"我们的教育不能使儿童感到快乐,也是失败之一。""我们希望儿童养成欢天喜地的快乐精神。"



5. 新《纲要》强调应尊重幼儿的人格和权利,促进每个幼儿富有个性的发展。陈鹤琴先生是研究中国儿童心理的第一人,他在《儿童心理之研究》及《家庭教育》两部专著中,揭示了幼儿的心理特点,认为"儿童不是'小人',儿童的心埋与成人的心理不同,儿童时期不仅作为成人之预备,亦具有他本身的价值,我们应当尊敬儿童的人格,爱护他的烂漫天真"。他认为儿童具有好动、好游戏、好模仿、好奇、喜欢野外生活、喜欢成功、喜欢合群、喜欢称赞等特点,并指出"我们教小孩子必须先了解小孩子的心理。若能依据小孩子的心理而施行教育,那教育必有良好的效果"。

**再次,从新《纲要》教育内容的结构来看**

新《纲要》明确指出:"幼儿园的教育内容是全面的、启蒙性的,可以相对划分为健康、语言、社会、科学、艺术等五个领域,也可作其他不同的划分。各领域的内容相互渗透,从不同的角度促进幼儿情感、态度、能力、知识、技能等方面的发展。"这就是说，领域划分是相对的，整合进行是绝对的。陈鹤琴先生倡导的五指活动则形象地表达了这个意思。五指活动的五个方面是：(1)儿童健康，包括饮食、睡眠、早操、户外活动、散步等；(2)儿童社会，包括朝夕会、周会、纪念日集会、每天的谈话(单元研讨)以及政治常识等；(3)儿童科学，包括植物培植、动物饲养、研讨自然现象、认识自然环境等；(4)儿童艺术，包括音乐(唱歌、节奏、欣赏)、图画、手工等；(5)儿童语文，包括故事、儿歌、谜语、读法等。陈鹤琴先生论述五指活动的意义时指出："五指，是生长在儿童的手掌上的，换句话说，就是一切的活动要在儿童的生活上、智力上、身体上互相联系，连续的发展……是指要注意儿童心理和生理的发展，但是不离社会实际，领导儿童作合理的活动，予以适当的教养。"他强调："五指，是活的，可以伸缩，互相联系。""课程是整个的，连贯的。依据儿童心身的发展，五指活动在儿童生活中结成一个教育的网，有组织的系统，合理地编织在儿童的生活上。""幼儿园课程全部包括在五指活动中，并采用单元制，各项活动都围绕着单元进行教学。"陈鹤琴先生主张幼稚园采用"整个教学法"，"把儿童所应该学的东西整个地、有系统地去教儿童学。这种教学法是把各科功课打成一片，所学的功课是无规定时间学的；所用的教材是以故事或社会或自然为中心的，或是做出发点的；但是所用的故事或关于社会自然的材料，总以儿童的生活、儿童的心理为根据的"。他认为幼稚园是不必分科教的，因为分科的教法没有顾到儿童的生活、儿童的心理。但"整个教学法"是有组织有系统的，是合乎儿童心理与生活的，处处要儿童自己参加的。



**最后，从新《纲要》的组织与实施来看**

1. 新《纲要》提出应从本地、本园、本班的实际出发制订切实可靠的计划并灵活地执行；教育活动的组织形式应因时、因地、因内容、因材料灵活地运用。陈鹤琴先生早在20世纪20年代就提出："富于弹性的课程，可以适应个别不同的兴趣与能力的儿童……在拟订课程时尤其应该留有余地，使儿童可以多方的接触，可以随他自己的个性去转变。""一切课程，包括儿童全部的活动是可以变的，并不是按几位教师的想法而拟订的，并且是多方的，不是专一的，不是专门注意某部分，而使其他各部分向隅的。”所以富有弹性的课程有两种意义：一是多设课程，使儿童向多方发展并且适应他的个性特点，即所谓“助其长，而补其短”；一是同一种课程，内容深浅不同，所包含的成分也不同，随儿童自己的需要去做。他提出“所有的课程允许重编”，应该有全国统一的课程大纲，但也应该允许各地重编。他还提出课程应“适应其他的新需要”，即搜罗各地方之特别事物来刺激儿童，使儿童能因之生出种种所需，教师再设法来适应他们的新需要。这也是在拟订课程时要预先注意到的，即处理好计划性与灵活性、预成与生成的关系。

2. 新《纲要》提出应通过环境的创设和利用，有效地促进幼儿的发展。陈鹤琴先生一贯重视环境对幼儿的教育作用，他在 15 条主张中指出：“儿童的环境不外乎两种：一种是自然的环境；一种是社会的环境。”“这两种环境都是与儿童天天要接触的，所以我们应当利用这两种环境作幼稚园课程的中心。”并于 1935 年发表《为儿童造良好的环境》一文，论述了应为儿童创设游戏的、劳动的、科学的、艺术的、审美的、阅读的环境。



3. 新《纲要》提出教师应成为幼儿学习活动的支持者、合作者、引导者。陈鹤琴先生在 15 条主张中倡导“幼稚园的教师应当做儿童的朋友，同游同乐的去玩去教”，他认为，“教师如同学生的朋友一样，与学生非常的亲近，同同学玩。那么，教师就容易明了各个学生的性情能力，教起来就容易引导，学起来也容易听从了”。他反对注入式的教学，提倡教师要观察儿童、了解儿童、鼓励儿童去发现他自己的世界，主张“教师与儿童共同生活、共同工作、共同学习”。活教育理论体系中有关学习的四个步骤为：实验与观察——阅读和运用参考材料——发表与创作——批评与研讨。这充分发挥儿童学习的主动性，又强调教师的引导作用，实现师幼互动。

综上所述，陈鹤琴教育思想中有关幼儿园教育的目标、内容、实施等诸方面均与新《纲要》相通相融，其他如课程论、游戏论、艺术教育论等也如此，说明在几十年前形成与发展的陈鹤琴教育思想是符合我国幼儿教育发展规律的,因而具有强大的生命力。当然,社会在前进,科学在发展,新《纲要》吸收了国内外先进理论思想和实践经验,视角更新、更高、更广,这是必然的。笔者以为当今在向外国学习的同时,也应该继承、弘扬本国幼教先驱的宝贵遗产。故谨以此文抛砖引玉,期望在纪念我国幼教百年之时,能沿着陈鹤琴先生等大师们开辟的中国化、科学化、大众化的幼教道路奋勇前进!

原载《幼儿教育》2003 年第 1 期

# 同学·同事·同志

——中国幼教的创业者陈鹤琴和陶行知

在中国幼教史上,陈鹤琴和陶行知两位教育家都写下了光辉的篇章,为我们留下了极其宝贵而丰富的遗产。

## 海外求学系同学

陈鹤琴与陶行知均诞生于 19 世纪末(陈——1892 年,陶——1891 年),小时都读过私塾,进过教会中学。1914 年同船赴美留学,先后在哥伦比亚大学专攻教育学和心理学。陶为美国著名教育家杜威所器重,陈则师从于名教授克伯屈、孟禄、桑代克等。相同的社会背景和相似的个人学历,使两人在青年时代便萌发了救国爱民的思想并奠定了献身教育的志向。

## 回国任教系同事

陶行知获政治硕士和教育学监两个学位后于 1917 年回国,应南京高等师范学校(后更名为东南大学)之聘任教授、教务长、教育科主任;陈鹤琴则得教育硕士学位后于 1919 年夏回国,也到该校任教育科教授,也任过教务主任。

陈鹤琴从事儿童心理学的教学和科研工作,并以自己的子女为对象研究家庭教育。1925 年,陈著《儿童心理之研究》和《家庭教育》双双问世,陶即发表《评陈著〈家庭教育〉——愿天下父母共读之》一文,称赞作者"以科学的头脑,母亲的心肠"写成此书,认为该书是"中国做父母的必读之书”,“系近今中国出版教育专著中最有价值之著作”。

为了研究儿童心理,实验适合国情的中国化的幼稚教育,陈鹤琴于1923年创办南京鼓楼幼稚园,东南大学派研究员张宗麟(系陶、陈的学生)协助工作。陈主持了幼稚园的课程、故事、读法、设备和幼稚生应有的习惯和技能等项研究,这些实验成果,奠定了我国幼教中国化和科学化的基础。

为了推进乡村教育运动,陶行知于1927年在南京晓庄创办试验乡村师范(即晓庄师范),聘陈鹤琴兼任指导员及第二院(幼稚师范院)院长。陈鹤琴协助陶创办我国第一所农村幼儿园——燕子矶幼稚园(陈当时任南京市教育局学校教育科长,拨来了小桌椅,又从鼓幼送来一架风琴),并在农村幼儿园里继续进行课程等项试验。陈与陶、张发起组织中国幼稚教育研究会,出版幼稚教育刊物,合编《幼稚教育论文集》,发表了城乡幼稚园实验研究成果。在第一次全国教育会议上,陶、陈联名提出“注重幼稚教育案”七项,对我国的幼教起了极大的推动作用。



为了改革传统的师范教育,使之适应农村教育的需要,陶行知主张用两条腿走路的办法训练师资,即除师范学校外,创造了“艺友制”(即用带徒弟方式,在幼儿园或小学里教、学、做),借以多快好省地培养农村教师。陈鹤琴立即响应,在鼓幼实施艺友制,为晓庄培养农村幼儿教师。陶对此非常感激,说:“鼓楼幼稚园是最富有研究性的,现在发了宏愿要招收徒弟来做推广幼稚师资之试验,是再好没有的了。”

## 教育战线系同志

一、重视幼儿教育。作为教育家的陶行知和陈鹤琴,都主张“教育要从小抓起”。陶行知认为“凡人生所需要之重要习惯、倾向、态度,多半可以在六岁以前培养成功。换句话说,六岁以前是人格陶冶最重要的时期”。这个时期假若培养不好,则“习惯成了不易改,倾向定了不易移,态度决了不易变”。强调幼儿教育是人生的基础,是建国根本之根本。陈鹤琴在《家庭教育》自序(1925 年)中同样强调“幼稚期(自出生至七岁)是人生最重要的一个时期,什么习惯、言语、技能、思想、态度、情绪都要在此时期打下了个基础,若基础打得不牢固,那健全的人格就不容易建造了”。他在该书 1981 年重版序中更明确地强调“儿童是振兴中华的希望。儿童教育是整个教育的基础,关系到我们伟大祖国的命运”。两位教育家正是基于对幼儿教育的重视,才在旧中国一片荒芜的幼教园地上辛勤耕耘,奋斗不息。

二、反对洋化教育。20 世纪 20 年代,陶行知便对洋化教育发起了猛烈的进攻,他无情地揭露了我国的幼稚园害了三种大病——外国病、花钱病、富贵病,使幼稚园成了“外国货的贩卖场”、“富贵人家的专利品”。他针锋相对地提出,必须把幼稚园建设成为“中国的、省钱的、平民的幼稚园”。陶行知旗帜鲜明地提出我国幼稚园的新大陆是工厂和农村,认为“为儿童教育计,为女工精神计,为工业生产效率计”,也为“给农民一种最需要的帮助”,“幼稚园的下乡运动和进厂运动必须开始”。他亲自率领助手和学生创办了我国第一批农村幼稚园和劳工幼儿团。陶行知为我国幼教指明了向工农开门、为工农服务的正确方向。

陈鹤琴也对“今日抄袭日本,明日抄袭美国”的幼教十分痛恨,决心探索中国化的幼儿教育。他经过实践提出了办好中国化幼稚园的 15 条主张,其最主要的成果就是课程试验。他反对分科教学法,实施了整个教学法,创造了课程中心制(又名单元教学),即以大自然、大社会为中心,多方开展作业。课程等项实验成果后来成为我国第一个《幼稚园课程标准》基础,使我国幼教从抄袭外国和宗教色彩中解脱出来,开始走上中国化的道路。

三、反对传统旧教育。陶行知把死板呆滞、毫无生气的传统旧教育称之为死教育,并具体地表述为“读死书、死读书、读书死;教死书、死教书、教书死”,主张“生活即教育”、“社会即学校”、“教学做合一”,提倡“活的、生动的、前进的教育”,创造了“生活教育”理论。陈鹤琴从中得到极大的启发,提倡“读活书、活读书、读书活;教活书、活教书、教书活”,从而创造了“活教育”理论。

此外,陈鹤琴对陶行知非常敬佩,处处以陶行知为榜样。在教育上,陈鹤琴支持陶行知提倡的普及教育、国难教育、抗战教育及民主教育。在政治上,陶行知从晓庄时期的“摸黑路”转变为民主主义战士和共产主义战士,终因国民党反动派的迫害和劳累过度而于1946年逝世;陈鹤琴则不顾个人安危主持陶行知的追悼会,并掩护、支持进步师生,解放前夕两次被捕入狱,更坚定了他对共产主义的信念。两位教育家在反对传统旧教育和洋化教育的斗争中,相互支持,互相学习,在反内战、反独裁、要民主、要和平的斗争中,风雨同舟,并肩战斗。正是:志同道合。

综上所述,陈鹤琴与陶行知是我国幼教事业的开拓者和奠基人。如果说陶行知明确了中国的幼稚园为什么而办、为谁服务、向谁开门这类大计方针的话,那么,陈鹤琴解决的则是中国化的幼稚园应当怎么办、教什么、怎么教。他们的教育思想是一致的,教育主张各有着重点并互为补充,在教育实践中则相互支持。让我们这些幼教战线上的后来人,学习陈鹤琴和陶行知两位教育家的创业和献身精神,在他们开创的基础上,为我国的社会主义幼教大厦添砖加瓦吧。

原载《早期教育》1988年12期

# 从我国早期的幼师教育看当前幼师改革

本世纪20至40年代期间，我国几所知名幼稚师范，如陈鹤琴1940年创办并任校长的江西省立实验幼稚师范学校、陶行知1927年创办的晓庄试验乡村师范第二院——幼稚师范院、陈嘉庚1927年创办的集美幼稚师范学校以及张雪门1927年创办并任校长的北平幼稚师范学校等，开创了我国幼师教育的先河，为我们积累了丰富的幼师办学经验。笔者拟就这些学校的培养目标、课程设置、教育实习等作些探讨，以期对当前幼儿师范的改革有所启示和借鉴。



**一、培养目标**

本世纪20至40年代我国幼儿师范的培养目标，一般具有不同的层次和方向。例如，北平幼师虽是三年制，但学生每学年所学课程及实际经验，均作为一个阶段的结束。如学完一年级课程即等于幼师速成科的标准，基本上可任幼儿园幼理教师；学完两年，为幼帅全科的标准，可任幼儿园教师；三年学习期满后为正式毕业生，可任幼儿园正式教师或主任，小学低年级主任及婴儿园主任。这是三结合的培养目标：既培养幼儿教师，也培养小学低年级教师，以及幼儿园、婴儿园主任，做到了低幼结合、托幼结合、师干结合。在世界上，实施低幼一贯制和托幼一体化的国家亦屡见不鲜，其中有的国家早有其历史传统，有的国家则已成为普遍的发展趋势。如荷兰从1985年起，实现学前教育和初等教育一体化，将小学、幼儿园、托儿所合并为一种新型的小学，向4—12岁的儿童提供八年的初等教育。这也从一个侧面说明低幼有其相近似的教育规律，幼儿师范若能培养低幼教师，有利于幼儿园与小学教育的衔接。而托儿所所长、幼儿园园长、县区教育局幼教干部、乡镇幼教辅导员及其他儿童工作者等一大批中级幼教人才，在我国相当一个时期内，也要靠幼儿师范输送。为此，在幼师教育改革中，笔者认为，培养目标宜宽不宜窄，只有面向性广，才能做到适应性强。

根据总的培养目标，当时这些幼师提出了反映各校特色的具体要求或信条。例如，江西幼师强调培养学生对专业的热爱，要求学生具有敬业、乐业、专业、创业的精神，并懂得幼教事业与国家民族存亡的关系，从而认识到怎样做一个现代中国人。晓庄师范则提倡培养具有农夫的身手、科学的头脑、改进社会的精神、养成有乡村领袖能力的教师，特别注重生活力和创造力的培养，使之成为能造就新时代的创造者。集美幼师学生的信条是：我们应该有专业的精神、德业的修养、革命的思想、强健的身体、研究的兴趣、科学的头脑、丰富的知识、教育的学识、教学的技能、公正的态度、和悦的仪容、慈爱的心肠、劳动的身手、规律的生活、编刊的才能、领袖的才干、孩子的天真，还要以身作则。这些信条和要求，使幼师学生从思想、精神到态度、修养，从学识、技能到兴趣、才干，全面地得到培养和锻炼。这些要求和信条对于我们当前进一步探讨完善幼师的培养目标有借鉴作用。



**二、课程设置**

我国在20世纪20至40年代的幼儿师范设置的课程一般有文化课、专业课两大类。文化课包括自然科学和社会科学，并将英语列为必修或选修课；专业课除教育学科——儿童心理、幼稚教育、家庭教育等课外，普遍开设看护、保育法、小学教材教法、幼稚园组织法，有的还设置教育史、测验与统计。例如，集美幼师学制为四年，前两年为预科，课程注重基本训练，对语言、社会、音乐、美工、健康等特别注意，并致力于对教师的习惯与态度的培养。对专业课如儿童心理学、普通教育学也同时学习，以利于奠定后期研究的基础。后两年为本科，注重专业训练，着重于幼稚教育与幼稚园实验教学的技能培养，参加幼儿园或小学的实习，养成研究的能力和批评的精神。教育课程和实习占总学分的40%左右，确保了幼师教育的重点；选修科目丰富，为学生提供了扬长补短的机会。

笔者认为我国现行的幼师教学计划中，文化课和技能技巧（如音乐、美术、舞蹈等）课的要求偏高；教育学科、教育实习尚未被摆到应有的位置。我们应当吸收上述的几校的经验，适当拓宽教学内容，使课程设置真正做到面向幼儿园，突出师范性和实践性。

### 三、教育实习

教育实习在20世纪20至40年代的幼儿师范课程中占有重要地位，一般学校都做到了每学期或每学年均有实习安排。如北平幼师一方面分散在相关的课程内：自然实习——从事种植、饲养及嫁接树木等；儿童文学实习——组织学生征集民间口头文学材料，编写故事、儿歌、歌谣、谜语等；手工实习——学做木工、纸工、黏土工、纸浆工；游戏实习——收集运用记录并汇编成书出版；家政实习——生活自理和烹饪育儿。另一方面，通过了在幼儿园参观→参与→实习，使学生从一年级看，到二年级做，再到三年级管，从而培养学生具有独立工作的能力和教学、管理的能力。该校利用社会上半日制幼稚园下午闲置不用的园舍，组织学生创办平民幼稚园，让学生有充分的机会做到知行结合。

晓庄师范全面贯彻教学做合一的原则，以幼稚园为中心，在创办乡村幼稚园的过程中，教师教，学生学，该校周围的一些乡村幼稚园，均为幼稚师范的师生所创建，并成为教学做的基地。

这几所幼师的共同特点是强调理论紧密联系实际，注重教育实习。实习次数多、时间长，实习单位以幼儿园为主并向两端延伸（婴儿园和小学），实习内容以教务为主，扩展到家事、校务。因此，这些幼师的毕业生，一出校门就能开办幼儿园，当园主任，教学出色，能人很多，深受用人单位的欢迎。笔者认为：当今幼师的教育实习虽作了不少改革，但仍存在着时间较短、次数偏少、内容单一等问题，应围绕让学生“多做”采取有力的措施，使学生有更多的机会逐步形成教育技能，积累教育经验,掌握教育艺术,成为合格的幼儿教师。

1980年至1990年

原载《师范教育》1987年第1期;后又收入《中国大陆幼教论文选集》,台湾国花文化事业股份有限公司出版,1992年

# 1889年—1949年中国学前儿童教育大事记

## 一、清末(1889年—1911年)

**1889年(光绪十五年)**

美卫理公会在苏州由金振声女士创办英华女中,初期兼办妇女、幼师等班。

中华基督教教育协会会讯,合订本三卷

**1892年**

美国监理公会传教士海淑德(Laura A Haygood)在上海办了一个幼稚师资训练班,收学生20名,每周六上午上课。

《在中国的历程》(China Log),美国教会出版物

**1898年**

2月,英国长老会在福建厦门创办幼稚师资班,并附设幼稚园(即现在厦门市日光幼儿园)。

《厦门私立怀德幼师校史》

**1899年**

2月,英人秀耀春和六合人汪振声同译伯思大罗齐(即斐斯泰洛齐)训蒙新法,名为《蒙养正规》,发表于《万国公报》第121、122期。

陈学恂主编:《中国近代教育大事记》,
上海教育出版社,1981年,第103页

**1901年**

《教育世界》载文介绍日人东吉基著《幼稚园保育法》,并节译西方教育名著《爱美耳妙》(即卢梭《爱弥尔》)等书。

《教育世界》,1901年

**1902 年**

教会在苏州办的女学正式开学,取名为景海女学,以示对海淑德的纪念,该校以培养幼稚园教师为主。

《在中国的历程》(*China Log*),美国教会出版物

同年　基督教各会在华建立学校中有小孩察学堂(即幼稚园)6所,学生 194 人,其中女生 97 人。以后又陆续在宁波、上海、北平、福州、漳浦等地设立了此类学校。

[美]林乐知:《五大洲女塾通考》第十集

**1903 年**

秋　湖北聘日本保姆三人,首立蒙养院于武昌阅马场模范小学堂内,即湖北幼稚园,为我国幼稚教育机构之始(现为湖北武昌幼儿师范学校附属幼儿园)。

丁致聘:《中国近七十年来教育记事》,
国立编译馆,民国 22 年
《武昌教育志》1985 年



同年　北京京师第一蒙养院成立,并办有保姆师范,院长为日本保姆师范毕业,聘日本教师二人。

张雪门:《新幼稚教育》,儿童书局,民国二十二年

**1904 年 1 月**(光绪二十九年十一月)

湖广总督张之洞、荣庆、张百熙奉清廷命将钦定学堂章程修订为奏定学堂章程,我国学制上开始有了教育幼儿的专门机构——蒙养院。

舒新城:《中国近代教育史资料》中卷,
人民教育出版社,1961 年,第 385 页

同月　《奏定学堂章程》中,为学前教育专门制定了《奏定蒙养院章程及家庭教育法章程》,这是我国近代学前教育的第一个法规。

《奏定学堂章程·蒙养院及家庭教育法》,楚江编译书局

同年 7 月　湖广总督张之洞以湖北省城原设立之幼稚园和附设女学堂与《重订学堂章程》不符,乃于省城之敬节分堂,扩充屋宇添筑讲堂,成立敬节学堂。挑选粗通文理之节妇 100 名作保姆科正额。以

刘德馨为监督，延聘日本女教习讲习女子师范、家庭教育，以备将来绅富之家延充女师之选。

陈学恂主编：《中国近代教育大事记》，
上海教育出版社，1981年，第139页

同月　张之洞又筹建育婴学堂，附设蒙养院于其中，挑选略能识字之乳媪100名，作为保育科正额。以高凌蔚为监督，延聘日本女教习讲习保育幼儿、教导幼儿之事，以备将来绅富之家雇用乳媪之选。

同上书

同年　湖北幼稚园制定开办章程。

舒新城：《中国近代教育史资料》中卷，
人民教育出版社，1961年，第390页

同年　上海务本女塾附设幼稚舍。务本女塾经理吴馨（怀疚）派吴朱哲女士去日本保姆养成所学习。

陈鸿壁：《幼稚教育之历史》，《教育杂志》19卷2期

同年　两湖总督张之洞札幼稚园文。

《东方杂志》第1卷7期

**1905年**

顺天学校（政）陆宝忠条陈学务，有各省府厅州县宜令多设幼稚园，幼稚园与家庭教育相联络，家庭教育不足之处，必须有幼稚园以助之，国民之格，胥基于此。

《学部官报》第1期

同年　湖南巡抚端方通饬设立初等小学多所，并附设蒙养院。

《东方杂志》第4期

同年　湖南省垣设蒙养院并制定蒙养院教课说略。

舒新城：《中国近代教育史资料》中卷，
人民教育出版社，1961年，第392页

同年　前清翰林严修创办天津严氏女塾保姆讲习所，聘请日本妇女大野玲子任教。并附设蒙养院，作保姆实习的场所。

严仁清:《回忆祖父严修在天津创办的幼儿教育》,
《幼教通讯》1983年9期

同年　基督教教会于北京办了北京协和女书院,同时办了幼稚师范科,学制二年。

拉脱勒:《基督教在华传教事业史》,
美国纽约出版,1929年,第624页

**1906年**

江苏学务处详请通饬各省属育婴堂、敬节堂附设蒙养院。

舒新城:《中国近代教育史资料》中卷,
人民教育出版社,1961年,第396页

2月　南京幼稚园制订开办简明章程。

《南洋官报》旬报第三十六册,学务第3～4页

**1907年**

学部奏准女子师范学堂章程。



《学部官报》15期

闽督附奏创办幼稚园,知府吴荫培出洋游历后回国务陈考察事宜,述及幼稚园。曾经奉旨通令各省仿行。

《学部官报》33期

福建公立幼稚园成立,园址在福州光禄坊王尺山房,招收三至七岁之儿童,聘请老成识字妇人任教。

《学部官报》33期

夏　上海公立幼稚舍成立。根据吴朱哲建议,附设保姆传习所,由日本学习回国的吴朱哲主持。

陈学恂主编:《中国近代教育大事记》,
上海教育出版社,1981年,第117页

**1908年**

4月　端方奏陈上海职董周晋镳、曾铸等在上海创设贫儿院一所,专收贫寒子女住院宿膳,教以粗浅小学,兼习各种工艺,总以能成一技一业足自糊口为宗旨。教养之法分三期:自婴孩至6岁为第一期,以

蒙养院章程为准;7—14 岁为第二期;17—18 岁为第三期。

《端忠敏公奏稿》11 卷

**1909 年(宣统元年)**

学部咨晋抚蒙养院兼新育婴堂应由学司饬绅遵章妥情就理将开办情形报部查核。

《学部官报》103 期

中国图书公司发行保姆传习所讲义初集。内分保育法及儿童心理学两种。

《教育杂志》1 卷 13 期

学部讨论强迫教育,规定强迫学前教育办法。由北京起首,每一学区须设一幼稚园,凡四岁以上儿童,均令入园受教育,凡有儿童之家,不令入学者,罪及家长。

《教育杂志》1 卷 2 期

**1910 年**

上海贫儿院设有保姆科。

《妇女时报》第 2 期

**1911 年**

湖南开办全省女子师范并附设蒙养院。

《教育杂志》3 卷 3 期

**1911 年**

湖南长沙幼幼学堂仿官立蒙养院章程办理。

《教育杂志》3 卷 4 期

学部奏订地方学务章程施行细则,其中规定:"城镇乡乡连合会或其分区所设公用学堂中设立蒙养院。"

同上书

基督教教会曾在华北教育会协和女书院并入燕京大学后开办幼稚师范科。

拉脱勒:《基督教在华传教事业史》

上述幼稚师范科收受中学毕业生,给予二年训练,课程是心理学、教育心理学、教育史、是非史、耶稣要训、福禄培尔事迹、教授兼艺术、幼儿实地练习、母游戏歌、讲故事、秩序表、游戏法、生物学仿制物、音乐等。

林传甲:《黑龙江教育日记》第3册,民国三年

**清末**

与中国幼教有关的女性为:户野美知惠等3人在湖北幼稚园,加藤贞子在京师第一蒙养院,春山雪子、佐滕操子在湖南蒙养院,小野八千代在南京弁敏女学堂幼稚园,酒井余野在安庆布政使衙门幼稚园,河濑梅子在福州幼稚园保姆养成所,山口政子、前田新子在奉天第一、二蒙养院。

[日]阿部洋编:《世界的幼儿教育》

## 二、民国(1912年—1948年)

**1912年(民国元年)**

黑龙江女子小学蒙养院送儿童自在画及折纸工等八件成品由商务印书馆转寄美国哥伦比亚大学。



林传甲:《黑龙江教育日记》第1册,民国元年

7月　上海商务印书馆以所征集赴美之幼稚园两等小学校成绩出品,开展览会于总发行所。

《中国近七十年来教育记事》,
国立编译馆,民国二十二年,第39页

9月28日　教育部公布小学校令。其中第三、九条规定蒙养院适用之条例。

《教育部编纂处月刊》1卷1期

9月28日　教育部公布“师范教育令”。内有设置蒙养园及保姆讲习科之规定。

《教育法令选》下卷,商务印书馆,民国十四年

12月10日　教育部公布师范学校规程86条,其中第65、66、70、83条涉及蒙养园及保姆讲习所之规定。

丁致聘:《中国近七十年来教育记事》,
国立编译馆,民国二十二年,第42页

同年　由黄文龙夫人唐金玲等发起，南京卫戍总督捐助创办“游沪广东幼稚园”。民国七年得粤侨同乡捐助，民国九年更名为上海私立广东幼稚园。开初由陈鸿壁亲赴各地参观研究，民国四年薛锦琴由美国留学(专习幼稚园)返，来园指导，并训练助教，同时陈鸿壁向美伊诺亚函授学校学习幼稚教育课程，两年毕业。

《大上海教育》1 卷 6 期

同年　由英国长老会在厦门创办的幼稚园师资班，发展成为怀德幼稚师范学校，该校为我国第一所独立幼稚师范。

《厦门私立怀德幼师校史》

同年　山东设保姆养成所于济南南关，两年毕业。

《第一次中国教育年鉴》上卷，
开明书店，民国二十三年，第 350 页

同年　《教育杂志》4 卷 7 期刊登《美国幼稚园述略》，介绍福禄培尔遵循自然的原则和恩物。

**1912 年—1913 年**

在南京临时政府教育总长蔡元培主持下，制定了壬子癸丑学制，将蒙养院改称为蒙养园。

《中国学前教育史》，唐淑、钟昭华主编，
人民教育出版社，1993 年，第 91 页

**1913 年**

2 月　教育部通电各省教育司长迅速筹设保姆养成所。

《教育杂志》5 卷 1 期

7 月　张謇在南通新育婴堂设立幼稚园传习所。

《啬翁自订年谱》下卷

同年　黑龙江私立奎垣中学校，附设蒙养园，系仿日本东京小石川女子大学附设幼稚园之例。

林传甲:《黑龙江教育日记》第 2 期，民国二年

同年　《教育杂志》5 卷 1 期刊登由志厚译的《蒙台梭利女士之新教育法》。

基督教会全国大会议案提出:“教会于设立幼稚园,现有极大机缘,故于养成幼稚园人才之学校,当从速加增,并宜兼收教外学生,以供官立幼稚园之用。”

全国大会议案:《教会对于女界责任》,
刊于《中华基督教会年鉴》,商务印书馆,民国三年

**1914 年**

8 月　欧化撰文《柏林市配司泰洛齐(今译斐斯泰洛齐)佛罗比尔(今译福禄培尔)幼稚园参观记》,介绍德国幼儿教育。

《中华教育界》,民国三年 8、9 月号

10 月　商务印书馆出版日本今西嘉藏著、但焘译的《蒙台梭利教育法》,论述蒙氏教育法原理。

《教育杂志》6 卷 6 期

同年　教会在福州创办福州协和幼稚师范学校。



袁昂:《中国幼稚教育之瞻望》,
刊于《教育杂志》33 期 1 卷

**1914 年—1915 年**

江苏省教育会设立蒙台梭利教育法研究会。商务印书馆把蒙氏的教具仿制发行。(1923 年,北京女子师范大学附属蒙养园招新生两班,实行蒙氏教学法。)

张雪门:《幼稚教育新论》,
商务印书馆,民国二十三年,第 29 页

**1915 年**

4 月　江苏省教育会召开蒙台梭利教具研究会。

《中华教育界》4 卷 5 期

7 月　教育部公布国民学校令,其中第 3、11 条述及有关蒙养园之条例。

舒新城:《中国近代教育史资料》中卷,
人民教育出版社,1961 年,第 463 页

**1916 年**

1 月　教育部公布国民学校令施行细则(10 月修正),其中第六章之前一部分为蒙养园之各项规定。

《教育公报》民国二年第 12 期,民国三年第 11 期

同月　教育部修正师范学校规程,其中有关保姆讲习所及蒙养园之规定无变更。

《教育法令选》下卷,商务印书馆,民国十四年

8 月　北京女子师范学校招收保姆讲习所学生 36 名。

《北京女子师范学校一览》

同年　杭州弘道女学校设立幼稚师范科并附设幼稚园。

《弘道校史》

同年　美国巴士弟夫人携带全副蒙台梭利教具来华表演介绍蒙台梭利教育法。(经过实验,江苏省将试验情况上报教育部,认为蒙台梭利教学法不合国情,难以推广。)

《中华妇女界》2 卷 3 期



同年　《中华教育界》连续发表顾树森、王维尹合译的《蒙台梭利教育之儿童》,介绍蒙台梭利教学法。

《中华教育界》第 5 卷第 2、5、6 期

**1917 年**

冬　江苏省立第一女子师范学校开设保姆传习所,第二年设附属蒙养园。1922 年保姆传习所改为幼稚师范科,三年毕业。蒙养园改名为幼稚园。

《江苏省立第一女子师范学校十周年纪念刊》,民国十一年

同年　博文女学钟佩萸、黄裕兰在上海组织幼稚教育研究会,推朱胡彬夏为主任,其后诸女士先后离沪,此会遂无形消失。

陈鸿壁:《幼稚教育之历史》,刊于《教育杂志》19 卷 2 期

同年　苏州景海女塾改为景海女师,设音乐师范科、高中师范科、幼稚师范科,并附设幼稚园。1927 年改由中国人江贵云任校长。

江贵云:《简介苏州景海女子师范学校》,刊于《文史资料》第八辑,

中国人民政治协商会议江苏省苏州市委员会文史资料研究委员会编，1982年

同年　张雪门在家乡浙江鄞县倡办星荫幼稚园。

王静珠:《当代幼教宗师——张雪门先生》，刊于《张雪门纪念文集》

**1918年**

3月　江苏省教育学会幼稚教育研究会报告:上海已有创办于1912年的旅沪广东幼稚园、城西幼稚园,创办于1913年的启秀幼稚园、进德幼稚园,创办于1915年的中西女塾幼稚园、培真幼稚园、晏摩氏附属幼稚园,创办于1916年的中国女塾幼稚园、博文幼稚园及创办于清末的养真幼稚园等。

4月30日　教育部公布省视学规程(包括幼儿教育)。

《教育法令选》下卷,商务馆书馆,民国十四年

9月20日　教育部通令各教育厅征集儿童玩具(附送征集办法8条)。



《教育杂志》10卷11期

10月11日　教育部咨各省区儿童玩具应就近搜集研究,并将研究成绩具报备查。

《教育杂志》10卷11期

同年　湖州民德妇女职业学校附属婴儿园成立。

《儿童教育》3卷9期

**1919年**

4月23日　教育部将直辖北京女子师范学校改为国立北京女子高等师范学校。秋,开办了一班保姆讲习科(修业期限为两年)并成立北京女子高等师范幼稚教育研究会。

《北京女高师幼稚教育的研究》第1期,1920年

夏　陈鹤琴留美回国在南京高等师范学校任教,首开儿童心理学课程,并进行心理测验研究。

同年　新加坡爱国华侨陈嘉庚先生在家乡福建厦门创办集美幼

稚园,1927 年又创办集美幼稚师范学校。

《教育研究》1981 年 7 期,见《中国妇女》,1981 年 2 期

10 月　熊希龄创办的香山慈幼院正式成立。后分设五校,第一校设婴儿园、幼稚园和家庭总部;第三校设幼稚师范学校(北平城内),张雪门任校长。

关瑞梧:《解放前的北京香山慈幼院》,见《文史资料》第 31 辑,
中国人民政治协商会议全国委员会文史资料研究委员会编

**1920 年**

10 月—11 月　全国教育联合会在江苏教育会召开第六次会议,议决案 24 件,内有"推广蒙养园案"。

丁致聘:《中国近七十年来教育记事》,
国立编译馆,民国二十二年,第 88 页

同年　山西大同县于第一女子高小附设蒙养园。其名虽异,而性质则与幼稚园相同。省立国民师范附小亦于是年设幼稚园。

《第一次中国教育年鉴》,
开明书店,民国二十三年,第 658 页



**1921 年**

7 月 13 日　教育部通令各省区推广蒙养园(附送第六次全教会议推广蒙养园原案)。

《教育杂志》13 卷 8 期

同年　成都树基幼稚园成立,后更名为成都树基儿童学园(现为成都市第三幼儿园)。

《私立成都树基儿童学园概况》

**1922 年**

10 月　全国教育联合会议在济南召开第八次会议,议决案 27 件,内有"推广幼稚园案"。

丁致聘:《中国近七十年来教育记事》,
国立编译馆,民国二十二年,第 99 页

11 月 2 日　大总统令公布"学校系统改革案"即所谓"新学制",又

称壬戌学制，正式将幼稚园列入学制，招收 6 岁以下的儿童。同时规定幼稚师范科招收初中毕业生，修业年限两年或三年。

《第二次中国教育年鉴》，商务印书馆，1948 年，第 88 页

12 月　江西省立第一女子师范及第一师范均设幼稚园。

《第一次中国教育年鉴》，
开明书店，民国二十三年，第 439 页

**1923 年**

5 月 1 日　浙江省教育厅拟订施行新学制标准及规定事项，内容有：各县自十二年度起至少筹设一所幼稚园，原设蒙养园改为幼稚园。

《教育部公报》10 卷 5 期

同年　陈鹤琴创设实验幼稚园，即私立南京鼓楼幼稚园(现为南京市鼓楼幼儿园)，是我国第一个幼教实验中心。



袁昂：《中国幼稚教育之瞻望》，
刊于《教育杂志》33 卷 1 期

同年　国立东南大学开设幼稚教育课程。

袁昂：《中国幼稚教育之瞻望》，
刊于《教育杂志》33 卷 1 期

**1924 年**

国立北京女子高等师范学校改为国立北京女子师范大学，教育课程规定第二学年选修科内有幼稚教育(每周 2 小时)，必修科内有家事教育学(每周 2 小时)。

《国立北京女子师范大学概略》

**1925 年**

3 月　中华教育改进社第三次全会关于社会教育议决案规定凡幼稚园、小学及中学有宣传宗教课程或举行宗教仪式者，不予甲种注册。

《基督教教育季刊》1 卷 1 期

10 月　全国教育联合会在湖南长沙召开第十一届年会，议决案

25件,其中有催促实行第六届“推广蒙养园(改称幼稚园)案”。

丁致聘:《中国近七十年来教育记事》
国立编译馆,民国二十二年,第125页

同年　商务印书馆出版作为大学丛书的陈鹤琴著《家庭教育》及《儿童心理之研究》。

陈鹤琴:《家庭教育》,商务印书馆1925年

同年　江西省开办省立幼稚园,单独设立于南昌市状元街。

《第一次中国教育年鉴》,
开明书店,民国二十三年,第439页

**1926年**

春　上海养真幼稚园沈百英倡议联合上海幼稚院、上海广肇公学附设幼稚园,组织上海幼稚教育研究会。

陈鸿壁:《幼稚教育的历史》,刊于《教育杂志》19卷2期

同年　陶行知致江苏省长陈陶遗函论幼稚园切合乡村之需要及论幼稚园应有之改革及进行办法。

《新教育评论》2卷49期

同年　陶行知发表《创设乡村幼稚园宣言》及《幼稚园之新大陆》。

《新教育评论》2卷22、24期

同年　察哈尔省成立第一所蒙养园,后附设于省立第一女子师范。

《第一次中国教育年鉴》,
开明书店,民国二十三年,第473页

同年　北新书局出版张雪门编著《幼稚园之研究》。

张雪门:《幼稚园之研究》,北新书局,民国十五年

**1927年**

3月　陈鹤琴、陶行知、张宗麟等发起组织中国幼稚教育研究会。陈鹤琴主编的《幼稚教育》创刊号出版,发表了《我们的主张》(十五条)一文。

《幼稚教育》第1卷1、2期

同月　陶行知创办南京晓庄试验乡村师范学校,内有第二院(幼

稚师范院），请陈鹤琴任院长。

孙铭勋、戴自俺:《晓庄幼稚教育》，儿童书局，民国二十三年

夏　南京市成立特别市后，始创办幼稚园，均附设在各市立小学内。

《第一次中国教育年鉴》，开明书店，民国23年，第478页

11月　在陶行知领导下，张宗麟、王荆璞、徐世璧、孙铭勋、戴自俺等先后在南京郊区创办了燕子矶、晓庄、和平门、迈皋桥幼稚园，这是我国第一批乡村幼稚园。

孙铭勋、戴自俺:《晓庄幼稚教育》，儿童书局，民国二十三年

**1928年**

5月　全国第一次教育会议在南京中央大学开幕，会议通过了陶行知、陈鹤琴提出的注重幼稚教育提案七件(其中有全国实验学校必须设立幼稚园，推广乡村幼稚园以及审查编辑幼稚园课程等)。

《全国教育会议提案》，1928年

同月　邰爽秋在全国教育会议上请大学院提倡育婴学校并请先在工业中心大城市试办育婴学校，大会未议，大学院认为可供参考。



《全国教育会议提案》，1928年

10月　教育部聘请各专家编订幼稚园小学课程标准。

《基督教教育季刊》4卷4期

12月12日　大学院召集中小学课程委员开会，讨论幼稚园、小学、初中、高中各级应有的科目、学分及各级学校各科目应占之时间，幼稚园组推陈鹤琴、胡叔异负责。

《基督教教育季刊》4卷4期

12月13日　胡叔异报告幼稚教育之目标及幼稚园应有之科目及时间的百分比。

同上书

同月　河南省教育厅派员筹设幼稚师范训练所，后于1929年3月4日筹备就绪招生上课。

《中国近七十年来教育记事》，
国立编译馆，民国二十二年，第182页

同年　张雪门和几位朋友成立了北平幼稚教育研究会，以后又着手组织孔德幼稚师范讲习所，并创办艺文幼稚园。

张雪门：《幼稚园研究集自序》，香山慈幼院民国十九年

**1929 年**

3 月　幼稚园课程草案完成，油印分送各委员。

《教育部公报》1 卷 5 期

5 月　安徽省教育厅通令各县酌设幼稚园。

《中国近七十年来教育记事》，
国立编译馆，民国二十二年，第 192 页

7 月 12 日　中华儿童教育社在杭州成立，陈鹤琴任主席。总目标为：研究儿童教育，推进儿童福利；提倡教师专业精神。

《陈鹤琴教育文集》下卷，北京出版社，1985 年

9 月 14 日　教育部令各省教育厅、特别市教育局试行幼稚园、小学暂行课程标准，并将试验研究之所得呈报教育部，以备明夏修订时参考。

《教育部公报》1 卷 10 期

10 月 18 日　晓庄幼教研究会成立，会员为晓庄幼师指导员及幼稚师范生、晓庄中的志愿幼教者、外校志愿者。

孙铭勋、戴自俺：《晓庄幼稚教育》，儿童书局民国二十三年版

同年　上海祥生工会同仁鉴于子弟失学，向资方祥生铁厂申请设立完小，但所来学生未曾受过教育，施教困难，故设幼稚班，课本采用世界书局出版之幼稚园课本，为义务性质。

《大上海教育》1 卷 6 期

同年　上海市成立第一所独立幼稚园——市立第一幼稚园（以前幼稚园大多附设于中小学内）。

《第一次中国教育年鉴》，
开明书店，民国二十三年，第 480 页

同年　张雪门应香山慈幼院熊希龄院长之聘，筹设幼稚师范并任该院第三校——北平幼稚师范校长。在任期间编了一套幼稚师范教育丛书。

《北平幼稚师范学校概况》

**1930 年**

1 月　教育部工作之回顾及计划内提及由于政府不注意幼稚教育，故不发达。近两年来因政府之提倡，幼稚教育已有锐进之势。教育部前曾通令全国在实验小学及师范附属小学内尽先设立幼稚园，又为养成幼稚师资起见，通令各省于师范学校及乡村师范学校内酌设幼稚师范科。

《教育部公报》2 卷 3 期

同月　私立上海幼稚师范学校新校落成广告招生。校长为陈济成。

《申报》民国十九年 1 月 12 日



3 月初　由上海地下党领导的中国互济会(原名中国济难会)创办的大同幼稚院正式开办。

《学术月刊》1980 年 6 期

3 月 11 日　教育部修正各司分科规程，幼稚园事项归普通教育司第二科掌管。

4 月 15 日　第二次全国教育会议改进初等教育计划中规定的非中华民国人民或非完全中华民国人民组织的团体设置幼稚园的经费、修业年限及教职员等事项。

《改进初等教育计划》，见《教育部公报》2 卷 3 期

6 月　南洋华侨教育会议第二次大会上荷属梭罗华侨公学等提出"注意华侨幼稚教育案"、"编订南洋幼稚园教材案"等案，议决结果，多数赞成。

《南洋华侨教育会议报告》，

国立暨南大学南洋文化事业部，民国十九年

7 月 5 日　教育部令各省厅、市局对幼稚园、小学等课程标准，试

行期延长一学年，仍作暂行标准。

《教育部公报》2 卷 28 期

10 月 24 日　首都（南京）幼稚教育研究会成立一周年，举行纪念大会。

《申报》民国十九年 10 月 27 日

11 月 8 日　教育部公布初等教育（幼稚园）教科图书编刊标准拟订委员会章程。其任务有研究幼稚园教科图书之优点及缺点，调查幼稚园教育对于所用教科图书之意见及其教学上的实际效果。

《教育部公报》2 卷 45 期

12 月 18 日　教育部核准吉林省关于私立幼稚园暂行办法。

《教育部工作报告》1930 年

同年　江苏省教育厅组织中小学暂行课程标准研究会，研究范围包括部颁暂行幼稚园标准，聘请教育专家包括对幼稚园有深切研究者。

《申报》民国十九年 1 月 18 日



同年　上海市教育局为研究教学起见召开第二次幼稚园教学讨论会，由会议者报告教学经过，提出问题讨论以资改进。

《上海特别市业务报告》1930 年 1—6 月

同年　教育部筹设各级各种师资训练机关计划，包括幼稚师范科及乡村幼稚师范学校。

《教育部公报》2 卷 12 期

同年　中国中部幼稚园联合会（教会办的）1 月 20 日假上海美华书馆礼拜堂开第四次常年大会，会上有刚从美国调查幼稚教育归来的哈女士及来自哥伦比亚大学的文科硕士刘吴卓生等演说。

《中华妇女界》2 卷 1 期

**1931 年**

2 月 6 日　教育部将张雪门编译《蒙台梭利与其教育》（上海世界书局出版）一书及我国学校实验方法之评论及近日中国幼稚教育、小学低年级教学情况函请意使馆转寄蒙台梭利，内提及是项教育方法我国学校于 10 年以前早已实验，因似觉不甚经济，难以通于中国，仅师其意，实无具体之试验报告。

《教育部公报》3 卷 7 期

2 月 10 日　教育部规定北平师范大学应改进之事项，内有原有二校(国立北平师范大学、女子师范学院)附属中小学及蒙养院应逐渐规划，使成为师大整个的附属学校，并与大学有切实的联络。

丁致聘:《中国近七十年来教育记事》，
国立编译馆，民国二十二年，第 235 页

4 月 29 日　教育部公布中小学(包括幼稚园)课程及设备标准编订委员会章程。

同日　教育部公布中小学(包括幼稚园)训育标准编订委员会章程。

同日　教育部公布中小学(包括幼稚园)卫生教育设计委员会章程。

以上均见《教育部公报》3 卷 17 期



5 月 16 日　国际儿童会在上海举行，我国初次加入。

丁致聘:《中国近七十年来教育记事》，
国立编译馆，民国二十二年，第 243 页

6 月 28 日　上海市教育局举行幼稚园成绩展览会及游艺会。

丁致聘:《中国近七十年来教育记事》，
国立编译馆，民国二十二年，第 246 页

夏　浙江省立杭州师范学校成立，内设三年制幼稚师范科。

《浙江省杭州师范学校校史》

8 月　教育部颁布儿童节纪念办法。

《教育部公报》3 卷 32 期

9 月 3 日　国民党第三届中央执行委员会十七次常委会议，通过了《三民主义教育实施原则之幼稚园部》。

《中央日报》1931 年 9 月 4 日

11 月 14 日　江苏省师范科联合会举行第五届年会，决议通过“请教育部速颁乡村师范课程及幼稚师范课程标准”及“请教育部规定幼

稚师范学制”案。

《教育季刊》8期

**1932年**

7月　教育部聘孙良工、陈鹤琴、郑鹤声等49人为中小学(幼稚园)课程标准修订委员会委员。

《教育部公报》4卷32期

8月　教育部召集中小学课程标准修订会议,到会中小学专家40余人,修正通过幼稚园、小学及高初中体育各科课程标准。

丁致聘:《中国近七十年来教育记事》,
国立编译馆,1933年,第226页

9月　察哈尔省教育厅开办幼稚教育讲习班。

同上书,第269页

10月　教育部公布幼稚园与小学课程标准。

《教育部公报》4卷45、46期

12月10日　教育部颁中小学分年实施新颁课程标准办法,其中第一条为:二十二年度幼稚园及小学之各学级应自第一学期起一律遵照新颁幼稚园小学课程标准切实施行。

《教育部公报》4卷51、52期

12月17日　行政院公布师范学校法,内有幼稚师范科的规定。

《第一次中国教育年鉴》,开明书店,民国二十三年,第51页

12月24日　国民政府公布小学法,规定小学得附设幼稚园。

《初等教育法令汇集》

同年　教育部为编纂第一次中国教育年鉴,分发各处调查之各种要目及表式,内专有幼稚园调查要目。

《教育部公报》4卷17、18期

同年　教育部公布师范学校(包括幼师)学生毕业会考规程。

《教育部公报》4卷51、52期

**1933年**

2月1日　教育部令幼稚园小学课程标准由教育部发交上海商务

印书馆及中华书局承印，各厅局不得径自仿印。

《教育部公报》5 卷 6 期

2 月 21 日　教育部令江苏、浙江、河北、湖南、广东、上海等省市教育局组织委员会编订幼稚园小学具体课程实例，并将委员会规程委员名单暨所拟计划并课程实例陆续呈部备核。

同上书

2 月 23 日　上海市教育局组织幼稚园小学课程编订委员会。

丁致聘：《中国近七十年来教育记事》，
国立编译馆，民国二十二年，第 276 页

3 月 16 日　江苏省教育厅组织之幼稚园小学课程编订委员会在教育厅开第一次会议。

同上书，第 277 页

3 月　教育部视察南京鼓楼幼稚园。

《教育部公报》5 卷 3、4 期



同月　教育部公布师范学校规程，其中对幼稚师范科修业年限及入学资格均有规定。

《教育部公报》5 卷 15、16 期

同月　教育部公布小学规程，其中第 102 条规定幼稚园教员及与小学教育有关系之教育人员，均得参加小学教育之研究。

《第一次中国教育年鉴》，
开明书店，1934 年，第 31 页

同月　教育部颁布修正幼稚园小学课程标准施行办法。

《教育部公报》5 卷 9、10 期

同月　江苏省淮安县开办新安幼稚园，一切由晓庄供给。

孙铭勋、戴自俺：《晓庄幼稚教育》

5 月 3 日　教育部公布幼稚园中小学音乐教材编订委员会章程。聘沈心工、王瑞娴等为委员，顾树森为委员长。

丁致聘：《中国近七十年来教育记事》，
国立编译馆，民国二十二年，第 280 页

9 月　教育部公布师范学校、乡村师范学校三年制幼稚师范科、二年制幼稚师范科的教学科目及各学期每周教学及自习时数表。

同上书，第 287 页

**1934 年**

陶行知在上海沪西女工区创办劳工幼儿团，并在山海工学团创办乡村幼儿团。

《教学研究》(安徽省)1981 年 7 期增刊

**1935 年**

5 月　教育部公布修正师范学校规程，对 1933 年公布的规程内有关幼稚师范科之条文无变动。

《教育部公报》7 卷 25、26 期

秋　四川省立成都实验小学，由胡颜立主持校务，历年编印各种书刊供各校采用，内有幼稚园及国民学校、中心国民学校唱游教材、幼稚园低年级儿歌等书刊。

《第二次中国教育年鉴》第三编，
商务印书馆，民国三十七年，第 64 页

**1936 年**

7 月　教育部修正颁行幼稚园、小学课程标准。

7 月 24 日　教育部公布修正小学规程，述及幼稚园主任及教员之任用、待遇等问题。

《教育部公报》8 卷 33、34 期

8 月 26 日　教育部训令检发小学幼稚园课程标准，并应行注意各点，强调嗣后全国公私立幼稚园小学课程，除呈准本部特许者外，均须遵照是项标准严格实施。

《初等教育法令汇集》

**1937 年**

3 月 1 日　教育部咨四川省政府关于幼稚园教员是否需要检定等问题。

《教育部公报》9 卷 9、10 期

**1938 年**

1 月　方振武、沈钧儒、郭沫若等一百多人发起组织“战时儿童保育会”。

3 月 10 日　中国妇女慰劳自卫抗战将士总会筹设之中国战时儿童保育会在武汉成立。

以上二项均见《新华日报》1938 年 3 月 11 日

4 月 4 日　邓颖超同志为儿童节题词：“保育儿童是丰富伟大的事业，不仅要救济与教育儿童，尤其要以坚毅的精神，培养儿童，成为建设新中国的主人。”

《新华日报》1938 年 4 月 4 日

4 月　中国国民党临时全国代表大会制订中国国民党抗战建国纲领，其中对各级教育实施方案纲要规定之九大方针、十七要点内有幼稚教育应使保育与教导并重，增进幼儿身心健康，使其健全发展，并培养其人生基本良好习惯，施教对象应推广及于贫苦儿童。

《第二次中国教育年鉴》上编，
商务印书馆，1948 年，第 11 页

8 月　教育部电复福建省教育厅，本届幼师得招收初中毕业同等学力百分之二十。

《教育部公报》10 卷 8 期

10 月 28 日　教育部咨请就重要都市及工业区域女工较多之地方筹设托儿所。

《教育部公报》12 卷 16 期

**1939 年**

9 月　重庆市十余妇女团体举行茶话会，要求政府协助妇女动员工作，解决妇女生活，普设托儿所。

《新华日报》1938 年 9 月 8 日

12 月　教育部公布“幼稚园规程”，规定：“幼稚园收受四足岁以上至六足岁以下之幼稚儿童，予以一年或二年以上之保育，但必要时得呈准主管教育行政机关。收受未满三足岁的婴儿予以保育。”

《第二次中国教育年鉴》第三编，
商务印书馆，民国三十七年

**1940 年**

春　教育部令将国立第二师范分校（师范部）独立设置，定名为国立重庆师范学校，内设幼稚师范科。

马客谈：《中国新型师范学校》，
国立重庆师范学校，民国三十五年

8 月　教育部将原有普通教育司改为中等教育及国民教育两司，是年修正公布教育部组织法，规定国民教育司掌管小学教育、幼稚教育等事项，有关幼稚园事项属第三科掌管。

《第二次中国教育年鉴》第二编，
商务印书馆，民国三十七年，第 15 页

10 月 1 日　陈鹤琴创设江西省立实验幼稚师范学校。

陈鹤琴：《战后中国的幼稚教育》



10 月 24 日　新华日报发表《保育员教员向政府当局提出改善生活的合理要求》的一封信。

《新华日报》1940 年 10 月 24 日

**1941 年**

春　四川省创办省立实验幼稚园，由陆秀主持园务，举凡行政组织、教员任用、学生招收、环境设备、课程与教学及生活指导、健康教育、家庭教育、事务管理等均有崭新的措施，而时以实验幼稚教育定期刊物公诸社会。

《第二次中国教育年鉴》第三编，
商务印书馆，民国三十七年，第 65 页

4 月 30 日　教育部督导迁建区各小学研究工作进行办法要点，研究工作内有幼稚园及学前教育研究组。

《教育部公报》13 卷 7、8 期合刊

**1942 年**

7 月 30 日　教育部代电：各省教育厅（除江西）筹设幼稚师范学校或幼稚师范班。

《教育部公报》14 卷 13、14 期合刊

11 月　教育部令，未满六足岁之儿童应由幼稚园实施幼稚教育，毋庸设立补习学校。

《教育部公报》14 卷 19、20 期合刊

同年　教育部公布中学及师范学校教员检定规程，规定幼稚师范教员试验检定之科目有：(1)儿童心理；(2)保育法；(3)教育测验及统计；(4)幼稚园行政；(5)幼稚园教材教法。

同上书

同年　全国社会行政会议中提出儿童福利制度办法，其中规定各乡保得设幼儿团。当时在重庆慈幼院师范学校曾作尝试，学校借用乡镇空屋设置，教师则为慈幼院毕业之女生，幼儿团之教育重点在加强儿童的民族意识与爱国观念，培养幼儿吃苦耐劳的生活习惯。

郭为藩：《中华民国开国十七年之教育》，
广文书局，第 443 页

**1943 年**

2 月　江西省立实验幼师改为国立幼师，同时设置了幼稚师范专修科。

陈鹤琴：《国立幼专毕业纪念册》

3 月 27 日　教育部训令国立幼稚师范学校等依照指定国民教育实验区中心问题拟具体计划呈部核算施行。

同上书

12 月　教育部颁布幼稚园设置办法。

《教育部公报》15 卷 12 期

**1944 年**

7 月 7 日　教育部颁发中学及师范学校（包括幼师）教员检定之

办法。

《教育部公报》16 卷 7 期

8 月　教育部修正公布二年及三年制幼稚师范教育科目及各学期每周各科教学时数表，通令实施。

《第二次中国教育年鉴》第七篇，
商务印书馆，1948 年，第 109 页

8 月　宋庆龄、李德全、吴贻芳等发起儿童福利会议，参加会议的有对于儿童心理、优生学、儿童营养有深切研究的专家 80 人。

《新华日报》1944 年 8 月 22 日

**1945 年**

9 月　教育部公布国民学校及中心国民学校规则，其中规定国民学校及中心国民学校附设之幼稚园设主任一人，其设置教员人数应照幼稚园设置办法办理等。

《第二次中国教育年鉴》，
商务印书馆，民国三十七年，第 187 页

同年　江西省规定每县至少单独设置幼稚园一所，中心学校亦得视地方需要及经济情形附设幼稚班，以提倡幼稚教育。

同上书，第 193 页

同年　李德全、刘清扬等筹组"中国儿童福利协会"，并计划将在全国各大城市设分会创设托儿所。

《新华日报》1945 年 12 月 26 日

**1946 年**

6 月　国立幼专迁到上海，幼师划归江西省南昌市女子师范学校。

《活教育》4 卷，合订本

7 月 4 日　教育部抄发福建省国民学校校长教职员（包括幼稚园主任、教员）任用及待遇办法。

《教育部公报》18 卷 7 期

11 月 9 日　教育部公布国民教员（包括幼稚教员）检定办法。

《教育部公报》18 卷 11、12 期合刊

11月26日　教育部电江西省教育厅，国立幼师改省立后仍应单独设校办理。

《教育部公报》18卷10期

**1947年**

4月9日　教育部公布修正中学及师范学校(包括幼师)教员检定办法。

《教育部公报》19卷5期

6月10日　教育部令南京市教育局改进幼稚师范科之师资。

《教育部公报》19卷3期

7月8日　由于国立幼稚师范专修科学生实验乡村幼稚教育之需要，在上海市郊大场成立农忙托儿所。

张文郁、李名英:《大场农忙托儿所》

10月　教育部颁发三十七年度各省市教育工作计划编制要点，其中有推广幼稚教育。



《教育部公报》19卷12期

11月9日　教育部代电:江苏省呈请解释幼稚师范毕业资格疑义。

同上书

11月17日　教育部训令征询幼稚师范科教学科目及各学期每周各科教学时数表草案暨选修科目及教学时数表草案意见。

同上书

**1948年**

1月15日　教育部令广西省教育厅提出师范学校之规模较大者应当在可能范围内增设幼稚师范班，以培养幼稚师资。

《教育部公报》20卷2期

2月4日　教育部令各省教育厅所属县市小学及幼稚园之概况(园名、所在地址、校长、主任姓名等)于每年6月呈报教育部。

《教育部公报》20卷2期

5月29日　教育部处务规程，小学幼稚园及婴幼教育机关课程教材教学及设备等之研究改进事宜，由第三科掌管。

《教育部公报》20 卷 6 期

## 三、老解放区(1927 年—1949 年)

**1927 年**

9 月　江西省革命委员会颁发《江西省革命委员会行动纲领》，其中“关于文化方面的”第二条为“建立一般未达入学年龄的机关(如儿童养育院、幼稚园等)，以利增进社会教育和为解放妇女的目的”。

赣南师院等编:《江西苏区教育资料汇编》1927—1937(一)，1985 年 6 月，第 104 页

8 月 25 日　《兴国县总工会关于雇农工会组织及反富农斗争策略的决议案》，“女工运动的工作计划”中提出“创办妇科院、育婴院、幼稚园等”。

《江西苏区妇女运动史料选编》，第 9 页

**1931 年**

9 月 23 日　《湘鄂赣省工农兵苏维埃第一次代表大会文化问题决议案》第 11 项，提出“注意学龄前儿童教育”的四点意见。

陈元晖等编:《老解放区教育资料》(一)，第 107 页

12 月 20 日　《中华苏维埃共和国劳动法》第七章第 40 条规定，在工厂内设立哺乳室及托儿所，由工厂负责，请人看护。

《江西苏区妇女运动史料选编》，第 41 页

**1932 年**

5 月 7 日　湘鄂赣省苏维埃政府文字第二号训令《学制与实施目前最低限度的普通教育》中包括幼稚园(3—7 岁)和保育院(3 岁以前)。

陈元晖等编:《老解放区教育资料》(一)，第 117—118 页

**1933 年**

12 月 15 日　江西省女工农妇代表大会要求组织托儿所。

同日　江西省第一次女工农妇代表大会要求托儿所亦需要在兴国、胜利、瑞金、公略等县，从一乡一村中开始创造模范总结经验，推动全区全县的工作。

《省委通讯》第 54 期

**1934年**

2月13日　江西苏区《省委通讯》69期在《今年三八妇女节中江西妇女工作的中心任务》一文中要求，必须根据全省女工农妇代表大会精神普遍建立托儿所，并在全省推广兴国、瑞金等县办所的经验。

《江西苏区妇女运动史料选编》，第161页

2月21日　中央内务人民委员部颁布《托儿所组织条例》。

《红色中华》1934年2月27日

2月27日　中央根据地江西省瑞金下州区下州村开始试办两个托儿所。

《红色中华》1934年2月27日

3月　江西省委在《全省赤卫队突击的检查》一文中号召"建立托儿所"，解决妇女的拖累，使她们"踊跃加入少赤队"。

《江西苏区妇女运动史料选编》，第16页



3月15日　江西省教育部《社会教育问题的决议案》中指出，"要根据中央内务部的《托儿所组织条例》及《红色中华》上的材料……宣传托儿所的建立"。

《苏维埃教育法规》

4月3日　兴国县组织了227个托儿所，解除了妇女拖累，该县被誉为模范县，兴国妇女被誉为模范女英雄。

《红色中华》1934年4月3日

7月19日　瑞金为解决秋收中妇女劳动力问题，决定每乡普遍建立健全托儿组织，以争取全体群众参加生产。

《红色中华》1934年7月19日

**1937年**

6月29日　谢觉哉同志发表《边区政府的组织与建设》一文，提出"发展托儿所、公共食堂"，以促进妇女彻底解放。

《新华日报》1937年6月29日

8月　陕甘宁边区成立了公立的集中保育的蓝家坪托儿所，收托

各机关工作人员的子女2—7岁儿童24名。

西安市第一保育院:《陕甘宁边区幼儿教育资料汇编》

**1938年**

4月4日　邓颖超同志为儿童节题词:“保育儿童,是丰富伟大的事业,不仅要救济与教育儿童,尤其要以坚毅的精神,培养儿童,成为建设新中国的主人。”

《新华日报》1938年4月4日

5月8日　陕甘宁边区机关托儿所制订了机关托儿所章程并呈请民政厅核准颁布。

原件存陕西省档案馆

7月4日　宋庆龄、蔡畅、邓颖超、康克清等同志发起在延安成立了战时儿童保育会陕甘宁边区分会。

《新华日报》1938年8月27日

同日　颁布《中国妇女慰劳自卫抗战将士总会战时儿童保育会陕甘宁边区分会简章》。

原件存陕西省档案馆

9月25日　《新中华报》为陕甘宁边区战时儿童保育院成立发了特刊,通栏标题是:“尽我们的一切力量,来保护、教育新中国的后代。”该版有毛泽东为边区儿童保育院成立纪念题词:“儿童万岁!”

《新中华报》1938年9月25日

10月2日　在陕甘宁边区保育分会领导下,以边区蓝家坪托儿所为基础,于10月2日正式建立了陕甘宁边区儿童保育院。

《新华日报》1938年10月9日

10月5日　《新中华报》为战时儿童保育院的成立发表社论《保育我们后代的战士》,要求对幼稚生施以抗战的教育与训练,“以造就未来新的民族解放战士”。

《新中华报》1938年10月5日

深秋　毛泽东在延安凤凰山下,为陕甘宁边区第一保育院题词:“好好的保育儿童。”建院初期,毛泽东、朱德、项英为该院捐款七百余元。

西安市第一保育院:《院史简编》

同年　江西各界妇女组成江西省战时儿童保育会,在永新县和赣县成立两个战时儿童保育院。并在遂川设立托儿所,举办保教人员训练班。

《人民日报》1985年8月21日

同年　毛泽东为边区《教师报》题词:“为教育新后代而努力。”

**1939年**

1月15日　陕甘宁边区第一届参议会政府工作报告决议中提出“加强保育儿童的工作,注意儿童的健康,使其健全发育”的要求。

《陕甘宁边区参议会文献汇辑》

1958年10月,科学出版社,第38页

1月　《陕甘宁边区抗战时期施政纲领》中规定:“保育儿童,禁止对于儿童的虐待。”



同上书,第39页

6月16日　陕甘宁边区政府发出通知,对边区保育院的收托对象、入托手续、保育院设备等事项逐条作了规定。

原件存陕西省档案馆

9月8日　陕甘宁边区各界妇女联合会驻渝代表团等十团体联合提出请政府协助妇女动员工作,解决妇女生活拖累,普遍设立托儿所,以便妇女共同参加抗战建国大业。

《新华日报》1939年9月8日

同年　在经济困难、物资匮乏情况下,陕甘宁边区政府仍提出“孩子第一”的营养口号,作为供应方针,孩子的营养标准是最高的。

陕甘宁边区第一保育院资料第4卷《保育院的概况》

**1940年**

朱德同志、陕甘宁边区政府主席林伯渠同志、教育部长徐特立同志,分别为陕甘宁边区第一保育院题词。朱德同志题词:“耐心地抚养小孩子。”林伯渠同志题词:“新的战士在孕育中。”徐特立同志题词:

“保证儿童身心平均发育。”

西安市第一保育院:《院史简编》

春　在党中央直接领导下,延安成立中央托儿所。(1942 年改名为延安洛杉矶托儿所,解放后改名为北京万寿寺幼儿园,现名总政幼儿园。)

沈云晖:《洛杉矶托儿所》,1949 年

4 月 12 日　毛泽东为“四四”儿童节题词:“天天向上。”

**1941 年**

3 月 11 日　晋察冀边区成立儿童保育分会,大会推选刘光远、彭真、聂荣臻等 31 人为理事,刘光远等 7 人为常务理事。

《新华日报》1941 年 6 月 8 日

4 月 4 日　陕甘宁边区政府民政厅训令:“各县第一科应设保育科员一人,区乡各设保育员一人,专掌各级保育工作。县级保育科员即由各级选人和由县级妇联选人充任,区乡级保育员由妇联选人兼任。均受政府领导。”

原件存陕西省档案馆

同日　毛泽东为第十届中国儿童节题词:“好生保育儿童。”

4 月 13 日　徐特立发表《对于边区儿童之我见》一文。

《新华日报》1941 年 4 月 13 日

5 月 18 日　陕甘宁边区政府颁布《关于保育儿童的决定》。

《新华日报》1941 年 5 月 18 日

5 月底　陕甘宁边区民政厅召开保育研究会,会上对开办保育班训练保育人员,统一保育费,制订保育条例,编印保育丛书等进行讨论,议案已送请政府采纳执行。

《解放日报》1941 年 6 月 4 日

6 月 6 日　陕甘宁边区政府民政厅通令:“为培养保育干部,以便开展保育工作,决定举办保育训练班。”

原件存陕西省档案馆

8 月 14 日　陕甘宁边区民政厅李副厅长指示,要立即制订保育工作条例和保育须知，切实抓紧保育训练班工作；保育研究会要经常开会研究保育工作问题，加强保育宣传工作等。

《解放日报》1941年8月15日

8月25日　陕甘宁边区民政厅主办保育训练班开课。开设有医药卫生、接生保育、文化课、政治课，一年毕业。开学典礼上，边区主席林伯渠同志勉励全体学员努力学习保育儿童技能，真正做到减少儿童死亡，并保护儿童健康。

《解放日报》1941年8月27日

同年　陕甘宁边区第一保育院制订了各项工作细则、条例。

陕甘宁边区第一保育院资料第三卷

11月8日　陕甘宁边区政府主席林伯渠在边区政府工作报告《当前中心工作与方针》中，提出“实行儿童公育，减少人民疾病死亡，特别是婴儿死亡率，以增加抗战力量”。

《陕甘宁边区参议会文献汇辑》，第99页



11月15日　陕甘宁边区第二届参议会文教提案第15案：边府设专门机关研究幼稚教育，供给保育院等机关，以为幼稚教育材料案。审察意见：交政府尽量办理。

同上书，第152页

12月　由于抗日战争，孤儿增多，在民主政府帮助下，成立胶东育儿院，收容6岁以下幼儿。

《胶东育儿所工作报》，存上海市中国儿童福利会

年底　河南省涉县成立太行区保育院。1945年扩大改名为太行尔康托儿所。

《太行尔康托儿所》，出处同上

**1942年**

2月9日　陕甘宁边区民政厅颁布了《关于保育儿童、保护产妇各项待遇》的法令。

原件存陕西省档案馆

3月10日　陕甘宁边区民政厅原有教育科经整编委员会决定，

合并入边区卫生处，各县一科另设保育科员。并决定健全保育组织，各县市将从速成立保育委员会，吸收妇联青救同志参加，定期开会研究保育问题。加强宣传教育，使保育工作深入农村，并组织儿童健康比赛。

《解放日报》1942年3月10日

4月4日　毛泽东为儿童节题词："儿童们团结起来，学习做新中国的新主人。"

7月　毛泽东和贺龙师长亲赴洛杉矶托儿所视察，毛泽东捐款一千元购买物品分赠各儿童。贺龙捐款五千元，作为该所生产基金，以资津补。

《陕甘宁边区保育事业的概况》，1942年

7月4日　陕甘宁边区制订《分会简章》，规定了分会以保育战时儿童为宗旨，在总会领导下进行工作。

《新华日报》1942年8月27日

8月9日　陕甘宁边区卫生处决定该处在南郊乡辟保育实验区，作为以点带面的基础。

《解放日报》1942年8月9日

**1943年**

深秋　周恩来亲自到陕甘宁边区第一保育院视察指导，接待中外记者赴延安参观团。

西安市第一保育院，《院史简编》

**1944年**

3月8日　朱德同志在三八妇女节大会上讲话，号召保教人员"要哺育革命后代"。

《解放日报》1944年3月8日

同日　林伯渠同志为延安第一保育院三八节中被评模范保育员题词："全心全意为孩子服务。"

《战火中的延安第二保育院》

10月11日　陕甘宁边区文教代表大会在延安开幕，代表中有14

名先进保育工作者。

原件存西安市第一保育院

12 月 18 日　陕甘宁边区参议会通过了关于保育儿童健康案。

《陕甘宁边区参议会文献汇辑》,第 266 页

**1945 年**

6 月 1 日　为解决一部分对日总反攻出征干部的子女拖累和敌后辗转送来延安的烈士遗孤抚育问题,在对日总反攻的号角声中,在革命圣地延安诞生了延安第二保育院(现名北京六一幼儿园)。

《战火中的延安第二保育院》,第 1—3 页

10 月　朱德和康克清同志到延安第二保育院看望孩子们,对保育院的工作做了重要指示。

同上书

同年　是期,1945 年起至建国前,东北地区先后建立起一批以延安经验为基础的寄宿制幼儿园。同时在农村也出现了一批日间托儿所和幼儿园。



《全国幼教研究会第二届年会论文、经验选编》(一),第 31、33 页

**1946 年**

2 月 23 日　太行各级政府为增进儿童健康,减轻干部负担,提高工作效率,在长治成立了太行托儿所,在邯郸设立了边区托儿所,将于 3 月 15 日开始接收 2—6 岁幼儿 50 名。

《解放日报》1946 年 2 月 23 日

3 月 8 日　延安市各界妇女二千余人热烈纪念三八妇女节。陕甘宁边区主席林伯渠同志讲话,号召发展边区保育事业,“要办幼稚园、保育院。每一个大的机关都要尽可能地设立日间托儿所,保证妇女干部不致因为孩子而耽误原来岗位的工作,并要求优惠保育员、保育工作者,使其政治的、经济的待遇不仅与大家一样,而且还要提高”。

《解放日报》1946 年 3 月 9 日

4 月 3 日　山东妇联筹设儿童保育会,会议拟迅速成立山东省儿

童保育会，以便广泛开展山东儿童保育事业，优先收容并保育丧失父母之孤儿、烈属子女及贫苦的抗属子女；其次为促进妇女专心工作，从事各项社会建设事业，根据自愿与需要代为保育儿童。

《解放日报》1946 年 4 月 22 日

4 月 4 日　陕甘宁边区第一保育院在“四四”儿童节奖励了 13 名模范保育工作者，边区妇联送奖金 15 万元，边区主席林伯渠同志赠送锦旗一面，上有“好好保育后代”的题词。

《解放日报》1946 年 4 月 8 日

4 月 23 日　陕甘宁边区第三届第一次参议会通过文教提案第 18 案“推广妇婴及扩大儿童保育院条。”

《陕甘宁边区参议会文献汇辑》，第 358 页

5 月 11 日　为谋抗、烈子女贫苦孤儿之福利，在清江成立了华中儿童福利会，华中总妇联并邀有关机关团体举行儿童保育问题座谈会。正式在苏皖成立儿童福利会。

《解放日报》1946 年 5 月 19 日



5 月 16 日　中央妇联蔡畅、康克清等同志发起成立中央一级的儿童保育委员会，公推蔡畅为主任。

《解放日报》1946 年 5 月 24 日

6 月 1 日　山东、华中解放区张云逸、邓子恢等同志，参观延安洛杉矶托儿所、保育院，特函陕甘宁边区儿童保育委员会蔡畅、康克清同志转向延安保育院全体同志表示慰问，并代表山东、华中解放区捐赠延安保育机关边币一万万元。

《解放日报》1946 年 6 月 1 日 2 版

9 月　《山东省群众教育工作纲要》提出：“试办幼儿教育，创造经验，在城市试办幼稚园、保育院，但必须根据力量与妇联配合，共同计划进行。”

《山东老解放区教育资料选编》，
1979 年 11 月，第 25 页

10 月 7 日　延安保育委员会召开保育工作干部会议，以“重视保

育事业，抚育革命后代”为议题进行讨论。

《解放日报》1946 年 10 月 13 日 2 版

是年　毛泽东来到洛杉矶托儿所看望孩子们，并询问了孩子的生活、学习情况，后题词：“已有进步，更求进步。”

《战火中的延安第二保育院》

11 月　国民党反动派调动 50 万军队包围陕甘宁边区。中央决定保育院撤离延安。第一、二保育院，洛杉矶托儿所，经历数年，途经千余里，冲破千难万险，保育人员“宁可自己牺牲，也不让孩子流血”，使孩子们安全转移，无一损伤，创造了伟大的奇迹。

《陕甘宁边区幼儿教育资料汇编》、

《洛杉矶托儿所》、《战火中的延安第二保育院》

**1947 年**

7 月　陕甘宁边区民政厅由中央医院调医训班学员，组织保育实习队，分成三组，分赴延安县裴庄、川口、延市等地推进保育工作，分简易治疗、产妇接生、产前检查、儿童保育、卫生教育等项进行。



《解放日报》1947 年 7 月 16 日

**1948 年**

3 月　晋察鲁豫边区政府颁颁《婴儿保育、产妇保健暂行办法》。

《人民日报》1948 年 3 月 8 日

6 月　冀鲁豫保育院在菏泽成立。

录自河南省档案馆

《冀鲁豫保育院情况调查表》

秋　东北哈尔滨建立第一保育院，收托前往东北建设的老干部子女。

《全国幼教研究会第二届年会论文、经验选编》(一)，

第 32 页

年底　陕甘宁边区各机关家属队相继成立了五个全托及变工托儿所。

《陕甘宁边区妇女第二届代表大会提案》，

陕甘宁边区第一保育院，卷 19 号

年底　内蒙古自治区机关的妇女干部，成立了该区第一个托儿所。

《全国幼教研究会第二届年会论文、经验选编》(一)，第 79 页

**1949 年**

1—2 月　《陕甘宁边区第一届妇女代表大会提案》提出在全国胜利前夕，为使大批妇女放下孩子出来参加工作，要求迅速推广保育事业。

原件存陕西省档案馆

是年　《陕甘宁边区妇女第二届代表大会关于保育工作提案》，建议政府成立与扩大保育机关；健全与扩大边区妇联托儿所；分区成立托儿所；成立机关小型托儿所等。

陕甘宁边区第一保育院资料，卷 19 号

4 月　内蒙古丰镇县成立了该区第二所幼教机构——"绥远省立机关托儿所"。收托干部子女，为战争和孩子服务。

《全国幼教研究会第二届年会论文、经验选编》(一)，第 79 页

合作者：寇崇玲

原载《学前教育研究》2003 年第 2、4、6、8、10、12 期

# 中华人民共和国幼儿教育60年大事记

**1949年**

10月1日　中华人民共和国成立。

11月　中央人民政府教育部成立，在初等教育司内设置幼儿教育处。1952年11月，幼儿教育处调整为教育部的一个直属单位，领导并管理全国的幼儿教育事业。

12月　教育部召开第一次全国教育会议，确定“教育必须为国家建设服务，教育必须向工农开门”及教育工作总方针“以老解放区新教育经验为基础，吸取旧教育某些有用的经验，特别要借助前苏联教育建设的先进经验”。



**1950年**

9月　前苏联幼儿教育专家戈琳娜被聘请为中央教育部幼儿教育顾问；1954年，由马努依连柯继任。两位幼教专家通过指导幼儿园的教育、教学实验及培训各级师资，广泛传播前苏联的幼教理论和实践。

**1951年**

年初　教育部、内务部、全国妇联根据政务院、教育部的相关《条例》和《指示》开展了对外国在我国设立的孤儿院、慈幼院、育婴堂等慈善机构的接收工作。

6月　《人民教育》杂志发表中央教育部幼儿教育处处长张逸园的《对幼稚教育工作的几点意见》，提出：“新的幼稚园教学原则”是“全面发展”，“是培养学龄前儿童在生理上、意识上、行动上得到正确的成长、发展和变化。使他们的身体、智力、道德习惯及爱美观点等得到全面的发展”。

8月　第一次全国初等教育会议上通过了《幼儿园暂行规程(草案)》和《幼儿园暂行教学纲要(草案)》,并明确规定:废除单元教学和不进行识字教育是改造旧幼儿园教育的两个重点内容。

10月　政务院命令公布施行《关于改革学制的决定》,新学制明确规定:"实施幼儿教育的组织为幼儿园。"确定了幼儿园教育为我国学制的第一个环节。

同年　由批判电影《武训传》而波及对陶行知"生活教育"和陈鹤琴"活教育"的批判,由《人民教育》组织了批判"活教育"的专栏。又出版了批判"活教育"的专集。

**1952年**

2月　幼教处处长张逸园在《人民教育》发表《新中国幼儿教育的基本情况与方针任务》一文,指出"单元教学"的本质是对社会发展起着破坏的反动作用。

3月　中央人民政府颁发试行《幼儿园暂行规程(草案)》。对幼儿园的任务、目标、学制、设置、领导、教养原则、教养活动项目、组织会议制度、经费、设备等,分成七章,作出规定,规定指出:"幼儿园的任务是根据新民主主义教育方针教育幼儿,使他们的身心在入小学前获得健全的发育;同时减轻母亲对幼儿的负担,以便母亲有时间参加政治生活、生产劳动、文化教育活动等;幼儿园教师称为教养员。"全国幼儿园由1949年前的0.13万所增至0.65万所,增加了五倍。

教育部颁布试行《幼儿园暂行教学纲要(草案)》。规定了体育、语言、认识环境、图画手工、音乐、计算六科的目标要求、教材大纲、教学要点和设备要点等,奠定了分科教学模式的基础。

7月　教育部颁发试行《关于高等师范学校的规定》,其中指出:教育系得分设学前教育组,培养中等幼儿师范学校的教师。全国高师有学前教育专业的共四处,即北京师范学院、南京师范学院、西南师范学院、西北师范学院。

教育部颁发《师范学校暂行规程(草案)》,规定"培养幼儿园的师资"是师范学校的任务之一,培养幼儿园师资的学校称为幼儿师范学校。全国共有两所幼儿师范学校。

9月　根据教育部《关于接办私立中小学的指示》精神，一批私立幼儿园改为公立幼儿园，如南京陈鹤琴主办的鼓楼幼儿园、重庆刘文兰主办的景德幼儿园等。

**1953 年**

6月　教育部召开第二次全国教育工作会议，指出幼教机构“也要从实际出发，在整顿巩固的基础上有计划有重点地发展”。

同年　陆续翻译出版了前苏联苏罗金娜的《学前教育学》、查包洛塞兹的《幼儿心理学》等几十种书籍，它们成为我国师范院校学前教育专业的主要教学用书，对我国幼儿教育影响极大。

**1954 年**

9月　《中华人民共和国宪法》规定：“儿童受国家的保护。”

10月　由教育部举办的“北京、天津两市幼儿园教养员工作经验交流会”揭开了总结本国幼教工作经验的序幕，会后出版了《京津幼儿园教养员工作经验集》。



同年　教育部委托北师大教育系学前教研室组织各层次幼教工作者编写《幼儿教育工作指南》一书。

**1955 年**

1月　国务院发布教育部《关于工矿、企业自办中、小学和幼儿园的规定》。

**1956 年**

2月　教育部、卫生部、内务部颁发《关于托儿所幼儿园几个问题的联合通知》，对托儿所、幼儿园的领导问题作了明确的规定：托儿所幼儿园应依儿童的年龄来划分；托儿所和幼儿园由卫生部和教育部分别领导；事业发展应按照“全面规划，加强领导”和“又多、又快、又好、又省的方针”等。在“两条腿走路”方针指引下，全国各类幼儿园发展迅速，增至1.8万所。

同月　教育部颁发师范学院教育系幼儿教育专业暂行教学计划。此时，高师学前教育专业增加了两处：东北师范学院、华中师范学院。

5月　教育部颁发《幼儿师范学校教学计划》。全国已有21所幼儿师范学校。

6月　在《中华人民共和国教育部关于中、小学、幼儿园教职员工退休、退职、病假期间待遇所需经费开支问题回复福建省教育厅的公函》中明确指出，幼儿园教职员工退休、退职、病假期间待遇参照国家机关工作人员有关规定执行。

同月　教育部发出《关于大力培养小学教师和幼儿园教养员的指示》。

9月　中央人民广播电台开始为学龄前儿童举办《小喇叭》专题节目。

11月　教育部颁发《关于幼儿园幼儿的作息制度和各项活动的规定》，要求幼儿园"严格执行"，以利于"贯彻全面发展的幼儿教育方针"。

同月　教育部颁发了《关于组织幼儿教育义务视导员进行视导工作的办法》。

同年　我国出版了《幼儿园自制玩具、教具介绍》一书，对在有限经济条件下的幼教机构充实玩具以促进幼儿发展起了实践性的指导作用。

**1957年**

9月　由教育部幼儿教育处主办的季刊《学前教育》正式公开发行。出版了四期后于1958年8月停刊。

**1958年**

9月　中共中央、国务院在《关于教育工作的指示》中提出"全国应在三年到五年的时间内"基本"完成使学龄前儿童大多数都能入托儿所幼儿园的任务"。

12月　中共八届六中全会通过的《关于人民公社若干问题的决议》提出，公社"要办好托儿所和幼儿园，使每一个孩子比在家里生活得好，教育得好"及由父母决定孩子是否需要寄宿等。

同年　幼教事业和其他方面同样出现了冒进的局面：全国幼儿园从1957年的1.6万处，猛增至1958年的69万处，1960年又增至78

万处。幼儿师范学校也由 1957 年的 20 处增至 1960 年的 89 处。高师学前教育专业则增至 10 多处。

另一方面，在高校"拔白旗、插红旗"的学术批判中，对陈鹤琴进一步批判，把《幼儿园工作指南》初稿定为资产阶级方向，造成了学术思想上的混乱。

**1961 年**

1 月　中共八届九中全会决定对国民经济实行"调整、巩固、充实、提高"的方针。经过整顿，幼儿园减至 6 万所；幼儿师范学校减至 35 所；高师学前教育专业则全部停止招生。教育部幼教处被撤销。

**1965 年**

幼儿园稳定在 1.9 万所，幼儿师范学校稳定在 19 所。

**1966 年—1976 年**

十年浩劫，使幼儿教育事业惨遭灭顶之灾。至 1973 年，在"工业学大庆"、"农业学大寨"及计划生育工作的推动下，幼儿园数增至 4.5 万所，到 1976 年，又增至 44 万所。幼儿师范学校却只剩了一所。极个别的高师学前教育专业被保留着，如南京师范学院。



**1978 年**

教育部在普通教育司设立幼教特教处，孙岩任处长。失去国家机关专职领导已达 16 年之久的幼教事业又有了行政领导机构。全国幼儿园数已调整为 16.4 万所。

7 月　经国务院批准重建中央教育科学研究所时，就设置了"幼儿教育研究室"。这是我国第一个国家级的幼儿教育研究机构。

10 月　教育部颁发《关于加强和发展师范教育的意见》，要求"积极办好幼儿师范学校，为幼儿教育培养骨干师资"，"原有学前教育专业的师范院校，应积极办好这个专业，扩大招生名额，为各地幼儿师范培养师资"。幼儿师范学校和高师学前教育专业陆续恢复招生。

12 月　教育部、国家计委下达《关于评选特级教师的通知》，将"幼儿园的教养员"和"长期从事幼儿教育工作、领导教学工作有特长的幼儿园主任"列为评选对象。

**1979 年**

3 月　全国教育科学规划会议在北京召开，陈鹤琴先生虽因病未能参加，但递交了发展幼儿教育的建议书。同时他被推选为中国教育学会名誉会长，重新确立了其现代教育家的地位。

6 月　五届人大二次会议《政府工作报告》中指出："要十分重视发展托儿所、幼儿园，加强幼儿教育。"

7 月　教育部、卫生部、劳动总局、全国总工会等 13 个单位联合召开全国托幼工作会议，成立了由国务院设立的"托幼工作领导小组"，各省（市）、自治区也先后设立了相应的托幼工作领导机构。

10 月　中共中央、国务院转发《全国托幼工作会议纪要》。《纪要》对加强领导、经费工资、事业发展、保教队伍、保教质量等方面提出了指导性意见，起到了拨乱反正的作用。

11 月　中国教育学会幼儿教育研究会在南京成立，这是我国幼儿教育领域第一个全国群众性的学术研究团体。陈鹤琴当选为名誉理事长，左淑东为理事长。

同月　教育部颁发《城市幼儿园工作条例（试行草案）》，对幼儿教育的方针、目标、内容和制度作出详尽规定，迅速恢复了城市幼儿园的正常工作秩序。

同年　中央教科所幼教研究室启动了《3—6 岁幼儿言语发展特点的调查研究》，由史慧中主持，全国 10 个省（市）协作。此课题成果纳入全国教育科研"六五"规划重点课题"中国、青少年心理发展与教育"（朱智贤教授主持），被评为全国首届教育科研成果一等奖。

**1980 年**

4 月　教育部、全国总工会发出《关于组织优秀教师暑期休养的联合通知》，包括幼儿园优秀教师在内的 108 名代表，被选派至青岛休养，幼儿园教师也获得国家空前的尊重和爱护。

8 月　教育部颁发《关于办好中等师范教育的意见》，指出"幼儿教育是整个学校教育的基础"，要"积极办好幼儿师范教育"，"要做好幼儿师范学校的发展规划"。

10月　卫生部、教育部颁发《托儿所、幼儿园卫生保健制度(草案)》。

同月　教育部印发幼儿师范学校教学计划试行草案。此时,全国已有幼儿师范学校28所。

11月　卫生部颁发《城市托儿所工作条例》(试行草案)。

是年起,幼儿园数为17万所,一直保持到90年代中期。

**1981年**

6月　卫生部颁布《三岁前小儿教养大纲(草案)》。

10月　教育部颁发《幼儿园教育纲要》(试行草案),作为"各类幼儿园进行教育工作的依据",要求各地幼儿园结合实际试行。由人民教育出版社出版了配套的教材、挂图等。

11月　第五届全国人民代表大会第四次会议召开,《政府工作报告》指出:"要培训大批合格的幼儿教师,使更多的学龄前儿童能够进入幼儿园,并且能够得到适应他们身心特点的教育。"



**1982年**

我国教育部与联合国儿童基金会关于"学前教育师资培训"项目启动,第一期1982年—1984年由南京师范大学执行。

12月　中华人民共和国宪法规定:"国家……发展学前教育。"

同月　国务院在《关于第六个五年计划的报告》中,明确提出"六五"期间幼教事业的发展指标。

**1983年**

1月　《教育部关于加强小学在职教师进修工作的意见》提出:"必须建立一支又红又专的合格的教师队伍,各地要制定培训幼教师资的规划。"

6月　全国人大《政府工作报告》指出:"幼儿教育十分重要,要有计划地发展,并且从办好幼儿师范抓起,逐步加以整顿和提高。"

同月　教育部颁发《关于发展农村幼儿教育的几点意见》,对发展农村幼儿教育起到了积极的指导作用。

9月　南京师范大学教育科学研究所与南京市实验幼儿园合作进

行《幼儿园综合教育课程研究》，该项目由南京师大赵寄石教授主持，其成果获全国教育科学优秀成果二等奖。

11 月　北京师范大学教授卢乐山等中国代表参加了在印度新德里召开的亚非儿童游戏研讨会，并展览了中国玩具。

**1984 年**

中央教科所佟静洋主持“我国幼儿形态、机能、基本体育活动能力的调查研究”，与全国 16 个省（市）协作进行，该课题成果获全国首届教育科学优秀成果一等奖。

**1985 年**

5 月　教育部颁发《幼儿师范学校教学计划》。

7 月　受教育部委托，南京师范大学在江苏省连云港市举办第一届高校学前教育专业教师培训班，与会者 60 多人。

12 月　卫生部印发《托儿所、幼儿园卫生保健制度》。

同年　教育部与联合国儿童基金会“学前教育师资培训”合作项目第二期 1985 年—1990 年执行单位扩大为 8 所高校和 17 所幼儿师范学校。

同年　由中央教育科学研究所史慧中研究员主持的“七五”规划教育科学研究项目“适应我国国情提高幼儿素质的调查研究”，同时得到加拿大国际发展研究中心的资助，参加了国际教育成就评价协会学前教育项目（简称 IEAPPP），全国 10 个省（市）参加调查，其成果获第二届全国教育科学研究一等奖。该项目的后续研究为“八五”中华哲学社会科学基金项目“适应我国国情提高幼儿素质的实验研究”。

**1986 年**

5 月　中央职称改革工作领导小组转发国家教委中小学教师职务试行条例。《条例》规定幼儿园教师和小学教师同样可以评定职称。

6 月　教育部颁发《关于进一步办好幼儿学前班意见》。肯定学前班是学前教育的一种教育形式，其教育活动应按照《幼儿园教育纲要》（试行草案）的精神进行，应改善办班条件，加强师资培训和领导管理。

11 月　中国代表胡润琴、贾淑勤、赵寄石参加了联合国教科文组织召开的巴黎国际幼教专家会议，会议的议题是“低费用多途径发展幼儿教育”。中国代表还向大会提交了书面建议，建议开展“农村幼儿保教结构的探索；0—3岁婴幼儿保教机构的探索；普及家长教育；独生子女保教的探讨”等研究课题。

**1987年**

3月　劳动人事部、国家教委颁发了关于《全日制、寄宿制幼儿园编制标准(试行)》的通知。

9月　城乡建设环境保护部、国家教育委员会发布《托儿所、幼儿园建筑设计规范》。

10月　国务院办公厅转发了国家教委等8个部门《关于明确幼儿教育事业领导管理职责分工的请示》的通知，将发展托幼事业提到了与民族素质密切相关的战略高度。

同月　全国第一次幼儿教育工作会议在北京召开。这次会议对理顺关系，明确分工，加强领导，积极发展幼儿教育具有极为重要的意义。



同年　《学前教育研究》创刊，这是中国教育学会幼教研究会的会刊。

**1988年**

8月　国务院办公厅转发国家教委、国家计委等8个部门《关于加强幼儿教育工作的意见》。《意见》包括多渠道、多形式发展学前教育事业，建立合格的师资队伍，深化教改、提高质量、明确职责、加强领导等。

9月　世界学前教育组织(OMEP)于布拉格举行的理事会上，我国被接受为正式会员；该组织是与联合国教科文组织有咨询关系的非政府机构。

同月　世界未来研究联合会第十届大会在北京召开。本届大会是由该联合会与中国科学院、中国社会科学院等单位共同主办的。大会主题是：发展的未来——文化、经济、科学、政治展望。项宗萍、方意英和赵寄石应邀出席了此次大会。会上，我国代表简要介绍了对中国的独生子女调查研究情况。大会提出了以下宣言:“创造真正有利于儿童发展的社会环境”;“承认并利用儿童对社会的贡献”。

10月　国家教委发布《关于社会力量办学几个问题的通知》和《社会力量办学教学管理暂行规定》,以加强对民营学校的管理。

同月　国家教委发布《关于进一步办好职业高中幼师专业的意见》。肯定了职业高中办幼师专业是培养幼儿教师的一条重要渠道,《意见》涉及职业幼师班的教学计划、办学条件、招生就业等。

**1989 年**

6 月　国家教委颁布《幼儿园工作规程(试行)》,在重申 1981 年《教育纲要》基本精神的基础上,突出了促使幼教现代化的教育原则。国家教委在全国确立了 10 个贯彻《规程》的试点园。

8 月　国务院批准了新中国成立后的第一个幼儿教育行政法规——《幼儿园管理条例》。

9 月　国家教委第四号令发布《幼儿园管理条例》,对幼儿园的基本条件、行政管理、保教工作等作了规定。

10 月　国家教委在南京主办了幼儿教育国际研讨会,来自美、英、苏、日、澳及中国大陆、台湾及香港地区的 145 名专家学者围绕幼儿园课程进行了交流和探讨。这是我国举办的第一次幼教国际会议,也是海峡两岸幼教专家、学者的第一次聚会和交流。

**1990 年**

由教育部幼教处处长朱慕菊主持的“幼儿园与小学衔接的研究”于 1990 年—1994 年进行,系与联合国儿童基金会的合作项目,共有全国城乡 8 个实验点,选择了各 16 所小学和幼儿园作实验和对比班,其成果包括《幼儿园与小学衔接的研究》丛书共 7 册,由中国少年儿童出版社出版。

**1991 年**

4 月　国家教委发布《教育督导暂行规定》,明确规定幼儿教育属于教育督导的范围。

6 月　国家教委发布《关于改进和加强学前班管理的意见》,重申学前班的性质和举办原则等。

同月　国家教委办公厅发出《关于加强幼儿园安全工作的通知》，强调要本着对国家、民族、家长高度负责的精神重视幼儿园的安全工作。

9月　全国人大通过《中华人民共和国未成年人保护法》。

**1992年**

2月　国务院下达《九十年代中国儿童发展规划纲要》。这是我国政府对1989年11月第44届联合国大会通过的《儿童权利公约》所作出的承诺。该《纲要》由国务院妇女儿童工作协调委员会编制，内容包括90年代我国儿童生存、保护和发展的主要目标、策略与措施、领导与监测等。

5月　国家教委办公厅印发《关于在幼儿园加强爱家乡、爱祖国教育的意见》。

12月　国家教委发布《幼儿园玩教具配备目录》。



同年　中国教育学会幼儿教育研究会升格为国家一级学会，并更名为中国学前教育研究会，理事长为孙岩。

**1993年**

2月　中共中央、国务院印发《中国教育改革和发展纲要》，规定幼儿教育的发展目标是“大中城市基本满足幼儿接受教育的要求，广大农村积极发展学前一年教育”。

5月　联合国儿童基金会和国家教委在广东江门联合举办“幼儿教育发展——向90年代挑战国际研讨会”，参加会议的有中、澳、美等国及中国港、澳地区的专家、代表共200多人。

10月　全国人大通过《中华人民共和国教师法》，其中规定“取得幼儿园教师资格应该具备幼儿师范学校毕业及其以上学历”等。

**1994年**

10月　全国人大通过《中华人民共和国母婴保健法》。

12月　卫生部、国家教委颁发《托儿所、幼儿园卫生保健管理办法》。

同年　中国学前教育研究会会刊《学前教育研究》被评为全国“中文核心期刊”。

**1995 年**

1 月　国家教委发布《三年制中等幼儿师范学校教学方案(试行)》,提出了幼儿师范学校的培养目标与规格。

3 月　全国人大通过《中华人民共和国教育法》,在“教育基本制度”章节中,规定:“国家实行学前教育、初等教育……的学校教育制度。”

9 月　国家教委、国家计委、全国妇联等部门联合发布《关于企业办幼儿园的若干意见》,指出“有条件的企业应继续办好幼儿园;加强社区对幼儿教育的扶持与管理;在城市规划建设中安排好幼儿园规划和建设”等。

12 月　中国中小学幼儿教师奖励基金会成立,该会从事募集奖励基金、表彰优秀教师活动。

**1996 年**



1 月　国家教委颁发《关于开展幼儿园园长岗位培训工作的意见》。

同月　国家教委颁发《全国幼儿园园长任职资格、职责和岗位要求(试行)的通知》,要求“采取多种形式开展培训工作,争取用五年左右的时间将全国幼儿园园长轮训一遍”。

3 月　国家教委颁布《幼儿园工作规程》。经过七年试点略加修改后正式实行。《规程》确定幼儿园是基础教育的有机组成部分,是学校教育制度的基础阶段。

4 月　国家教委和联合国教科文组织在北京联合主办“中国履行《儿童权利公约》研讨会”。

5 月　国家教委召开了全国师范教育工作会议。

10 月　国家教委印发《关于师范教育改革和发展的若干意见》。全国幼儿师范学校已发展到 65 所,此后逐年下降。

同年　中国学前教育研究会会刊《学前教育研究》被国务院学位

委员会评定为“全国学前教育理论核心刊物”。

同年　幼儿园数为 18.7 万所，入园幼儿 2 666.3 万人，此后逐年下降。

**1997 年**

7 月　国家教委印发了《全国幼儿教育事业“九五”发展目标实施意见》，为实现《全国教育事业“九五”计划和 2010 年发展规划》对幼儿教育事业提出的目标奠定了坚实的基础。

**1998 年**

12 月　教育部制定《面向 21 世纪教育振兴行动计划》，提出：“实施素质教育，要从幼儿阶段抓起，要用科学的方法启迪和开发幼儿的智力，培养幼儿健康的体质、良好的生活习惯与求知的欲望。”

**1999 年**

1 月　国务院批转了教育部制定的《面向 21 世纪教育振兴行动计划》。



6 月　中共中央、国务院颁发《关于深化教育改革，全面推进素质教育的决定》，明确指出“实施素质教育应当贯穿于幼儿教育、中小学教育、职业教育、成人教育、高等教育等各级各类教育，应当贯穿于学校教育、家庭教育和社会教育等各个方面”，强调“积极发展以社区为依托的、公办与民办相结合的幼儿教育”，提出了“建设全面推进素质教育的高质量的教师队伍”的要求。

10 月　中国学前教育研究会编《迈向 21 世纪的中国学前教育研究优秀论文集》，由南京师范大学出版社出版。该书展示了 20 世纪最后 5 年的部分研究成果，以纪念“双庆”活动。收到论文 700 余篇，入选优秀论文 150 篇，其中 82 篇记录成册。

11 月　中国学前教育研究会在上海举行了“双庆”活动，即庆祝新中国幼教事业开创 50 周年和中国学前教育研究会成立 20 周年。时任理事长为史慧中。

同年　幼儿园数为 18.1 万人，入园幼儿 2 326.2 万；幼儿师范学校 61 所；高师学前教育专业 30 多处。

**2000 年**

1 月　中华慈善总会隆重召开慈爱孤儿工程新闻发布会，宣布中国慈善总会启动慈爱孤儿工程。

10 月　中国青少年研究中心主编的《百年中国儿童》一书由新世纪出版社出版。此书是有史以来首次为儿童和儿童发展存史。这是一本 20 世纪中国儿童发展史，是一部发现儿童、解放儿童的历史，一部儿童生存质量从低到高的历史，也是一部儿童观从无到有、跌宕起伏、最终走向辉煌的历史。该书以 100 年的时间跨度，横涉 17 个领域近 30 个门类的空间容量，载入了 2 000 多个历史资料信息，建构了 20 世纪中国儿童历史发展的脉络和框架，集中记述和展示了百年来中国儿童在各个领域发展的风貌。

同月　中国学前教育研究会第二次会员代表大会在辽宁省大连市召开，此次会议产生第五届理事会，北京师范大学冯晓霞教授为理事长。

**2001 年**

1 月　世界学前教育组织(OMEP)中国委员会与《幼儿教育》杂志社合作，在《幼儿教育》上开辟 OMEP 中国委员会专栏。

2 月　中国学前教育研究会在无锡召开了常务理事、学术委员扩大会议，讨论确定了编制“十五”课题指南的“方向性、针对性、前瞻性、群众性”四大原则。在各地提交的课题建议的基础上，归纳整理出课题指南，同时确定了课题申报办法。

4 月　中国学前教育研究会发布《“十五”研究课题指南》，并组织课题申报、审批立项和研究成果的评价。

5 月　国务院颁发《中国儿童发展纲要》(2001 年—2010 年)，按照“十五”计划的总体要求，根据我国儿童发展的实际情况，以促进儿童发展为主体，以提高儿童身心素质为重点，以培养和造就 21 世纪社会主义现代化建设人才为目标，从儿童与健康、儿童与教育、儿童与法律保护、儿童与环境四个领域提出了 2001 年—2010 年的目标和策略措施。

6月　中国陶行知研究会学前教育专业委员会在南京成立，该会为全国二级学会，南京师范大学唐淑教授为主任委员，挂靠南京师范大学。

8月　中国学前教育研究会学术委员会在北戴河召开会议，从各地方研究会组织申报的课题中确立了280个立项课题，并进行"十五"课题培训，与会者一千余人。

9月　教育部颁发《幼儿园教育指导纲要（试行）》，分为总则、教育内容与要求、组织与实施、教育评价等方面，将教育内容相对划分为健康、语言、社会、科学、艺术五大领域，强调要有机结合、相互渗透，并于年底在北京举办全国性的培训班。

同月　OMEP中国委员会在甘肃兰州召开"第一届西北幼儿教育改革与发展研讨会"，来自西北和内地的300名代表参会。

**2002年**

1月　中国学前教育研究会在北京召开了理事长和专业委员会主任联席会议，会上决定正式启动"百年幼教纪念活动"的准备工作，成立了筹备组，确定了系列活动的内容。



8月　为了迎接中国幼教百年，中国学前教育研究会开机拍摄《中国幼教百年》大型电视专题片。

9月　OMEP中国委员会承办了在北京召开的世界学前教育组织亚太地区常务理事国会议，会议代表约30人，主题为"为儿童生活得更美好而携手合作"。

10月　中国陶行知研究会学前教育专业委员会在浙江杭州召开第二届学术年会，中心议题为学习交流陶行知的生活教育理论和创造教育理论，参观了陶行知教育思想实验研究基地。

**2003年**

3月　国务院办公厅发布13号文件，转发了教育部、中央编办、国家计委、民政部、财政部、劳动保障部、建设部、卫生部、国务院妇女工委、全国妇联等《关于幼儿教育改革与发展的指导意见》，内容涉及幼儿教育改革与发展目标、幼儿教育管理体制和机制、事业发展、教育质量、师资队伍建设等方面。提出今后五年(2003—2007年)幼儿教育改革的总目标是形成以公办幼儿园为骨干和示范,以社会力量兴办幼儿园为主体,公办和民办、正规与非正规教育相结合的发展格局。根据城乡的不同特点,逐步建立以社区为基础,以示范性幼儿园为中心,灵活多样的幼儿教育形式相结合的幼儿教育服务网络,为0—6岁儿童和家长提供早期保育和教育服务。

10月15日—18日　中国幼儿教育百年纪念暨学术研讨会在北京召开。15日上午,由教育部、民进中央、全国妇联、团中央、少工委等主办,中国学前教育研究会、北京师范大学承办的中国幼教百年纪念大会在人民大会堂隆重举行。来自全国31个省、自治区、直辖市的幼教工作者800多人出席大会。全国人大常委会副委员长许嘉璐、顾秀莲,教育部副部长吴启迪,共青团中央书记处书记张晓兰,全国妇联书记处书记张世平等领导,中央和国家机关有关部门、兄弟学会的负责同志,世界学前教育组织(OMEP)主席西尔玛·西蒙斯坦,联合国儿童基金会教育官员安吉拉,我国第一所幼儿园——湖北幼稚园的促成者张之洞的孙女、国务院参事张厚灿教授,我国幼教界的老前辈、老专家孙岩和史慧中等莅临会议。

纪念大会上,全国人大常委会副委员长、民进中央主席许嘉璐作了题为《把教育的视线延长到儿童出生的那一刻》的重要讲话,充分肯定了幼儿教育对人一生发展的重要作用,指出"人才培养的制高点不在最后,而在最初阶段!"国务委员陈至立在大会上作了书面报告(因出席"神五发射"活动而未能到会,但委托教育部副部长吴启迪代为宣读)。在报告中,她"代表国务院向纪念大会的召开表示热烈祝贺,并向长期耕耘在幼教战线的教育工作者表示最崇高的敬意"。同时提出"把中国幼儿教育办成满足广大人民需要的,为每一个幼儿的全面发展打下良好基础的幼儿教育"的要求。

大会上,共青团中央书记处书记张晓兰、全国妇联书记处书记张世平、世界学前教育组织(OMEP)主席西尔玛·西蒙斯坦、北京师范大学校长钟炳林、幼儿园教师代表李岩都作了热情洋溢的发言,对大会的召开表示了热烈的祝贺。中国学前教育研究会理事长、北京师范大学冯晓霞教授作了重要发言，指出幼儿教育事业是一种“根”的事业，极其重要但却又容易被忽略，幼教工作者任重而道远。教育部基础教育司副司长朱慕菊作了题为《中国幼儿教育发展的回顾和展望》的主题报告。

纪念大会后，由中国学前教育研究会组织报告会和学术研讨会。大会报告由中国学前教育研究会名誉理事长、中央教科所研究员史慧中作《开拓新百年》的主题报告，并由北京师范大学王炳照和刘焱教授、北京市教科所研究员陈秀云、英国伦敦大学教授、世界学前教育组织主席、港台学者分别作大会报告，内容为近现代教育发展和教育思想的脉络，世界教育发展的趋势，中国幼儿教育的政策、教育创新、展望等。

而后分 11 个分会场进行学术研讨，包括社会发展和早期教育、社会变革时期幼教事业的发展和管理、以社区为基础的早期教育、幼儿园的组织与管理、幼儿园教育评价与课程改革、儿童的健康与安全、教师教育、幼儿园课程、儿童的学习与游戏、早期阅读、幼儿与艺术等，最后参观了北京市的幼儿园。



会议期间，发放了《中国百年幼教》电视专题片（光盘）、《中国百年幼教》史册、《我与幼儿教育》征文集、《中国百年幼教论文集》等。

电视专题片（光盘）由中国学前教育研究会策划并组织全国各地幼教研究会、有关专家和著名影视人，共同编写和拍摄了 5 集电视片《百年中国幼教》，首次用大量的珍贵的历史镜头展示了中国幼教百年的沧桑历史，生动形象地告诉了公众中国幼教机构产生的社会背景，追寻了奠基者的艰苦足迹，叙述了充满爱心和智慧的战火中的摇篮，展示了为幼教呕心沥血、默默奉献的幼教工作者的风采，记录了无数幼教工作者在为创建中国化、大众化、科学化的中国幼教而奋斗的历史征程，也展望了在新世纪幼教事业面临的新的挑战和发展前景。

《中国百年幼教》史册由教育科学出版社出版，唐淑、冯晓霞主编，该书是一本具有史实性、生动形象性、可读性的中国幼教发展历史工具书，收集了大约700张珍贵的历史照片和图片，其中许多照片都是首次发表。

中国学前教育研究会组织《学前教育研究》、《幼儿教育》、《早期教育》、《学前教育》、《山东教育》和《上海托幼》等杂志社，联合发起“我与幼儿教育”的征文活动，并由浙江《幼儿教育》编辑部编辑出版了增刊——《我与幼儿教育》，几代幼教工作者从不同的角度抒发自己的幼教情怀。

中国学前教育研究会还编辑了《为了每个儿童的健康成长——纪念中国幼儿教育百年学术论文集》，由江苏教育出版社出版，论文集体现了幼儿教育的新观念、幼儿教育的改革和创新，以及对社区教育、家庭教育的关注。该文集收录优秀论文130余篇，作者队伍包括中国内地和港、澳、台地区幼儿教育工作者。

此外，在北京教育音像报刊总社领导的关心支持下，经《学前教育》杂志全体工作人员共同努力，在会议期间每天一期的《中国幼儿教育百年纪念暨学术研讨会会刊》迅速把前一天活动的重要内容和信息传达到每一位与会者，共出四期。

**2004年**

3月　高校学前教育专业学科建设学术研讨会暨中国学前教育研究会学术委员会扩大会议在北京师范大学召开。本次会议的宗旨是加强高校之间学术研究的交流和合作，研讨高校学科建设和学术发展问题。

9月　在北京、河南、武汉、苏州等地一个月内连续发生多起凶杀、车祸、房屋倒塌等严重危害儿童生命的恶性事件之后，中国学前教育研究会的60位专家学者立即自发地组织起来，联名给温家宝总理写信。信中分析了自2001年江西火灾之后幼儿园恶性事件不断的深层原因，请政府采取有力措施保护幼儿，支持幼教事业从根本上解决问题。信中呼吁：国家应该为幼儿教育独立立法，保证幼儿教育能够按照它自身的规律和特点健康地发展。温总理10月2日的批示直接促成了国家教育督导团对六省市幼儿教育工作的专项督导。

10月　国家督导团一行26人，分6组对京、豫、鲁、苏、吉、湘6省市的学前教育工作进行了督导检查。本次督导除了检查贯彻落实《关于幼儿教育改革与发展的指导意见》([2003]13号文件)及《教育部关于进一步加强幼儿园安全工作的紧急通知》([2004]15号)的情况，同时还深入调研了各地幼教改革与发展中出现的热点、难点问题，为制定幼儿教育政策提供依据。

11月　由中国陶行知研究会学前教育专业委员会主办、上海陶行知研究会承办的中国陶行知研究会学前教育专业委员会第三次年会在上海召开。本次会议以加深对陶行知教育思想和教育实践的理解，坚定与会者“学陶师陶”的信心和方向为宗旨。

**2005年**

3月　教育部颁发《教育部关于做好2005年中小学幼儿园安全工作的意见》、《加强中小学幼儿园安全和管理工作》文件，教育部办公厅下发《关于加强中小学幼儿园校车安全管理的紧急通知》。



同月　中国学前教育研究会在海南省海口市召开第五届常务理事会扩大会议，31名常务理事出席会议。会议的主要议题是：新形势下学前教育研究会的任务、工作内容与方式；“十五”课题的结题工作和本届理事会工作报告。

同月　第二届全国高校学前教育专业建设学术研讨会在南京师范大学举行。中心议题为“幼儿教师研究”，并分为“职前教师培养”和“在职教师职业发展”两个阶段。

5月　OMEP中国委员会在重庆召开“西部幼儿教育研讨会”，中心议题为“西部幼儿园的生存和发展”，来自京、津、沪、渝、贵、甘、青、川、桂等地的200多人出席会议。

6月　教育部印发《关于进一步做好中小学幼儿园安全工作六条措施》的通知。

9月　OMEP中国委员会在杭州主办2005年国际华人幼儿教育研讨会，会议的主题是“中华文化的传承与幼儿教育”，来自国内外的代表400多人参加了会议；进行了中华文化与幼儿教育、多民族文化与幼儿教育等8个主题的研讨和交流，并参观了8所幼儿园和社区幼儿教育。

10月　教育部基础教育司在大连召开幼儿教育管理工作培训会。

同月　中国教育电视台(CETV)“早期教育专业频道”正式开播，该频道通过中教传媒平台覆盖全国，其发展宗旨是：最大限度地整合国内外“早期教育”的现有资源，充分发挥中国教育电视台在专业教育节目制作领域多年积累的经验优势，创造国内规模最大、专业性最强、为0—8岁儿童健康成长提供专业资讯的国家电视台。

11月　中国学前教育研究会第三次会员代表大会暨“十五”课题成果交流与表彰大会在广西桂林召开。本次会议的议程为：审议中国学前教育研究会第五届理事会工作报告、组织工作及财务报告、OMEP中国委员会工作报告；修改《中国学前教育研究会章程》；大会表彰了95项“十五”课题优秀成果，京津苏浙鄂湘贵云甘9省市和军队系统的研究会获得了优秀组织奖；产生中国学前教育研究会第六届理事会，冯晓霞教授连任理事长。



**2006年**

1月　中国学前教育研究会学术委员会在湖南长沙召开，制订了《中国学前教育研究会“十一五”课题指南》。

4月　中国学前教育研究会在北京、成都、上海三地召开“十一五”研究课题申报指导培训会。

5月　国家主席胡锦涛到北京市福利院、北京市西城区幼儿园看望幼儿和教师们。

6月　教育部联合公安部、司法部、建设部、交通部、文化部、卫生部、国家工商行政管理总局、国家质量监督检验检疫总局、新闻出版总署制定发布了《中小学幼儿园安全管理办法》，总结了我国近年来学校安全管理工作的成功经验，明确规定了各有关部门安全管理职责。

同月　第三届全国高校学前教育专业建设学术研讨会在华东师范大学召开。

同月　“薪火传承始于幼儿活动”由中—港OMEP委员会合作开

展，由香港分会带领20名香港幼教工作者组成的“薪火传承始于幼儿国情教育”代表团前往北京、南京、兰州、西安考察。此活动由OMEP中国委员会负责接待安排。

7月　OMEP中国委员会副主席周欣教授和秘书长叶子博士参加了在挪威举行的世界学前教育年会暨国际学术研讨会，研讨会的主题是“伟大的小小研究者——0—3岁儿童发展与教育的新思路”。

8月　中国学前教育研究会学术委员会在山东烟台评审“十一五”课题，第一批批准立项课题133个，第二批163个。

11月　由中国学前教育研究会和上海市教育委员会主办，《早期教育》编辑部参与承办的中国首届幼儿园园长大会在上海浦东新区隆重召开。

**2007年**

4月　第四届全国高校学前教育专业建设学术研讨会在西南大学举行。



8月　国家质量监督检验检疫总局发布第101号文件，为规范儿童玩具召回活动，保障儿童的健康和安全，特发布《儿童玩具召回管理规定》。

9月　OMEP中国委员会第四届西部幼儿教育研讨会在甘肃兰州召开，来自京、津、沪十多个省市及港台等地的420多位代表参加了会议，会议主题为“为儿童的学习与发展创设支持性环境”。

10月　胡锦涛总书记在党的十七大报告中提出了加快推进以改善民生为重点的社会建设目标，并把“重视学前教育”作为优先发展教育、建设人力资源强国的重要举措之一，这是科学发展观和构建社会主义和谐社会理念的具体体现。

11月　教育部教学仪器研究所、全国妇联儿童工作室、中国学前教育研究会联合主办的“全国幼儿园优秀自制玩教具展评活动”在中国儿童发展中心举行，由33个省市推荐的678件作品参评，其中442件获奖，京、沪、豫、辽等四省市获团体奖。

同月　全国政协教科文卫体委员会、国务院妇女儿童工委办公室、教育部、卫生部、中国科协、全国妇联在北京召开了“儿童早期发展高层论坛”，其宗旨是贯彻落实党的十七大精神，分享和交流国内外关于儿童早期发展的最新研究成果、政策与实践进展，宣传科学的儿童发展知识和理念，呼吁全社会重视和关心儿童早期发展，推动各级政府和相关部门进一步研究制定相关的政策和行动，让每一个儿童拥有良好的人生开端。会上由10多位国内外知名专家作相关的营养学、心理学、教育学、社会学、经济学等方面的报告，并发出《让每一个儿童拥有良好的人生开端》的倡议书。1.制定和实施国家早期儿童发展行动计划。2.加大对儿童早期的健康保育和教育的投入。3.建立跨部门合作的工作机制。4.加强儿童早期发展的科学研究，提高服务质量。5.加强幼儿园和妇幼保健机构的公共服务职能建设。6.扩充儿童保健人员和幼儿园教师的专业水平。7.开展广泛的社会宣传动员。

**2008年**

5月　为落实十七大“重视学前教育”的精神和贯彻国务院领导有关学前教育工作的批示，教育部成立调研组，在全国范围进行学前教育专项调研。第一站选定江苏。

同月　中国学前教育研究会主编的“十五”课题优秀研究成果集《在实践中研究　在研究中发展》，由安徽少年儿童出版社出版。选登了78篇，其中56篇全文刊登，22篇摘要刊登。

同月　汶川大地震后，国家救灾委员会、教育部、民政部救灾研究所、北京师范大学等发起成立“汶川地震应对政策专家行动组”。

5月15日　中国学前教育研究会发出《有了爱就有了一切》的倡议书，号召全体会员“积极参加当地的捐款、捐物、献血等活动”，并向地震灾区捐献两万元人民币。

5月31日　中国学前教育研究会常务理事会发出《致地震灾区幼教工作者的节日慰问信》。

6月1日　“汶川地震应对政策专家行动组”专家、北京师范大学冯晓霞教授和南京师范大学顾荣芳教授率先赴四川了解地震灾区幼儿园师生的生存、保护和教育的状况，并向灾区师生表示了深切的慰问。

同月　中国学前教育研究会常务理事会在北戴河召开，本次会议的议题是讨论各专业委员会的换届人选问题，并批准了“十一五”滚动课题131项（申报156项）。同时举办了“十一五”课题中期汇报暨学术研讨会。

6月12日　中国学前教育研究会发出《重要通知》：响应党中央号召，迅速行动，为灾区人民献爱心。研究会积极组织专业志愿者队伍赴灾区创办流动幼儿园。南京师范大学出版社出版了《幼儿心灵抚慰手册》，赠送灾区。

6月18日—9月4日　在中国学前教育研究会正、副理事长冯晓霞、虞永平教授的带领下，80多位来自京、宁、苏、沪、渝、青岛的志愿者，先后到达北川、安县、绵竹、什邡、崇川等9个极重灾区，建立不同类型的流动幼儿园或幼儿活动点，捐献了一批幼儿园开园所必需的物质，保证汉旺等4所幼儿园顺利开园。



7月　为了推进幼儿园实施素质教育，切实发挥幼儿园小电视台、DV机、广播站的作用，中国学前教育研究会与中国教育电视台联合举办“全国幼儿园优秀DV作品展播活动”，7月16日—18日在北京举办了为期3天的DV制作培训活动，来自全国各省市的160多位学员参加培训。

8月4日—9日　世界学前教育组织（OMEP）在加拿大魁北克召开了年度工作会议和国际学术会议，来自22个国家的OMEP负责人50多名出席会议，我国出席者为秘书长叶子博士。当年正值OMEP成立60周年和加拿大加入OMEP50周年，国际学术会议的主题为“在儿童的心灵播种和平”。与会代表听取了叶子博士所作中国地震及抗震救灾的相关情况的介绍，大会决议向成员国发出倡议，呼吁捐款支持中国灾区重建。会上，我国西北师范大学马以念教授当选为荣誉会员。

9月1日　当天是四川绵竹汉旺新开村板房安置点各校开学的日子。下午四时后，来自北京、苏州的幼教志愿者走出了绵竹市清园幼儿园，忽然得知温总理即将来板房视察的消息，她们也加入了迎候的队伍，激动地等待了几分钟后，见到了敬爱的温总理，志愿者们高呼"总理辛苦，振兴幼教！"的口号。总理亲切地询问："你们是来支教的吗？"（是的。）"你们来自哪里？"（江苏苏州。）"谢谢你们！你们辛苦了。"（应该的，谢谢总理。）总理与张春霞等握手，并与嘉吉流动幼儿园的志愿者周萌合影。

9月8日　教育部召开抗震救灾先进集体及先进个人表彰大会，"北京师范大学汶川地震应对政策专家行动组"获抗震救灾先进集体荣誉称号。

10月24—27日　中国学前教育研究会与浙江省教育学会学前教育分会联合主办"托举希望，发展新农村幼儿教育"研讨会，该会在浙江省安吉县召开，来自全国27个省、市、自治区的380多名代表参加了会议。

同年　幼儿园园数13.372 2万所；班级数82.487 2万个，幼儿数1 482.714 5万人；教职工数143.421 1万人，其中园长数13.346 5万人，专任教师数89.852 2万人。



**2009年**

5月　中国学前教育研究会、中国教育电视台联合发出通知，拟联合举办"2009年鹤琴杯全国幼儿园优秀DV作品展播评选活动"。

同月　中国学前教育研究会"十一五"课题结题培训会在江苏南京隆重举行，来自全国29个省、市、自治区的400多名幼教工作者参会。

6月　中国学前教育研究会与中国教育电视台联合主办、江苏广播电视总台幼儿教育频道承办的庆"六一"2008年全国幼儿园优秀DV作品颁奖晚会在南京隆重举行。

同月　中国陶行知研究会学前教育专业委员会在上海市宝山区举行第五届年会，议题是换届选举和"十一五"课题成果交流颁奖。第二届理事会主任为华爱华教授；挂靠于华东师范大学。

同月　中国学前教育研究会流动幼儿园项目继续进行；6月15

日，四川绵竹幼儿园园长培训班在南京师范大学正式拉开帷幕。来自四川绵竹的30位幼教干部和幼儿园园长免费参加了为期十天的培训，培训由南京师范大学教育科学学院主办并得到众多单位主动、积极的支持。南师大教授和南京市特级教师负责授课，还组织了南京市14所幼儿园与绵竹幼儿园开展结对互帮活动。6月下旬，香港耀华国际教育机构组团赴绵阳市平武县进行为期三天的培训。

7月10—12日　为保证“2009年鹤琴杯全国幼儿园优秀DV作品展播评选活动”顺利开展，中国学前教育研究会与中国教育电视台早期教育专业频道在北京组织了“全国幼儿园DV作品制作培训班”，中国学前教育研究会副理事长、南京师范大学虞永平教授结合本次活动的选题范围、教育内容、原则与要求作了专题报告；中国传媒大学周文等教授、专家分别针对DV拍摄的理念、拍摄过程及后期制作进行详细的说明，并结合2008年获奖DV作品进行分析与指导。

7月12—14日　第五届全国高校学前教育专业建设学术研讨会在东北师范大学举行。本届研讨会的主题是：“提升学前教育专业建设水平，夯实幼儿教师专业素质基础。”



合作者：钱雨、杜丽静、郑影

原载《学前教育研究》2009年第9、10期

# 幼儿园课程

# 对我国幼儿园课程改革与发展的思考

课程问题是一个永恒的主题，也是当今的热门话题，幼儿园课程也不例外。在我们探讨幼儿园课程改革时，必须进行历史的研究。从1990年起，我和我的硕士研究生们就开始了对课程的历史研究，比如首都师大学前系主任李莉，90年代初做硕士论文时，就梳理出了我国的三次课程改革的线索和发展脉络。近几年，我校博士生、现任浙江师大幼教学院教科室主任的王春燕在撰写博士论文及编写《百年中国幼教》一书的过程中，进一步深入探讨了幼儿园课程改革与发展的一些问题。因此，今天的发言也受到他们的启发，也是大家十多年来共同的研究成果，希望他们对我的发言进行批评指正，并进行更正和补充。

我国幼儿园课程进行了三次改革：第一次发生在20世纪20至30年代，第二次发生在50至60年代，第三次发生在80至90年代。下面分别介绍。

## 一、二三十年代的幼稚园课程改革

（一）社会背景

当时的社会文化背景是“五四”新文化运动，高举了反帝反封建的大旗，倡导民主和科学精神。在我国掀起了一场思想大解放运动，使中国的教育开始脱离封闭和半封闭的状态，摆脱了传统封建文化的束缚，出现了教育改革新高潮。学校教育的全面改革，客观上要求幼稚园的课程也应该改革。但是，当时幼稚园课程非常混乱，根据张雪门对宁、京、沪等地幼儿园的调查，张宗麟对江浙一带幼儿园的调查，发现幼儿园课程大概有以下几种情况：有教会幼稚园，教的课程如唱赞美诗、听圣经耶稣的故事、行祷告礼仪等；有蒙养园日本式课程，教日语、行艺、手技游戏等课程；也有少数幼稚园试验蒙台梭利课程，通过恩物、教具开展游戏训练感官；也有美国式以儿童经验为本位的课程开始传入。

（二）指导思想

幼儿园课程改革势在必行。第一次课程改革指导思想："五四"时期对中国近代产生重大影响的首推美国教育家杜威，我国教育界在当时多元文化的背景下，适应反对封建教育的需要，主动选择了杜威的教育思想作为教育改革的理论指导，幼稚园课程同样是在他的教育思想直接影响下进行的。杜威教育思想有鲜明的特点：1. 主张"教育即生长"，教育即经验的改造改组。中心论确立了儿童是教育的主体，课程应当促进儿童发展的观念。2. 杜威主张"教育即生活，学校即社会"。他认为，教育内容来源于儿童生活，即各种各样的直接经验，使教育工作者认识到儿童的生活都是课程。3. 杜威主张"做中学"，要求儿童从自身社会活动中学习，利用本能生活作基础，通过游戏、接触、观察、操作来进行学习，使教育工作者树立儿童在活动中学习的观念。4. 杜威主张"教材教法心理化"。他认为教材教法心理化更符合儿童的需要和兴趣，也更能密切学习和生活的联系，使教育工作者认识到课程内容编制和实施应根据儿童心理发展的顺序来进行。可见，杜威的教育思想与传统教育思想是完全对立的。这种教育思想深刻影响了我国 20 世纪 20 年代幼儿教育界的儿童观、教育观、课程观，观念的变革促进幼教界开始探索适应国情的幼稚园课程。



（三）实验研究

当时的实验研究是怎样进行的呢？二三十年代幼儿园课程的杰出代表是陶行知、陈鹤琴、张宗麟、张雪门等。这几位教育家洞察了当时幼儿园教育的种种弊端，比如，陶行知揭露当时的幼儿教育患了外国病、花钱病、富贵病，提倡要把我们中国的幼儿教育建设为中国的省钱的平民化的幼稚教育。像陈鹤琴把当时幼儿园教育比喻为幼稚监狱，当时课程存在没有具体目标，课程太简单，团体动作太多，与环境接触太少等情况。决心要实验符合我国国情，适合幼儿身心发展的幼稚园课程。因此，提出了要使幼儿园教育中国化、科学化，首先要从课程改革入手。1925年陈鹤琴、张宗麟在南京鼓楼幼儿园开始了为期三年的课程实验，经历了从以儿童为中心的散漫期，以教师为中心的组织期到以大自然、大社会为中心的中心制期。这种中心制课程称为单元教学，就是从某一时期截取自然界的应时物件、社会性事件，每星期或两星期认定几项为中心，并以此为中心而多方开展作业。到了40年代末，陈鹤琴又在这个基础上发展为五指活动，包括健康、社会、科学、艺术、语文五项，并指出五指活动可以伸缩，相互联系，五指活动在儿童生活中结成一个教育网，有组织、有系统，合理编织在儿童生活上。这种课程全部包括在五指活动中，并采用单元制，各项活动围绕单元进行教学。陶行知、张雪门他们实验研究了适合农村的生活教育课程。张雪门实验研究了幼稚园行为课程。在这样的基础上，1932年，我国颁布了第一个幼稚园课程标准。

(四) 对第一次课程改革评价

这次课改借鉴了国外先进课程理论和经验，通过扎实的实验研究，取得了以下成果：首次确认了儿童的主体地位，并以促进儿童身心发展为目标；课程来源于生活，以大自然、大社会为中心；课程实施要贯彻于一日生活中；课程应采用整个教导法，把儿童应学习的东西整个儿地有系统地教给儿童，反对分科教学。当时不仅构建了适应我国国情的幼儿园课程模式，还诞生了我国第一个幼稚园课程标准，就是1932年颁布的，1936年修正的。第一次自下而上的课改，在百年的历史上，起着开创性的奠基作用，改变了当时抄袭模式的局面。通过课程改革使幼儿教育走上了中国化、科学化的道路，缩短了我国幼教与世界幼教的差距。

## 二、五六十年代幼儿园课程改革

第二次是五六十年代课改。

(一) 社会背景

当时社会背景是中华人民共和国成立，使中国社会发生了翻天覆地的变化。新中国改革旧教育的方针以老解放区教育经验为基础，吸收旧教育某些有用的经验，同时，借助前苏联教育经验来建设新教育。学校教育同样面临全面彻底根本改造的任务，幼儿园课程改革成为一种客观社会需要。

（二）指导思想

由于这次课程改革是在全面学习借鉴了前苏联幼教理论和经验基础上进行的，因此，主要受前苏联教育思想影响。第一，强调教育在儿童发展中的决定作用，并实施体、智、德、美全面发展的幼儿教育。第二，强调系统知识和作业教学对儿童智能发展的影响，就是有目标、有计划、有组织的全班儿童必须同时参加教学活动，实施学科课程，进行分科教学。第三，充分肯定游戏对幼儿的特殊意义和教育价值，认为游戏是儿童的主导活动。第四，强调集体主义教育的重要性，主张在集体中进行集体教育。

（三）实践概况



1.《幼儿园暂行规程》和《暂行教学纲要》的颁布和执行。《暂行规程》规定了体、智、德、美全面发展的教育目标和教养活动的项目。当时，提了语言、认识环境、图画、手工、音乐、计算一共六科和教养原则等；在《暂行教学纲要》中规定各班的年龄特点和教学要点，六科的教育纲要和教养原则等。这标志我国幼儿园统一实施有目的、有计划、有组织的分科教学，且明令禁止使用“单元教学”。当时教育部幼教处领导认为“单元教学”的本质是对社会发展起着破坏、反动的作用，因此明令禁止。

2.《幼儿园工作指南》（初稿）的编写。50年代中期编写的《指南》，初步综合了我国的实际，对于《暂行规程》和《暂行教学纲要》进行了充实、完善和说明。

（四）对第二次课程改革的评价

这次由上而下强制性的课程改革，是历史的必然，因为中央集权制需要统一的教育思想指导下的统一的课程。成果是初步建立了我国幼儿园教育教学的目标体系，教育教学的内容更为全面和系统。这样目标明确、内容系统、注重结果、便于操作的学科课程模式，符合新中国当时社会的需要，基本保证了面广量大的幼儿园教育教学的质量。但是，这种以社会为本的课程过分强调了统一性，形成了全国一律化、一刀切、单一化的封闭模式。强调了教师的“教”，不重视幼儿的“学”；强调了集体，忽视了个体。这次课程改革，影响深广，一直波及至今。

## 三、八九十年代的幼儿园课程改革

### （一）社会背景

70年代末经过拨乱反正、改革开放，我国各项工作逐步走向正规，随着经济体制的改革，教育体制改革也越加迫切。幼儿教育也不例外，幼教事业的恢复和发展，呼唤幼教工作的规范化和科学化。教育部于80年代初颁发了《幼儿园教育纲要》（试行草案），继承了50年代《暂行规程》和《暂行教学纲要》的基本思想，《教育纲要》（试行草案）对教育的内容由原来的音、体、美、语、计、常扩大到八个方面，增加卫生习惯和思想品德两个方面，并且通过游戏、体育、上课、观察、劳动、娱乐和日常生活等各种活动来完成，幼儿园的教育教学继承采用分科教学模式。虽然《教育纲要》的颁发在当时起到拨乱反正、整顿教育秩序、提高教育质量的作用，但是《教育纲要》越来越不适应改革开放形势发展的需要，幼儿园教育中普遍存在重智育轻德育、体育，重教师教轻儿童学，重上课轻游戏等倾向，分科教学趋向于一种畸形发展。因为在《教育纲要》里把原来的作业改为上课，把教养员改称为幼儿教师，反而强化了小学化，加上80年代初由于幼师的解散，大量没受过专业训练的教师加入到幼儿园教师队伍中来，使得分科教学逐渐发展为分人分科的教学，幼儿园课程的根本改革已迫在眉睫。

### （二）指导思想

80年代以来，随着我国社会的对外开放，国际交流的日益频繁，西方先进的儿童心理和教育理论及课程理论逐渐引入我国，对于传统观念产生了极大的冲击。影响较大的如皮亚杰的认知发展理论，维果斯基的社会建构论，人类生态学理论，人本主义教育理论，多元教育理论,瑞吉欧教育理念等。同时,重新探讨了我国幼教前辈的课程思想,并且有了新的认识,因为在50年代初他们的教育思想,尤其是课程思想都受到了批判。上述几种理论的核心思想,就构成了第三次课程改革的指导思想:儿童是教育的主体,儿童发展在活动中靠其自身建构来实现,应以培养完整儿童为教育目标,为每个儿童选"合脚的鞋";课程应回归生活,整合进行;确定了幼儿园以游戏为基本活动,强调师生通过交流、沟通、合作、对话的形式来形成"学习共同体";建立民主平等和谐的师生关系,建立幼儿园、家庭、社会的共育机制等。

(三)实践和理论研究

1. 多种课程的涌现。80年代初宁、京、沪地区的幼儿园自发地开始了课程实验研究,很快地席卷全国。如80年代在进行分科与教材教法研究的基础上,由赵寄石教授主持,与南京市实验幼儿园进行了幼儿园综合教育课程探索,吸收了国外先进教育思想,借鉴了陈鹤琴中心制课程理念,针对分科教学中知识各自为政、相互脱节和重叠,对各科之间关系联系缺乏研究,对教育目标内容过程缺乏整体性思考等弊病,实行三个方面、三个层次的结合。三个方面结合指:教学内容、教学手段和教学过程的结合;三个层次结合指:主题活动、一日活动和个别活动结合,打破了分科的界线,把各种教育思想因素组合成一个有机整体,发挥教育的整体效应性。这一项实验研究可谓一石激起千层浪,启动了我国的第三次课程改革。比如80年代末的活力教育课程、发展能力课程、游戏课程等,以及90年代五大领域课程、情感教育课程、活动整合课程、生态融合课程、生存课程、美育课程等,实现了多种课程共存的格局。近二十多年来我国幼儿园课程改革逐渐扩展和深入,呈现了这样一种发展趋势:从单科课程实验扩展到整体课程;从城市扩展到农村,如"七五"重点课题就是农村幼儿教育课题的研究;从幼儿园扩展到托儿所,不仅研究正规幼儿园课程,也研究非正规幼儿园机构和组织的课程,如"七五"规划有多种教育形式研究,以及后来有社区教育、亲子活动研究,关注探索正常儿童课程,也关注探索非正常儿童课程。如90年代就进行了特殊儿童的课程研究,尝试进行全纳性教育。

2.《幼儿园工作规程》和《幼儿园教育指导纲要》的颁布。工作规程从1989年颁布试行到1996年正式颁布，及2001年《幼儿园教育指导纲要》的颁布，都体现了第三次课程改革理论和实践研究成果。确定了幼儿园教育的奠基性质，过去都是提预备阶段，为入小学做准备。1996年正式改为奠基的性质："为幼儿终身发展奠基"，"使得幼儿在快乐的童年生活中获得有益于身心发展的经验"，"尊重幼儿人格和权利"，"促进每个幼儿富有个性地发展"；在内容方面，明确指出："幼儿园的教育是全面的、启蒙性的，可相对划分为健康、语言、社会、科学、艺术等五个领域，但各领域内容应相互渗透"；在实施方面强调："从本地、本园、本班的实际出发，灵活执行，创设物质的、心理的环境以促进幼儿各方面发展"，"教师应成为幼儿学习活动的支持者、合作者、引导者"；在评价方面提倡民主化、人性化的教育评价。

3. 在课程理论体系构建方面。近二十多年来，理论工作者借鉴学校教学课程理论和国外幼儿教育理论，结合幼儿园教学实践，探讨了有关幼儿园课程的概念、特性、类型、结构、编制、评价等，出版了多本幼儿园课程专著，幼儿园课程研究已成为硕士、博士论文的重要命题，幼儿园课程已形成为独立学科。 

（四）对第三次课程改革的评价

这次由下而上启动，再由上而下引领的课程改革，其规模和深度空前，对我国幼儿教育产生了强大的震撼力量。多元课程的出现打破了单一学科课程一统天下的局面，由分科走向综合已成为不争的事实，预成课程和生成课程相统一已成趋势，三级课程管理的体制增强了幼儿园选择开发课程的自主性。这次课程改革初步建构起了我国幼儿园课程理论和实践的框架和体系，在我国幼儿园课程发展史上无疑起着里程碑的作用。

回顾历史的目的是为了以史为鉴，我国幼儿园课程必将持续向前发展。结合我国幼儿园现状，从宏观方面上看：首先，要处理好市场经济条件下体制改革和课程改革的关系。对于广大吃惯了公粮的幼儿园来说,反思后首当其冲的问题是幼儿园生存问题,为争得生源便打着各种旗号,在利益驱使下追求短期效应,提高收费,开设双语、蒙氏教学法,甚至奥数。我有个学生,他的硕士论文题目就是《用双语镀金》。另一方面扩大班额,紧缩教师且招收那些工资低水平低的老师,这些无异于对幼儿园课程产生极大冲击干扰。园长也有苦衷,是不得已而为之。教育纲要中先进的理念不可能得到落实,也波及了正规的公办的示范性幼儿园。我认为这个问题主要应该靠政府政策来调控,支持引导幼儿园走上健康发展的道路,为课程改革创造有利的环境和条件。另一方面,舆论宣传应起正确导向作用,评价也应跟上。其次,要处理好外来文化和本土文化的关系,从上次课程改革中应该引以为鉴:第一次做到以我为主,洋为中用;第二次则全盘西化;第三次做到吸收借鉴和实验创造相结合。但是幼教界历来学习热情可嘉,但是追风赶潮、唯马首是瞻的现象应值得重视,必须克服盲目性,增强自觉性,才能使课程改革正常进行。从微观方面看:首先,要处理好教师和幼儿的关系。受传统观念的影响,存在重教轻学的现象,虽然指导纲要倡导建立民主、平等、和谐的师幼关系,也有许多学者进行有关研究实践工作,在这方面有很多好经验,但从观念到行为有个艰苦过程。以人为本要关注如何发挥教师和幼儿两个主体的作用,两者关系将直接关系到课程质量问题。其次,处理好个体与群体的关系。《纲要》强调尊重幼儿人格,关注个别差异,促进每个幼儿富有个性的发展。但由于我们国家的国情,包括观念方面的和师生比例等问题,重视集体忽视个体的现象还是根深蒂固,要改变情况有实际困难,但应该加倍重视,使得课程真正促进每个幼儿富有个性发展。



原载江苏省教育科学研究院编:《对话·建构·共享》,2004年海峡两岸幼儿教育学术研讨会发言辑要

# 我国第一个幼稚园课程标准简介

《幼稚园课程标准》①(以下简称《课程标准》)于1932年10月由国民政府教育部正式公布,这是我国幼教史上的第一个课程标准。本文将介绍其产生背景及指导思想,并评述其基本内容。

## 一、《课程标准》的产生背景

1922年11月公布的《学校系统改革令》,又称壬戌学制,亦即通常所说的新学制。在这个学制中将幼儿教育机构定名为幼稚园,规定收受6岁以下的儿童,并把它正式列入学制系统。自此在我国确立了幼稚园制度,公立的、私立的、独立的、附设的幼稚园逐步发展起来。在1928年5月于南京召开的全国第一次教育会议上,讨论通过了陶行知和陈鹤琴提出的"注重幼稚教育案"②共七项,其中有一项就是由陶行知提出的"审查编辑幼稚园课程及教材案"。这一提案提出的理由:一是迄今为止,国内幼稚园的课程和教材尚无一个统一的标准;二是全国所设幼稚园的课程和教材多半都是从国外来的,不完全适合我国的国情。因此,贯彻和落实这一项提案,编订一个符合我国国情的统一的幼稚园课程标准,就成为当时我国学前教育领域的一项迫切的重要任务。正是由于有这种客观需要,加上当时国内已有一些实验性质的幼稚园,如南京鼓楼幼稚园、中央大学附属幼稚园以及晓庄乡村幼稚园等,在这一方面积累了一定的经验,并通过陈鹤琴创办的《幼稚教

① 参见《中国大百科全书·教育分册》,中国大百科全书出版社,1985年8月,"课程标准"条目。

② 中国学前教育史编写组:《中国学前教育史资料选》,人民教育出版社1989年,第254、233页。

育》月刊和各种教育杂志的《幼稚教育专号》陆续发表了他们的实验研究成果，包括大纲、教材、教具、教法、总结等，为完成这一项任务提供了可能条件，于是在 1928 年 10 月便由教育部聘请有关专家 11 人，由陈鹤琴和胡叔异负责，着手进行幼稚园课程标准的拟订工作。在草案完成以后，1929 年 9 月曾由教育部令各省市作为暂行标准试验推行，以后又在各地试验推行的基础上，汇集各方面的意见，进行修改，于 1932 年 10 月由教育部正式公布(1936 年 7 月修正)。这样，我国就开始有了自己的统一的幼稚园课程标准。

**二、《课程标准》的指导思想**

“五四”运动前后，人们为了探讨中国教育的出路，出现了一个声势浩大的宣传、介绍西方教育理论、教育学说的热潮。当时影响最大的莫过于杜威的实用主义教育思想，并以此为核心，形成了构建《课程标准》的指导思想。主要观点有：

1. 尊重儿童，确立儿童在教育过程中的中心地位。明确教育的目的是为了促进儿童的发展。



2. 儿童所有的生活都是课程。

3. 重视儿童的直接经验，儿童在生活中学习，即主动作业。

4. 主张教材、教法心理化，课程编制和实施按儿童心理发展的顺序来进行。

5. 打破分科界限，采用设计教学法。

**三、《课程标准》共分三部分**

第一部分为幼稚教育总目标，其内容是：

(一) 增进幼稚儿童身心的健康。

(二) 力谋幼稚儿童应有的快乐和幸福。

(三) 培养人生基本的优良习惯(包括身体、行为等各方面的习惯)。

(四) 协助家庭教养幼稚儿童，并谋家庭教育的改进。

第二部分为课程范围。包括音乐、故事和儿歌、游戏、社会和常识、工作、静息、餐点共七项，每项均列有目标、内容及最低限度的要求。例如游戏一项规定：

(1) 目标

(甲) 增进儿童身体的健康。

(乙) 顺应爱好游戏的自然性向,而兴以适当的游戏活动。

(丙) 发展筋肉的连合作用,并训练感觉和躯肢的敏活反应。

(丁) 训练互助、协作、合群守纪律、公正、耐苦等社会性。

(2) 内容大要

下列各种游戏的练习:

(甲) 计数游戏(如搬运豆囊,抛掷皮球等,可兼习计数)。

(乙) 故事表演和唱歌表情的游戏。

(丙) 节奏的(例如听音而作鸟飞兽走等的游戏)和舞蹈的游戏。

(丁) 感觉游戏(闭目摸索、听音找人等练习触觉、听觉、视觉的游戏)。

(戊) 应用简单用具(如秋千、滑梯、木马、跷跷板等)的游戏。

(己) 摹拟游戏(如小兵操、猫捉老鼠等的摹拟动作)。

(庚) 我国各地方固有的各种良好的游戏。

(3) 最低限度

(甲) 能参加群儿的集合,成行成圈,自觉协调。

(乙) 能使用图中所设计的游戏器具五种以上。

(丙) 知道游戏的简要规则①。

第三部分为教育方法要点,共十七条,其主要内容为:规定将各科打成一片,实行课程(作业)中心制的设计教学;幼儿在园时间全日约六小时,半日约三小时;各种作业可由儿童各从所好,自由活动,但是每日必有一次团体作业,故事、游戏、音乐、社会和自然大都可由教师引导,施行团体作业;教师是儿童活动中的把舵者、儿童问题的最后的裁决者,教师需要细微、全面地观察儿童并记录;必须充分利用户外的自然和社会环境,并注意设备要合乎我国的民族性,合乎当地社会情形,要适应儿童需要和不悖教育的意义等。

① 中国学前教育史编写组:《中国学前教育史资料选》,人民教育出版社 1989 年,第 254、233 页。

## 四、对《课程标准》的简评

我国第一个由国家颁布的《幼稚园课程标准》，由于是由我国专家学者在总结自己实践经验的基础上，根据我国的国情编订的，虽然也吸收和借鉴了西方资产阶级当前的教育思想，但充分体现了洋为中用的精神，因此它很富有民族性；同时它以心理学、教育学、卫生学等学科的理论为指导，对教育内容和方法所作的各项规定，都比较符合儿童年龄特点和教育的要求，也具有较强的科学性；加上它在各方面所作的规定都比较全面和明确具体，如在目标方面它规定有最终目标，也有切近目标；在内容方面它涵盖体、智、德、美诸方面的内容，既注意身体的养护和锻炼，又重视发展儿童的创造力、想象力和发表能力，并强调引起儿童的兴趣、美感和情感，培养儿童自信、坚忍、勤奋、互助的精神及良好的行为习惯；在方法方面规定有灵活多样的方法，可以分别以团体、分组或个别的方式加以运用。此外，除一般要求外，还有最低限度的要求，以适应各地区、各园所发展不平衡的情况。这就比较充分地显示了它的中国化和科学化的特点。当然它有许多方面存在不足，如目标没有年龄层次，课程模式单一（只有一种设计教学法），保持各课程范围的纵向系统性不够以及要求仿照蒙台梭利的办法让儿童定时进行静默等。但从总体上说，它在当时不失为一个具有进步性和富有积极意义的文件，作为我国第一次幼儿园课程改革（从20年代到40年代）的成果，它对推动我国当时幼儿教育向中国化和科学化方向发展，提高我国学前教育的质量，曾起过重要作用。它对当前编制《幼儿园课程标准》也不无参考价值。



原载《学前教育研究》1995年第2期

# 共同探索改革课程结构

——幼儿园课程改革研讨会综述

1986年12月6日至10日，全国幼教研究会在南京师大召开了幼儿园课程改革研讨会。来自21个省、市、自治区的大学、幼师、幼儿园以及教研、科研机构的五十多位代表参加了会议。

会议听取了“布鲁纳的教学思想”、“前苏联教学思想的发展(凯洛夫——赞科夫——巴班斯基)”、“皮亚杰式的课程”、“继承和发展陈鹤琴的课程论”、“日本幼儿园的课程”、“幼儿园综合教育结构改革”等学术报告。代表们深深感到当今世界课程理论发展异常迅速，我们应该研究和借鉴国内外的有关理论成果和实践经验，探索中国化的幼儿园课程结构。



大会共收到论文和研究报告二十多篇。在会上交流的有南京市实验幼儿园、南京师大附属幼儿园、北京市第五幼儿园、上海市长宁区教育学院、浙江湖州第一幼儿园、重庆市沙坪坝区实验幼儿园等单位。与会者反映有如下收获：

1. 对“课程”概念的理解。课程为实现教育目标的方案，是人才规格的蓝图，它在教育目标和教育任务之间架起桥梁。长期以来，课程仅仅被理解为知识体系的范围，这是狭隘的看法。课程应当包括学生在校学习的各种知识体系、技能体系、情意体系和社会经验。对幼儿园课程的理解，从广义上讲即幼儿园全部教育活动，狭义上讲才是开设哪些课程。广义地理解幼儿园的课程，才能把视野引向幼儿园的全部教育工作，才能克服重知识轻技能，重智育轻体、德、美育，重上课、轻游戏等弊病。

2. 对课程结构改革指导思想的认识。改革课程结构是为了使全体儿童得到全面发展，尽管课程结构的模式可以多样化，但目的是为了增强教育效益。要发挥教师的主导作用，更要确保幼儿的主体地位。切忌追求形式上的“翻新”，盲目地照搬照抄。

3. 对幼儿园课程模式的看法。与会者认为，幼儿园的课程模式不能再搞一窝蜂、一律化，应当百花齐放，百家争鸣，鼓励各种探索和创新。近年来，一些幼儿园开始进行综合教育的尝试，有的在分科教学中注意课程内容和形式上的渗透、结合；有的组成一个个单元，进行集中教育；有的在综合课上围绕一个主题运用多种教育手段；有的在系统论思想指导下进行整体改革即综合教育结构改革；有的幼儿园在小班不设课，完全寓教育于游戏之中；还有的幼儿园试行分组教学、活动教育，等等。南京师大教育系学前教育研究室和南京市实验幼儿园的合作项目“幼儿园综合教育结构改革”引起了代表们的兴趣，他们观摩了实验幼儿园小、中、大三个实验班的半日活动。



与会者针对目前课程改革的实际情况，提出了这样一些问题：如果把幼儿园的全部活动都视为课程的范围，幼儿和教师是否会感到太紧张，负担是否过重？综合教育着重注意了横向联系，如何保证纵向的系统性？围绕主题活动进行综合教育，对教师的要求较高，一般教师是否能将八项教育内容和七种教育手段有机地组织起来？如何进行实验研究的测查？如何用数据表示实验的成果？等等。代表们对这些问题进行了广泛的讨论，并商定，在今后的工作中进一步深入研究和实践，相互切磋交流，共同努力为改革幼儿园的课程结构摸出一条路子来。

原载《江苏幼教》1987年第3期

# 我国幼儿园课程结构改革概述

1985年4月，全国幼教研究会第二届理事会确定将“幼儿园课程结构改革”作为一个研究课题，由我任此课题组的牵头人，并聘请了赵寄石教授为顾问。最初有新疆、甘肃、云南、辽宁、广西、河北、江苏、福建、湖北、浙江等十个省（自治区）及东北、西南、南京三所师大报名参加本项研究，以后参加单位逐渐增加。五年来，我们分别在南京和湖州召开了研讨会暨培训班，交流情况，培训队伍，从而使幼儿园课程结构改革在全国广泛深入地开展起来。



## 一

通过学习和研究，我们对以下几个理论问题有了明确的认识。

1. 关于幼儿园课程的含义。幼儿园课程就是幼儿园培养目标落实到幼儿身上的中介，也就是幼儿园的教师为完成教育任务，使幼儿达到预定的培养目标所采取的一切教育措施的总体结构。其含义可以是反映幼儿园整体教育客观规律的总体结构，也可以是反映某一门科目的教育、教学规律的总体结构。形式上可以指幼儿园的整体教育，也可以指某一门科目的教育教学。内容上则反映总体结构、内在联系，体现各部分之间的相互作用以及整体功能。

2. 关于幼儿园课程的结构。可以从表层结构和深层结构两方面来理解。前者包括教师与幼儿之间的关系及其相互作用，教育任务、内容、手段、物质环境之间的关系及相互作用，幼儿园与家庭、与社区之间的关系及相互作用这三组要素。后者包括课程的指导思想和理论基础,它决定着幼儿园课程的特殊性或某一课程模式的特殊性。

3. 关于幼儿园课程的设计框架。我们借鉴英国惠勒的课程设计思想,结合自己的实践,形成了包括确定培养目标、选择教育内容、组织学习活动、评价教育效果四个方面的课程设计框架。

4. 关于幼儿园课程的模式。根据某种理解(或几种理论综合成一种指导思想)来处理课程结构各部分之间的多种关系,使之成为一个协调的总体来发挥整体教育功能,这就形成一种课程模式。

## 二

经过几年来的不懈探索,多种模式的课程正在我国兴起。这种趋势有如下特点。

1. 呈现出由传统型课程向发展型课程方向前进的趋势。我国幼儿园现行的课程基本上属于传统型课程,它着眼于幼儿掌握知识和技能的多少,偏重考虑成人和社会的要求,以教师为中心,靠注入式的灌输进行教育、教学。发展型课程则以促进幼儿各方面的协调发展作为课程的目标,注意幼儿的个别差异,重视幼儿的教育环境,重视教师与幼儿的相互作用及教师与幼儿的平等关系,让幼儿在活动中得到发展,尊重幼儿的自主性和个性,尊重幼儿的基本需要,重视发挥教师间接的潜在作用。近几年来,正在进行的各种课程的实验研究,均以“发展观”指导改革,即把幼儿视为发展中的个体,教育促进其向高一层次的发展;幼儿处于主体地位,教师起主导作用;通过活动,幼儿在与环境、材料、人物的交互作用中发展。改变重知识轻能力,重教师轻幼儿,重群体轻个体,重教轻学等传统观念和做法。可以说,向幼儿发展型课程过渡乃是一种世界趋势。



2. 单一的课程模式已受到多种课程模式的冲击。幼儿园分科教学这一传统、单一的课程模式再也不能一统我国幼儿园的天下。我们正在对多种课程模式进行尝试和实验研究。已出现了综合教育课程、活动教育课程、发展能力课程、整体教育课程、游戏课程、农村学前一年课程，等等。如综合教育课程针对分科教学对各科之间的关系和联系缺乏研究，对幼儿园教育内容和过程缺乏整体性思考等弊病，实行三个方面的综合（即教育内容、手段、过程的综合）和三个层次的综合（即主题活动、一日活动、个别活动的综合），把各教育因素组成一个有机整体，以发挥教育的整体效应。活动教育课程针对重知识技能的传授、轻幼儿发展和重教师安排、轻幼儿自主活动等弊病，通过活动区教育、小组活动教育、集体活动教育，采用“幼儿在前、教师在后”的方法，使教育过程成为不断了解幼儿、促进幼儿发展的动态过程，成为幼儿主动和教育环境相互作用获得经验与发展的过程。发展能力课程针对重知识传授、轻能力发展等弊病，确定以发展幼儿的基本能力（包括认识能力和社会行为能力）为其目标，科目设置方面，将语言和常识紧密结合，计算的数概念训练结合其他活动进行，数的组成与加减运算安排在最后一学期，体育则保证每天都有一定时间，等等。此外，有的整体教育课程则将主题与活动区、主题与分科结合起来，构成纵有系统、横有联系的一个有机网络。以上所列举的课程模式虽然各异，但都在整体观的指导下进行，即把幼儿本身当作身心统一的整体，幼儿班级是一个整体，幼儿与教师也是一个整体，教育的内容、方法、手段是一个整体，幼儿在园的一日活动更是一个整体。注意充分发挥教育过程的整体功能，使幼儿在同一过程中得到多方面的发展。我国幅员辽阔，经济、文化发展极不平衡，一种课程模式不可能适应全中国，特别是农村地区、贫困和边远地区、少数民族地区更急需适合各自条件和情况的课程。农村学前一年课程正是为适应这种需要，针对小学化和城市化的弊病而设计的一套富有幼教化、学前性和农村化、地方性特色的课程。

3. 幼儿园课程改革初步成果得到了有关方面的肯定。南京师范大学和南京市实验幼儿园合作进行的“幼儿园综合教育结构”，1986 年被中国教育学会肯定为当前我国普教改革方面的四大模式之一（其他三个模式是中、小学方面的）；上海市长宁区“幼儿园综合性主题教育”实验研究，1988 年获中小（幼）教学改革金钥匙奖。其他不少课题组的课程改革成果获得省、市优秀成果一等奖。

## 三

我国幼儿园课程结构改革刚刚起步，任重而道远，迫切需要解决以下几个问题：

1. 理论。许多课程理论问题才开始探索，尚模糊不清，必须加强理论学习，进一步弄清概念，更新观念，明确改革的指导思想。

2. 队伍。许多实际工作者跃跃欲试，但不知从何下手。因此必须加强理论工作者和实际工作者的密切配合，各地的高师（教院）、幼师（进修学校）和教研、科研人员与幼儿园教师应紧密结合，各自发挥优势，形成一个个实验研究的合作群体。

3. 模式。大多数幼儿园仍实行分科教学，应该鼓励提倡模式的多样性。但必须因地、因园、因人制宜，根据需要与可能，决定采用何种课程模式，切忌一窝蜂、一律化。改革可从整体入手，或从分科入手，也可设计微型课程着重解决某一方面的问题。

4. 评估。现在运用的一些评估方法，既费时费力又不尽科学。亟待找到简便易行而又科学的评估手段，以界定各模式，并验证其适应性和可行性。

1990年6月第三届理事会决定今后五年继续进行课程改革的研究，但将课题组更名为“幼儿园教育整体改革”。望幼教界的有志之士积极参加和支持这项研究。

原载《早期教育》1990年第11期

# 《幼儿园课程指导》的编写背景及使用说明

## 《幼儿园课程指导》的编写背景

关于课程的问题，施良方在《课程理论》一书中认为："任何教育过程都涉及知识、技能、能力、态度或情感等方面的因素，即都涉及'教什么'的问题。从这个意义上说，课程问题是教育上的一个永恒的课题。"为此，古今中外的教育论著中，莫不提及课程。面临21世纪的挑战，我国的教育在现代化进程中，正从应试教育向素质教育转轨，其关键就在于课程改革，就是要努力构建适合素质教育要求的课程体系。从这个角度来看，课程又成了当前教育改革的热门话题。幼儿园课程同样既是幼儿教育范畴中的永恒课题，也是世纪之交的热门话题。这部分将探讨幼儿园课程的价值、幼儿园课程的改革，并简述《幼儿园课程指导》丛书（以下简称为《课程指导》）的由来和结构特点。



### 一、幼儿园课程的价值

（一）幼儿园课程的内涵

我们怎样理解课程呢？

对课程的界定，历来众说纷纭。大致可以归纳为两种：一种将课程理解为教学科目、教材或学科的总和。例如：陈侠在《课程论》一书里，总结我国对课程的一般性理解："课程可以理解为为了实现各级学校的教育目标而规定的教学科目及其目的、内容、范围、分量和进程的总和。"另一种将课程理解为学习者在学校环境中获得的全部经验或指学生在教师指导下开展各种活动的总和。这种对课程的广义理解，使课程不仅包括课堂内各科目的教学，也包括课外的活动；不仅单指明显的、正式的、有形的课程，也泛指隐蔽的、非正式的、无形的课程（物质设备和精神风貌），即通常所说的潜课程。

又该怎样理解幼儿园的课程呢？

我国古代虽无幼儿园，但对学前期的幼儿学什么却早有说法，如《礼记·内则》中曾记载："子能食食，教以右手。能言，男唯女俞，男鞶革，女鞶丝。六年，教之数与方名。七年，男女不同席，不共食。八年，出入门户及即席饮食，必后长者，始教之让。九年，教之数日。十年，出就外傅……"意思是说，当幼儿能自己吃饭时，就教他用右手进食。当幼儿能讲话时，要教男孩用果断、刚毅的声音应答，女孩则用柔婉的声音应答。在服饰方面，男孩佩革衣带，女孩则佩丝衣带。孩子长到6岁时，便教他数数，认识东西南北的方位名称。7岁时，男女不可同席而坐，也不可在一起进餐。8岁时，开始教导幼儿在出入门户以及到席前吃饭时必须礼让长者。9岁时，教会幼儿推算日期。10岁时，儿童开始进入学校求学，学前教育结束。从上可见，当时的学前教育内容是贴近幼儿日常生活的，涵盖了生活自理能力和日常礼仪的训练，又有初步文化知识的启蒙，并顾及了幼儿身心发展的水平，随年龄的增长而逐步提高要求。此外，已出现了男女分野。



在近现代，我国幼教界的前辈们将幼稚园课程定义为"幼稚生在幼稚园一切之活动……其范围包括一切教材、科目、幼稚生之活动"，或为"给3足岁到6足岁的孩子能够做而且欢喜做的经验的预备"，是"适应生长的有价值的材料"。在1932年颁布的我国第一个《幼稚园课程标准》里，课程范围既包括音乐、故事和儿歌、社会和常识、工作、游戏，也包括餐点、静息，共7个方面。

80年代以来，随着对幼儿园课程研究的逐步深入，出现了不尽一致的幼儿园课程定义。有的定义为"幼儿园整体教育或某一科目教学的教学内容、教学时间、过程安排等"，有的定义则为"幼儿园为幼儿所安排的一切活动"或"幼儿在幼儿园安排下所经历的一切经验"。可见，这些定义基本上也是对课程的狭义和广义两种理解。

南京师大研究幼儿园课程的学者对幼儿园课程的含义作过这样的表述:幼儿园课程是为幼儿精心选择和组织的学习经验。所谓经验,是指由实践得来的知识和技能,包括客观存在于幼儿之外的知识和幼儿主观自身内在的要素,两者必须通过主客体相互作用才能内化为幼儿具有的经验。为此,我们可以从以下几个层面来理解幼儿园的课程:

1. 幼儿必须通过活动,才能获得经验,学前期应以获得直接经验为主。从这个层面来看,幼儿园课程是幼儿园进行的各种活动的总和。

2. 幼儿习得的经验应是经过精选的、有价值的经验,而不是零散、杂乱的自然经验。从这个层面上来看,幼儿园课程是有目的、有计划、有组织的学习经验。

3. 教育、教学方案必须经过实施才能产生教育效应。诚如建造房屋一样,第一要有图纸,第二要按图纸施工,最后要经检验合格,才能交付使用。从这个层面上来看,幼儿园课程是由教育目标、教育内容、教育组织和教育评价组成的系统工程,并始终处于持续发展的过程之中。

(二) 幼儿园课程的价值

在理解幼儿园课程内涵的基础上,我们来探讨幼儿园课程的价值,即课程的作用。幼儿园课程是实现教育目标的手段,在教育理论与教育实践之间架起了一座桥梁,在教育目标向儿童发展的转化过程中起中介作用。这是幼儿园课程的核心价值之所在(如下图所示)。

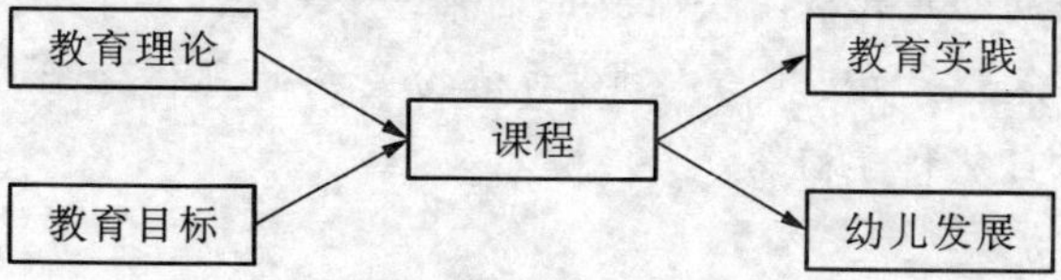


**幼儿园课程价值示意图**

首先,教育理论、教育思想怎样才能转化为教师可操作的实践活动呢?

例如,通过课程的中介作用,社会生态观念可以用于指导教师进行小班入园或大班入学前教育。依据人类发展生态学观点,人类的生存和发展总是在人类和环境的相互作用中实现的,人类赖以生存的环境就是生态环境,它包括自然的和社会的。据此,我们应重视社会生态环境的变化对幼儿发展的影响,包括幼儿从家庭到托儿所、幼儿园,再到小学的生态变迁,并充分利用每一次的生态变迁来促进幼儿向高一级水平发展。在这种观念的指导下,幼儿园要特别重视小班入园教育和大班入学前教育。刚入园时的课程,应围绕生态环境中的微观系统即直接生活环境(家庭、幼儿园)和中间系统即几个直接环境之间的相互联系(家庭⇌幼儿园),开展一系列的活动,使幼儿能从家庭中作为子女的角色,逐渐转化为在幼儿园作为小朋友的角色。如通过"我上幼儿园啦"、"游园"、"我班上的老师"等活动,引导幼儿逐步熟悉幼儿园的环境,使幼儿知道自己是幼儿园的小朋友,学习如何控制自己、如何与园内的同伴和成人友好相处等,从而使幼儿能逐步适应集体生活。从不适应到适应,就是幼儿得到发展的一个具体表现。以上教育观念转化为教育实践的典型实例,可使人们认识到,教育观念只有通过课程这个载体,才能转化为教师可操作的实践活动。



其次,教育目标又如何落实到儿童身上促进儿童的发展呢?

例如,科学领域分类目标中"科学知识"部分有一条目标是:

帮助幼儿获取有关常见的自然现象(包括季节、气象、理化等自然现象)及其与人类、动植物关系的具体经验或形成初级的自然科学概念。

此条目标在各年龄段呈逐步递进的趋势:

引导幼儿观察周围自然现象的明显特征,并获取粗浅的

科学经验；（小班）

帮助幼儿了解四季的特征及其与人们生活的关系，观察简单的理化现象，获取感性经验；（中班）

帮助幼儿获取有关季节与人类、动植物、环境等关系的感性经验，形成春、夏、秋、冬四季的初步概念，探索周围生活中常见的理化现象，获取有关的科学经验。（大班）

以中班为例，通过“晶莹的露水珠”、“秋游”、“各种各样的风”、“巨大的火球——太阳”、“冬天里的运动”、“明亮的光”、“春游”、“大自然的声音”、“夏天的雷雨”、“找空气”等基本教育活动来实现有关“自然现象”的目标。

从以上可见，教育目标必须通过课程的实施，才可能落实到儿童身上或转化为儿童自身的学习经验，从而促进其发展；否则，教育目标将会落空。所以，有人把课程比喻为教育的心脏，认为课程改革会起到“牵一发而动全身”的作用。



正因为课程具有如此重要的价值，我们出版《课程指导》，就是为进一步贯彻、落实《幼儿园工作规程》，提供一套可资参考和运用的课程。

## 二、幼儿园课程的改革

我国幼儿园课程的改革历程可以追溯到本世纪的二三十年代，以陈鹤琴、张雪门、陶行知、张宗麟为代表的幼教前辈们，为构建中国化、科学化的幼儿园课程进行了一系列实验研究，创立了以活动课程为基础并各具特色的课程——中心制课程（即单元教学）、行为课程、生活教育课程、社会化课程，等等。教育部于 30 年代初颁布了全国统一的《幼稚园课程标准》。这第一次课程改革一直延续到 40 年代末。

第二次课程改革自 50 年代起直到 70 年代，借鉴了前苏联幼教理论和经验，全国一律实施以学科课程为基础的分科教学。教育部于 50 年代初颁布了《幼儿园暂行教学纲要》。其全面发展的教育思想及按年龄班分科编制和实施教育、教学内容的经验，影响深广久远，直至今日。

第三次课程改革始于80年代初。教育部于1981年颁布了《幼儿园教育纲要》，这对拨乱反正、整顿教学秩序、保证教育教学质量起着较大的作用。但由于传统教育观念的影响和幼教师资队伍的混杂，幼儿教育普遍存在重智育轻德育和体育、重教师教轻幼儿学、重上课轻游戏等倾向，尤为严重的是出现了按人分科教学的现象，这就加剧了学科分离，致使分科教学畸形发展。值此，幼儿园课程改革成为当务之急。本次课程改革针对学科分离，偏重认知、忽视情意教育，从课程内容到设计缺乏开放性和弹性以及主体性受到压制等弊端，进行了以培养完整儿童为目标、以改革课程单一模式为重点的探索和研究，方向是对头的，思想是活跃的，致使当前幼儿园的课程呈现出多元化的势态。

1. 涌现了多种整体课程模式



典型的课程模式有三种：学科中心课程、活动中心课程和核心课程。

(1) 学科中心课程

又称分科课程。学科中心课程注重系统文化科学知识的传授，强调科学性、连贯性和系统性；以上课为主要形式，能保证教学质量和人才培养的规格。但易导致三中心（书本中心、课堂中心、教师中心），易忽视各科之间的联系，不大适宜幼儿园。

(2) 活动中心课程

又称活动课程。活动中心课程以幼儿为中心，注重幼儿自身获得的经验，打破学科界限，强调从幼儿的兴趣和需要出发，在幼儿日常生活和经验中学习；以活动为主要形式，生动活泼、多变，有利于发展幼儿的各种能力。但随意性强，传授的知识不够系统。此类课程除幼儿园外，普通学校不宜经常采用。

(3) 核心课程

又称轮形课程。核心课程主张以人类基本活动为主题而编制课程，既不主张以学科为中心，也不主张以幼儿为中心，而是主张以社会为中心；打破学科界限，以幼儿活动为组织教育、教学的基本形式，由教师按社会需要决定一定时期内所有学习活动围绕一个中心，由近及远，逐步扩展。

10 多年来，我国已形成了多种课程模式的格局，较有影响的有如下几种：

(1) 综合教育课程

综合教育课程针对以往分科教学中知识各自为政、相互脱节或相互重叠，对各科之间的关系和联系缺乏研究，对教育目标、教育内容和教育过程缺乏整体性思考等弊病，实行三个方面（内容、手段、过程）的综合和三个层次（主题活动、一日活动、个别活动）的综合，从而打破了分科界限，把各科教育组成一个有机整体，以发挥教育的整体效应，并努力保持各科的系统性和相互联系。

(2) 活动教育课程

活动教育课程针对重知识技能的传授轻幼儿能力的发展，重教师安排轻幼儿自主活动，重看、听、说、模仿与练习的方法轻幼儿直接与环境、材料相互作用等弊病，通过活动区教育、小组活动教育、集体活动教育，并采用“幼儿在前、教师在后”的方法，使幼教过程成为不断了解幼儿、促进幼儿发展的动态过程。

(3) 发展能力课程

发展能力课程针对重知识传授轻能力发展等弊病，确定以发展幼儿的基本能力——基本能力包括认识能力（感知运动、思维、语言能力）和社会行为能力（自我意识、群体意识等）——为目标，既注意能力中的智力因素，也注意到能力中的社会因素，从一个人发展和生存的需要角度作整体思考。活动形式方面，第一年以自由分散活动为主；第二年转向有组织的集体活动；第三年则让幼儿参与更多有规则的集体活动。

(4) 素质教育课程

素质教育课程针对应试教育影响下产生的重传授知识轻行为习

惯养成、重技能培训轻育人、重课堂教学轻游戏和生活教育、重教材灌输轻智能培养等现象，以"为幼儿奠定良好素质基础……使幼儿获得体智德美的全面发展"为最终目的。其素质的基本内容包括体质类，与体质有关的习惯和能力类，智能类和品德类的素质。所试用的是学科课程、活动课程、核心课程相互结合的"三合一模式"，汇集三类课程各自的特色而成。

2. 课程结构的多样化趋势

课程结构指课程各部分的组织和配合，即探讨课程各组成部分如何有机地联系在一起的问题，也就是通常所说的板块问题。多样化的课程结构有如下几种：

(1) 面向21世纪基础教育课程

该课程由国家教委基础教育课程教材研究中心设计。该课程确定的总目标是：



> 初步具有母语和简单英语词汇的听说能力，逐步学会运用双语进行思维；
>
> 养成良好的生活、卫生习惯，会使用简单的生活用具，掌握初步的生活技能；
>
> 通过开展适合幼儿的科学、艺术活动和游戏，培养他们多方面的兴趣与爱好以及对美的感受能力；
>
> 教育幼儿学会与同伴相处、帮助和关心小朋友。

其幼儿教育课程由双语课程、生活课程和活动课程三块构成。

> 双语课程：初步具有母语和英语的听说能力，初步学会使用母语和英语进行直接思维和交际。
>
> 生活课程：学会在衣、食、住、行方面的生活自理能力和卫生习惯，初步养成良好的生活习惯与行为仪表，在生活实践中，提高动手的操作能力，促进各部位的协调发展。

活动课程：通过科学启蒙活动，了解周围的自然环境，促进眼、耳、鼻、舌、身感官的发展，提高感知世界的能力；通过艺术游戏活动，提高幼儿对美的感受能力，进行美的熏陶，为形成良好的文化素养打好基础。

(2) 情感教育课程

该课程由上海市宝山区情感教育课程研究课题组设计并实施。其宗旨是使情感教育课程化，以发展幼儿积极情感和情感能力为主要目标。它是从属于幼儿园总课程中的一个子课程，其课程框架如下图所示。

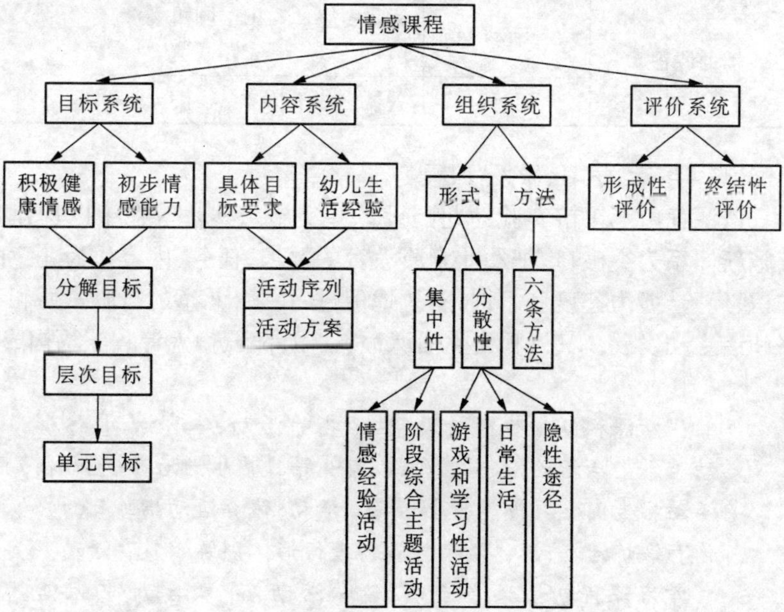


**情感课程的框架**

(3) 游戏课程

该课程由上海市南京西路幼儿园游戏课程课题组设计并实施。

其宗旨是幼儿在幼儿园以游戏为基本活动，教师以游戏为主要教育手段。游戏课程培养“健康、文明、会玩、有爱心”的身心全面和谐发展的人。其课程结构如下表所示。

**游戏课程的结构**

| 课程结构 | 类别 | 课程名称 |
|---|---|---|
| 主要课程 | 游戏 | 角色游戏<br>体育游戏<br>智力游戏<br>结构造型游戏<br>音乐表演游戏 |
| 辅助课程 | 活动 | 远足考察　山羊剧团<br>节日活动　家园联谊 |
|  | 生活 | 餐饮　午睡　盥洗 |



(4)“生活、学习、做人”课程

该课程由无锡市实验幼儿园设计并实施。其宗旨在于以构建和实施新体系为突破口，把幼儿素质教育的要求、任务、内容化为儿童的知识、经验、能力态度和习惯，有效地促进每一个儿童的身心素质和人格和谐主动发展。其课程由生活课程、学习课程、做人课程三块构成。

生活课程包括生活活动、生活指导活动、体育活动、体形活动等。生活活动指进餐、午睡、盥洗等日常生活活动；生活指导活动指专门学习技能的生活教育活动；体育活动指每天的户外体育锻炼活动；形体活动指专门进行形体训练的教育活动。

学习课程包括语言活动、数学活动、科学活动、艺术活动，其中，艺术活动包括音乐活动和美术活动。

做人课程包括交往礼仪活动、品行辅导活动、社会实践活动等。交往礼仪活动是有目的地学习文明规范的交往礼仪的教育活动；品行辅导活动是对幼儿进行个人道德教育和良好个性培养的主题教育活动；社会实践活动是指让幼儿走出园门，将在“交往礼仪”和“品行辅导”活动中学习到的文明交往的礼仪和良好的品德行为到商店、工厂、农村、部队……大社会中实际运用的实践活动。

## 三、《幼儿园课程指导》编写综述

### （一）《幼儿园课程指导》的由来

南京师大的有关学者一直致力于幼儿园课程的研究，近10多年来已迈出了几大步。第一步在70年代末，为适应幼儿园教改的需要，从开发幼儿的潜能出发，从更新教育教学的内容和方法入手，对各科教学进行了初步的梳理。1982年出版的《幼儿园教材教法》就是这一阶段的研究成果。第二步在80年代初，针对幼儿园教育实践中各科之间相互重叠或彼此割裂的现象较为严重这一弊端，从单科课程的研究扩展到了进行综合教育、活动教育等整体课程的理论和实践研究。第三步在80年代后期，又从城市幼儿园教育研究扩展到农村幼儿园教育研究。教育科学出版社出版的《农村学前一年综合教育课程设计》便是此阶段的研究成果。第四步在80年代末。1989年10月，南京师大承办了第一次在我国召开的国际幼教研讨会，该会的中心论题就是幼儿园课程改革。大会5个特邀报告中就有赵寄石教授作的《幼儿园课程研究的回顾与展望》；大会代表所参观的南京市实验幼儿园、鼓楼幼儿园、江宁县陶吴镇昝缪村幼儿园等均是课程研究的基地；会上宣读的60篇论文中，南京师大教师撰写的论文占了四分之一。这次国际研讨会全面展示了他们10年来课程理论和实践研究的成果。第五步在90年代初，我国发布了《九十年代中国儿童发展规划纲要》后，他们不仅研究正规幼儿园的课程，也开始研究非正规幼教机构的课程；不仅关注、探索正常幼儿的课程，也开始研究非正常幼儿的课程。1996年6月由南京师大主持召开的学前儿童一体化教育国际会议，就是此阶段研究成果的体现。与此同时，他们对各科教育、教学的研究始终没有停步，正向纵深发展。值此，他们总结、整理了已有课程研究的成果，编写了这套《幼儿园课程指导》丛书，奉献给广大幼教工作者，一方面适应世纪之交广大幼儿园课程改革的需要；另一方面，也是他们自身课程研究的需要，以期将具有南京师大特色的课程持续发展下去，为建立我国幼儿园课程的理论和实践体系作出新贡献。

(二)《幼儿园课程指导》的结构特点

展现在大家面前的是一套什么样的课程呢？

1.《课程指导》由五个领域构成

这是借鉴国外课程研究成果和继承我国课程发展历史经验以及参考目前我国幼儿园课程改革研究的成功经验的结果。

(1) 借鉴国外的研究成果

虽然不同国家、不同文化背景下的幼儿园教育存在许多差异，但国外的许多先进的幼儿园教育思想和教育方法值得借鉴。例如，早在1956年，日本幼儿园课程就从“项目”时代进入“领域”时代，并由六个领域(健康、社会、自然、言语、音乐、绘画制作)发展为现行的五个领域(健康、语言、表达、人际关系、环境)，其出发点是为了与小学的学科教学相区别，使课程能与幼儿的生活更贴近。



(2) 继承我国课程发展的历史经验

如前所述，我国幼儿园课程发展历史上有许多思想在现在看来仍有其存在的价值。例如，陈鹤琴在40年代就指出，幼稚园的课程全部包括在五指活动中。

> 健康活动，包括饮食、睡眠、早操、游戏、户外活动、散步等；
>
> 社会活动，包括朝夕会、周会、纪念日集会、每天的谈话及政治常识等；
>
> 科学活动，包括栽培植物、饲养动物、研究自然、认识环境等；
>
> 艺术活动，包括音乐(唱歌、节奏、欣赏)、图画、手工等；
>
> 语文活动，包括故事、儿歌、谜语、读法等。

他指出，五指“是生长在儿童的手掌上的……是指要注意儿童心理发展，但是不脱离社会实际，领导儿童作合理的活动，予以适当的教养”。他还指出，“五指，是活的，可以伸缩，互相联系……课程是整个的、连贯的。依据儿童心身的发展，五指活动在儿童生活中结成一个教育的网，有组织、有系统、合理地编织在儿童的生活上。”《课程指导》中的五大领域与陈鹤琴的五指活动仅一字之差。

(3) 参考目前国内幼儿园课程研究的成功经验

近10年来，随着我国幼儿园课程改革的深入，涌现出大量的有关幼儿园课程结构的理论和实践研究成果。例如，华东师大李季湄同志研究认为，原六科（音、体、美、语、计、常）结构容量小，负载能力差，限制了新知识的大量引入；同时，六科结构的学科界限明显，相互渗透难，难以孕育新的学科生长点。为此，开辟容量大、综合性强、时代感强的新课程已经势在必行。她构想的课程由体育保健课程、科学课程、环境课程、人际关系课程组成，每一方面的课程本身即为跨学科的综合领域而不是单一学科。

又如，由北京师大幼教专家在研究的基础上编写的《幼儿园教育活动》丛书将幼儿园教育活动划分为“自然、社会、语言、艺术、健康”五个领域，“这一做法出自儿童是在与周围环境相互作用中发展起来的基本观点，认为环境中可构成幼儿活动内容的事物大致可分为五类”。

《课程指导》整合了上述的诸多观点，将幼儿园课程内容划为五大领域——健康、社会、科学、艺术、语言，旨在淡化学科分离、强化整体联系。

2.《课程指导》呈现的是幼儿园课程的框架结构

《课程指导》提供的是一种幼儿园课程的框架结构而不是某一种课程模式，亦即提供了一种思路和资源，而不是既定的程式，因此决不能视本套课程为分科教材。虽然《课程指导》在编写体例上是分领域逐块开展的，但幼儿园在设计和实施课程时，不能完全按照该丛书上提供的五个领域进行分科教学，而应因地、因园、因班制宜，按分科或活动或综合课程的要求有目的地选择各领域的内容，进行重新组合。

犹如该丛书提供了各种形状的积木，任人拼搭成各式造型。由于编写时间紧促，从纵向和横向两方面统筹兼顾各领域的要求、内容、进度还不够充分和有序，有机的网络结构有待进一步完善。

## 《幼儿园课程指导》的使用说明

《课程指导》不是拿来就可照本宣科的"死教材"，使用时一方面必须充分领会《课程指导》的精神实质，另一方面还要根据地情、园情、班情来选择《课程指导》中的内容，编制自己幼儿园的课程。这一部分将介绍《课程指导》的使用要点，并以实例作具体分析。

### 一、《幼儿园课程指导》使用要点

（一）掌握《课程指导》的精髓

由于《课程指导》包含了许多教育新观念、新方法，所以在使用《课程指导》之前，教师必须认真学习、研究《课程指导》的每一本书，了解其基本结构，掌握其基本精神，特别是对该套丛书的"总序"和每本书的"课程说明"必须有全面的了解。



首先，学习由丛书主编赵寄石教授撰写的"总序"。"总序"阐明了以整体观和发展观为核心的指导思想、构成丛书的五个课程领域、幼教整体课程及课程领域的基本结构、该课程所具有的动态性和灵活性等特点。

其次，了解各课程领域的基本结构及编写体例。每一领域均包括课程说明、教学活动计划安排建议表及教育活动设计。各幼儿园应该把握领域之间和每个领域各部分之间的关系，在掌握"课程说明"基本精神的基础上，参考"教学进度"和"活动设计"，建构本园的课程。

（二）总结本园、本班原有的课程

首先，研究、总结本园的原有课程，分析原有课程中的合理、成功之处和不足之处。

其次，对照《课程指导》，比较异同，保留原课程中合理、成功之处，吸取《课程指导》中的精华，建构本园的新课程。

（三）确定采用《课程指导》的合理方式

《课程指导》"总序"中指出采用本课程的方式可因园制宜、多种多样：全面实践验证、吸收创新、部分选用、模仿尝试等。下面介绍南京师大幼儿园和锡山市华庄镇中心幼儿园是如何选用、吸收、创新、改编《课程指导》的。

## 二、《幼儿园课程指导》使用举例

（一）南京师大幼儿园"分科课程"使用《课程指导》情况简析

南京师大幼儿园建构了一套以《课程指导》和该园分科教学的研究成果为基础，以学科教育为媒介的分科课程。该园在使用《课程指导》时，注意吸收了这套丛书中的新观念、新思想，并结合该园的实际，将五大领域转化为7门学科。《课程指导》的五大领域为语言、科学、艺术、健康、社会，该园的7门学科为语言、数学、科学、音乐、美术、体育、社会。该园的学科与《课程指导》的五大领域出入较大的是健康领域。考虑到该园的学科教育传统，他们将健康领域的"身体锻炼"列到体育中去，将健康中"身体保健"里适合于集体教学的内容列到科学中"人体科学"的内容中去，将不适合以集体教学形式、需经常练习和反复强化的生活卫生习惯归入一日生活常规中。同时，该园还对照《课程指导》，对原有课程进行了适当调整。 

首先，完善原有课程目标。

该园原有的分科教学目标仅仅局限于学到了什么、学会了什么。经过调整，现行目标包括三个方面：一是认知目标，即过去的知识技能目标；二是现在教学活动的目标重点，即学习能力、学习策略方面的目标，反映幼儿如何获得、掌握教学内容方面的目标；三是情感、态度、个性和社会性发展方面的目标，这条目标为幼儿将来更好地适应社会的需要做好心理准备。

其次，打破课堂教学为主，游戏、生活活动为辅的传统观念。

该园将集体活动与分散活动、正规教学活动与非正规教学活动等形式进行了有机结合，将五大领域7门学科的目标、内容渗透到幼儿园各项活动中去，充分发挥了教师的主导作用，加强了教师的教育意识，使幼儿获得更有效的发展。如“社会”这一新增的学科中，除社会环境和文化方面的内容以课堂及正规教学活动对幼儿进行教育外，社会行为规范、人际关系方面的目标和内容融进了幼儿的生活活动、游戏活动和全园性大活动中。这样，教师在幼儿参与的各类活动中均能注意把幼儿培养成为对社会有用的社会人，使幼儿在园内的每一个活动、每一个环节均渗透教育，使得现有的分科课程有了其新的生存价值。

现以“音乐”和“科学”两门学科为例，说明该园是如何创造性地使用《课程指导》的。

1. 音乐

该园的音乐教育从目标、组织形式到内容系统均与《课程指导·音乐》基本一致，但在某些细节上作了一定的调整。

(1) 目标的调整

《课程指导》的目标是发展目标，该园的音乐教育总目标、分领域目标为教育目标；《课程指导》中的目标较简单、概括性强，而该园的目标较具体、细致，阶段目标从认知、技能和能力、情感和态度三个角度给“歌唱”、“韵律活动”、“乐器演奏”和“欣赏”等四个块面制定出了较系统的目标；活动目标也更加具体，操作性更强。调整后的目标能够体现出音乐学科本身的系统性和幼儿发展的阶段性。



例如，该园将小班音乐活动“这是小兵”(欣赏)改为“大雨小雨”(打击乐)，其目标也作了调整(见下表)。

**目标对照表**

| 这是小兵(欣赏) | 大雨小雨(打击乐) |
|---|---|
| 引导幼儿感受进行曲的力度和均匀的节奏；<br>组织幼儿模仿创编解放军的动作；<br>培养幼儿乐意听音乐并随意做动作的习惯。 | 在学会歌曲《大雨小雨》的基础上，引导幼儿用摇铃鼓和敲小铃分别表现大雨、小雨的声音(强、弱)；<br>启发幼儿根据铃鼓、小铃不同的音色，选择匹配合适的乐器和演奏方法，为歌曲配伴奏；<br>指导幼儿看教师的手势进行演奏，享受用整齐的声音一起演奏的快乐。 |

该园的每一条目标都较具体，都能落实到幼儿的行为上，也能体现出如何通过音乐活动促进幼儿的全面、整体发展，并能从中看出音乐中打击乐演奏本身的系统性。从第一条目标就能看出这个活动是在歌唱活动“大雨小雨”后进行的，是活动的第二层次；从第二条目标能看出，这是幼儿第二次接触打击乐器铃鼓和小铃，在幼儿对这两种乐器的音色已有所了解的基础上，教师提出了选择、匹配乐器和演奏方法这一更深的、幼儿在教师的启发下才能达到的要求；从第三条目标可看出如何通过这个活动培养幼儿独立操作乐器的习惯及与同伴合作演奏的习惯。

(2) 时间安排的调整

在活动的安排上，由于该园对音乐教育有一定的研究基础，教师对教材较熟悉，故比《课程指导》多安排了近一倍的活动。进度为每周 2 个活动、每月 8 个活动(其中包括 1 次欣赏，1 次乐器演奏，2 次～3 次韵律活动)，其余为歌唱活动，保证了每一块面目标的连续性、系统性和音乐教育的全面性、完整性。内容选择上也未完全照搬《课程指导》，对其中的活动有的采用，有的替换，有的不用，在进度、周次安排上也有所调整。

例如，《课程指导》和该园在小班 10 月份的活动安排上就不完全相同(见下表)。

**小班 10 月份音乐活动进度对照表**

| 《课程指导》 | 南京师大幼儿园 |
| --- | --- |
| 歌唱《苹果》(该园提前至 9 月份)；<br>韵律活动“小鸟飞”(该园推迟至 11 月份)；<br>欣赏“大树妈妈”(该园提前至 9 月份)；<br>歌唱《摇呀摇》(该园正常进行)。 | 第一周：歌唱《大雨小雨》，打击乐“大雨小雨”；<br>第二周：歌唱《摇啊摇》，韵律活动“小老鼠上灯台”；<br>第三周：歌唱《大公鸡》，韵律活动“拉拉手”；<br>第四周：欣赏“幸福的拍手歌”，韵律活动“幸福拍手歌”。 |

该园10月份8个音乐活动中有3个是《课程指导》中的,“拉拉手”在《课程指导》中被安排在9月份,“大雨小雨”、“小老鼠上灯台”为传统音乐活动,“幸福拍手歌”为该园为了研究小班圆圈舞新创编的活动。

(3) 活动过程的调整

该园对《课程指导》的某些活动过程设计也进行了一定的修改。例如歌唱活动“摇啊摇”[原方案见《课程指导·艺术》(小班)第47页]的大概过程是“欣赏→教师提问歌曲性质→范唱→学唱→学念歌词→表演唱”,缺乏一定的艺术性。因此该园根据目标将过程调整为:

① 教师当妈妈,哄全班幼儿入睡,让幼儿在倾听、入睡过程中感受教师轻柔、连贯的声音,摇篮曲宁静、舒缓的曲调,帮助幼儿熟悉曲调、歌词。



② 在创设了安静氛围的基础上,出示摇篮和玩具娃娃,引发幼儿自己想当爸爸妈妈、哄娃娃睡觉的兴趣,幼儿跟随教师哄娃娃睡觉。

③ 启发幼儿探索新的哄娃娃睡觉的动作,鼓励幼儿将创编的动作大胆表演给全班幼儿看,并让大家跟着边做动作边唱歌哄娃娃睡觉。

④ 组织全班幼儿大胆创编更多的哄娃娃睡觉的动作,用小椅子当摇篮进行歌唱表演。

幼儿在整体过程中自始至终沉浸在安静、柔和的情境中,幼儿的情感更加投入。

现在分科教育中的音乐教育不仅仅是简单的教歌、教舞、拍节奏,更多的是通过集体音乐活动促进幼儿在活动过程中得到全面、整体的发展,使他们成为一个完整的人。因此教师在音乐活动中较重视幼儿之间的交往、师生之间的交流、幼儿对活动本身的态度和兴趣、幼儿在集体音乐活动中的规则意识，而不是幼儿会唱了几首歌、会跳了几个舞。这是因为只要幼儿对音乐活动有了兴趣，磁带、电视及生活中的一切资源无需教师教，便已成为幼儿主动去学的教材；幼儿学习方法的掌握，学习能力的提高，情感、态度、个性、社会性的协调更重要。只有这样，才能体现出素质教育的真正目的。

2. 科学

该园的科学教育活动在有关专家的直接指导下，吸收了原来常识教育的种种优点，并吸收了新的科学教育的理论思想，在教学实践中不断总结，形成了一个科学教育活动体系。

该园的科学教育基本上采用了《课程指导》提供的体系，同时也根据该园的实际对其中的部分内容进行了调整。

(1) 修改目标

该园科学教育总目标是：

> 帮助幼儿获取自然界、社会生活环境以及人体的有关经验和概念，了解它们的变化及其相互关系；
>
> 帮助幼儿学习探索周围世界的方法和学科学的方法，发展幼儿智力，培养幼儿解决问题的能力和动手操作能力；
>
> 激发幼儿探索周围世界的好奇心和兴趣，萌发幼儿爱的情感和自觉遵守社会规范的意识，引起幼儿体验在科学活动中与同伴分享、合作、谦让、互助的快乐。

该园制定的总目标是在《课程指导》的基础上，将生态教育的内容融入其中，让幼儿更注重事物之间的相互作用及联系。

分类目标包括自然和人体两部分的目标，它比《课程指导》多了“人体”部分(《课程指导·健康》中部分内容)的目标。有关“人体”部分的分类目标仍从认知、能力、情感和态度三方面来制定，帮助幼儿认识自身器官功能，学会自我保护的技能和方法，养成良好的生活习惯，等等。

在具体活动目标的制定上，该园更注意明确而又具体地提出认知、能力和情感等方面的目标。认知目标，即知识、技能，也就是教师帮助幼儿掌握哪些知识点；能力目标，即认知策略目标，也就是幼儿用什么方法、怎样掌握知识、获得哪些能力；情感、态度目标，也就是在情感、态度和社会性等方面，幼儿应得到什么程度的发展。

例如，他们将“我们吃植物的哪一部分”（又名“秋天的蔬菜”）的活动目标定为：

帮助幼儿了解秋天常见的几种蔬菜的名称、特征，知道人们食用它们的不同部位；

教会幼儿在观察、比较中，学习按不同的食用部位给蔬菜进行分类的方法；

教育幼儿不挑食，爱吃每一样蔬菜。



其中，第一个目标是认知目标，知识点为“知道人们食用蔬菜的不同部位”，第二个目标为认知策略目标，即“学会用观察、比较的方法按不同的食用部位进行分类”，第三个目标为情感目标，旨在“教育幼儿养成不挑食的饮食习惯”。

另外，该园还对《课程指导》提供的部分活动目标进行修改。下表列举的是该园对活动“多种多样的茎”目标的调整情况。

**“多种多样的茎”活动目标对照表**

| 《课程指导》 | 南京师大幼儿园 |
| --- | --- |
| 让幼儿知道植物都有茎，茎是多种多样的；<br>激发幼儿探索植物的兴趣；<br>使幼儿了解茎具有运输水分和养料的作用。 | 帮助幼儿了解植物都有茎，茎是多种多样的，使他们知道茎具有运输水分和养料的作用；<br>教师通过讲解和演示试验，使幼儿由浅入深地了解茎的多样性和茎的作用；<br>使幼儿学会在小组内商量推举代表发言。 |

(2) 修改活动时间安排顺序

在活动安排上，该园以季节为主线，没有按《课程指导》提供的进度，而是有目的、有针对性地选择其中的活动，完全打乱了《课程指导》中活动的前后顺序。例如，“丰收的季节”在《课程指导》中为大班第4周的活动，该园将之安排在第7周；“有趣的叶子”在《课程指导》中为第8周的内容，该园把它安排在第10周的科学活动中。（该园和《课程指导》在10月份科学活动安排上存在的差异见下表）

**大班10月份科学活动安排对照表**

| 《课程指导》 | 南京师大幼儿园 |
|---|---|
| 我们喜欢新鲜空气；<br>会转的陀螺；<br>蓝色的湖；<br>草原上的动物；<br>有用的纸；<br>河塘里的植物；<br>智力游戏——丰收和秋天；<br>有趣的叶子。 | 多种多样的茎；<br>我们吃植物的哪一部分；<br>秋游；<br>丰收的季节；<br>山和森林；<br>平原和沙漠；<br>长江、黄河；<br>海洋和岛屿；<br>观察桂花；<br>食物的旅行；<br>漂亮的银杏；<br>小肚子提意见。 |

(3) 修改活动过程

该园对《课程指导》中部分活动过程的修改主要表现在对活动组织方法、提问的方式等细节上的调整，使修改后的活动过程更适合于该园幼儿的学习，更适合于教师操作。

例如，他们对“多种多样的茎”活动过程进行了较大的修改，降低了对幼儿知识方面的目标要求，增加了让幼儿动手操作等环节，使每一步骤直接指向某一个或几个目标(详见下表)。

"多种多样的茎"活动过程对照表

| 《课程指导》 | 南京师大幼儿园 |
| --- | --- |
| 参观植物园；<br>认识茎；<br>观察多种多样的茎；<br>进行实验，知道茎的作用；<br>小结植物茎的种类、特征及作用。 | 认识茎的多样性；<br>动手操作：茎的作用；<br>小组活动：寻找各种各样的茎；<br>延伸活动：你还知道哪些特殊的茎。 |

（二）锡山市华庄镇中心幼儿园使用《课程指导》情况简析（略）

原载《幼儿园课程实施指导丛书·总论》，南京师范大学出版社，1997 年 12 月

# 我国幼儿园课程体系的研究[①]

## 一、课题的提出

我国正处于社会主义现代化建设的一个重要时期。教育的现代化是我国现代化建设的一个重要组成部分，也是推动我国现代化建设向前迈进的重要力量。作为我国教育事业组成部分的幼儿教育的现代化，正日益受到全社会的重视和关心。幼儿园课程是落实《幼儿园工作规程》、实现促进幼儿身心和谐发展目的的最根本因素，在幼儿教育中占有特殊的地位。幼儿园课程的现代化是幼儿教育现代化的核心，深入探讨幼儿园课程体系是提高幼儿教育质量，提高21世纪人才素质的迫切要求，对于幼儿教育的现代化乃至整个教育现代化具有重要的意义。



幼儿园课程是实现幼儿园教育目的的手段，幼儿园课程设计和实施的效果直接关系到幼儿教育的质量，关系到幼儿的发展；幼儿园课程的改革和研究历来是幼儿教育改革和发展的突破口和核心点，关注幼儿园课程的研究也是当今世界幼儿园教育研究中的一个重要趋势。

改革开放以来，我国幼教界非常重视对幼儿园课程的研究，把幼儿园课程研究作为幼儿教育改革和发展的重要工作，并取得了可喜的成果，出现了一批质量较高的幼儿园课程研究方面的学术论文，形成了一些幼儿园课程方案。但总体而言，我国幼儿园课程的研究还是不够的，还基本上局限于教材教法方面的研究，真正对幼儿园课程本身

① 此文为唐淑主持的全国教育规划“九五”重点项目“我国幼儿园课程体系的研究”的研究报告的基本内容，合作者为虞永平等。

的研究，才刚刚起步。这主要表现在两个方面：

第一，在理论方面，仅仅注意引进我国中小学的课程理论，介绍国外的各种类型幼儿园课程，而未对我国幼儿园课程与中小学课程及国外的幼儿课程理论之间的本质差异进行深入的研究，对幼儿园课程理论中一些基本概念、基本命题及基本原理缺乏科学的界定和规范，对幼儿园课程实践中经验形态的成果缺乏理论提升，尚未建立一套系统的幼儿园课程体系，更没有形成一个完整的、能反映并指导我国幼儿园课程现实的理论体系。

第二，在实践方面，对幼儿园课程实践的研究，由于缺乏理论指导，系统性不够，也缺乏深度；课程实践的目标意识不强，较多地停留在课程方案架构方面，大多以某一具体的幼儿园为基础，出现了一些所谓的"课程模式"，如"综合主题教育课程"、"活动教育课程"、"单元教育课程"、"游戏课程"、"情感教育课程"等，但多集中在教育活动设计层面上的经验描述性研究上，而对幼儿园课程的普遍规律的探讨却很少。



西方发达国家幼儿园课程的实践和研究起步较早，我们应借鉴他们的有益经验，尤其要借鉴他们注重儿童发展、注重社会参与的传统。当然，由于社会历史和文化的差异、国情的不同，我们要批判地吸收他们的经验，不能盲目照搬照抄；应立足于建立既能反映世界幼儿教育新理论和技术，又具有中国特色的幼儿园课程体系。

## 二、研究的目的、内容和方法

### （一）目的

本课题研究从我国的国情出发，借鉴世界上幼儿园课程研究的思想和方法，不断探寻幼儿园课程中国化的道路，在幼儿园课程改革中不断自我肯定、自我完善。其最终目的是：1. 面向 21 世纪，建构一套比较完整的幼儿园课程理论体系，丰富我国幼儿教育基本理论，尤其在幼儿园课程理论方面。2. 探讨幼儿园课程的实践模式，为幼儿园提供科学、有效的课程方案和实施策略，直接指导全国各地幼儿园的课程实践和课程完善。

(二) 内容和方法

1. 内容

本课题是从建构理论体系和实践体系两个层面来开展研究的。幼儿教育理论体系的研究主要包括对幼儿园课程指导思想、基本结构和设计模式的探讨,幼儿园课程实践体系的研究则是对幼儿园课程实施的不同途径和类型、课程领域之间的不同综合方式等方面的探讨。

2. 方法

本课题研究以调查和行动研究为基本方法,综合运用观察、实验和个案分析等多种方法。研究分三个阶段实施。

第一阶段(1997.3—1997.8):理论研究包括制定总体研究方案、召开开题报告会、研讨幼儿园课程基本理论内容、研究现状、研讨幼儿园课程理论基础;实践研究包括征集确定科研点、培训科研点有关人员等。

第二阶段(1997.9—1999.7):理论研究包括研究幼儿园课程理论现状、研讨幼儿园课程的核心问题、研究幼儿园课程理论的基础、研究我国幼儿园课程理论的具体结构、研究各类幼儿园的课程结构与特点;实践研究包括研究幼儿园课程设计、研究幼儿园课程评价、举办有关幼儿园课程的设计实施与评价的培训班、指导科研点的科研工作。

第三阶段(1999.8—1999.12):全面总结阶段。

## 三、研究成果综述

(一) 初步建构了幼儿园课程的理论体系框架

1. 界定了幼儿园课程的概念

本课题在对我国幼儿园课程的历史考察和比较研究的基础上,给幼儿园课程作出明确的界定:幼儿园课程是有目的、有计划地组织和实施并贯穿于幼儿一日生活之中的经验,这种经验是幼儿园施加教育影响的一种中介,以引导和促进幼儿朝着社会所需要的人才的方向发展。这一定义既反映了一般课程的基本特征,如目的性、计划性、结构性等,也反映了幼儿园教育的独特性和不可代替性。独特性意味着某些教育任务和要求(如身体保育)是幼儿教育阶段所特有的,对幼儿的成长和发展是必需的;不可代替性意味着其他任何年龄阶段的教育功能、目标、内容及方法都不能直接移植到幼儿园教育上。具体来说,幼儿园课程的本质表现在以下几个方面:

第一,幼儿园课程的目标在于丰富幼儿的生活和学习经验,而不是系统传授成人世界现成的知识体系。

第二,幼儿园课程提供给幼儿的是经过精心选择和组织的供幼儿感知和体验的现实事物和事件,而不是供幼儿阅读的文字文本。因此,幼儿园课程需要从幼儿的日常生活环境出发选取内容,注重知识之间的相互联系,注重幼儿的经验。虽然也参照一定的学科知识体系,但不以严格的学科知识体系为组织逻辑。

第三,幼儿园课程的实施贯穿于幼儿园一日生活的各个环节,而不仅仅是在集体教学活动中进行的。幼儿园课程注重多形式的、幼儿积极主动参与的活动,尤其注重游戏在课程实施中的作用,注重幼儿与他人、环境等课程要素之间的相互作用,主张让幼儿在活动中学习。



作为经验的幼儿园课程,其本质是经过精心组织的一系列相互关联的活动,其价值主要体现在通过这些活动满足幼儿身心和谐发展的需要上。

2. 探讨了幼儿园课程的特质

(1) 幼儿园课程目标的全面性、启蒙性。学前教育是全面发展的教育,幼儿园课程是实现学前儿童全面发展目标的中介。因此,幼儿园课程必须以实现学前儿童在身体、认知、情感、个性、社会性等方面的全面、和谐发展为目标。学前儿童的全面发展与其他年龄段的学习者相比又有特殊之处。在学前儿童发展的诸方面中,身体的发展是首要的目标,因此,幼儿园课程应充分体现学前教育和保育相结合的精神,做到教育目标和保育目标的融合。在幼儿园课程中,应关注多方面的发展目标,不应不顾学前儿童的发展现实偏废发展目标。学前阶段是人生发展的重要阶段,也是人生启蒙的阶段;学前教育的目标是使幼儿在原有发展水平的基础上得到初步的身心锻炼和启迪,使幼儿在享有快乐童年的同时,身心得到与其发展水平相适宜的发展和提高。所以，幼儿园课程的目标应是启蒙性的，不宜追求过高的目标，尤其不应追求过高的认知目标。

(2) 幼儿园课程内容的生活性、浅显性。幼儿园课程是为学前儿童设计和组织实施的，学前儿童处在身心发展的特殊时期，儿童的思维是感性的、直观的，对于学前儿童来说，最有效的学习就是他们感兴趣的学习，最有效的学习内容就是他们可以感知的、具体形象的内容。这种学习内容主要源自儿童周围的现实生活。儿童周围的生活是丰富的、广泛的，生活中有大量的人、事、物和活动，生活中有大量的有利于儿童发展的时机，儿童在这些生活情境中，通过交往、参与、探究，获得知识，锻炼动作和技能，发展情感，形成个性。因此，幼儿园课程的内容与现实生活的距离越近，越能引发儿童的学习兴趣，儿童的学习也就越有效。当然，现实生活是多层次的、复杂的，生活中有有益的经验，也有无益的或有害的经验。因此，必须对生活进行"过滤"，才能使之成为课程内容。这些内容不应是以知识的逻辑组织起来的严格的学科，而应是以生活的逻辑组织起来的多样化的、感性化的、趣味化的活动。幼儿园课程的生活性还意味着幼儿园课程的内容并不是严格的学科知识的再现，课程内容是随着生活情境的变化而发生变化的，幼儿的兴趣是确定课程内容的重要依据。幼儿园课程的内容最具多样化。



(3) 幼儿园课程结构的整体性、综合性。既然幼儿园课程是以生活的逻辑加以组织的，是以儿童的兴趣为引导的，那么，幼儿园课程就至少不应只以成人确定的系统的学科加以组织。生活是整体的，生活不可能只反映人类知识体系中的某一部分而与其他部分无缘。生活中往往蕴藏了多方面的发展机遇和可能。所以，幼儿园课程不应把整体的生活拆散而追求将现实生活割裂的或与现实生活不一致的知识系统。从儿童的方面看，多个发展领域之间是相互联系、相互促进的，构成了一个有机的发展整体。所谓发展领域只是一种人为的划分，在现实的课程实施中，儿童是以"完整人"的形象出现的。因此，幼儿园课程的内容应是综合的，应尽可能地使不同的课程内容之间产生联系，以促进学前儿童的学习迁移。我们主张，让幼儿以完整的人的面貌面对完整的生活、有机的经验，不要把学科、领域这种人为划分知识的方式用以划分幼儿的经验，并以单一的经验作为学前儿童活动的起点。

(4) 幼儿园课程实施的活动性、经验性。幼儿园课程实施的特点是由学前儿童生理心理发展特点、学习的特点和幼儿园课程生活化的特点所决定的。学前儿童心理发展特点，尤其是学前儿童学习特点，决定了学前儿童学习的内容应是直观的、形象的，因此，学前儿童的学习一定要借助具体的情境、具体的事物，在参与、探索和交往的过程中学习。教师的语言传递不是学前儿童学习的主要方式，书本化的系统知识也不是学前儿童学习的主要内容，端坐静听是有悖学前儿童发展规律和学习特点的。因此幼儿园课程的实施，关键在于为儿童创设丰富的活动情境，创设有利于幼儿自发主动活动的氛围，为幼儿提供各种互动的机会，为幼儿提供与其发展相应的帮助。幼儿的心理特点和学习特点还决定了幼儿园课程的实施经常需要利用游戏的手段，游戏是幼儿园课程实施的重要途径。由于幼儿园课程是与学前儿童的生活联系在一起的，所以，幼儿园课程的实施必然的是情境性的、参与性的，与现实的一日生活紧密地联系在一起。儿童在现实情境中，通过操作、探究，通过教师的引导和帮助获得知识、体验。教师与幼儿之间的真诚对话、有效沟通，是幼儿园课程实施所不可缺少的。



3. 明确了幼儿园课程的指导思想

建构课程需要有明确的指导思想，我们从更新幼教观念入手，继承了我国幼教优秀遗产，引进了国内外先进的思想，并通过一线的幼教实践加以消化、吸收和融合，逐步形成了我们的课程指导思想。(1)科技社会观，即幼儿园的课程应当体现当代社会的科技发展现状，并适应这种发展的趋势。(2)整体发展观，即儿童的发展应该是一个整体，它包括身体的、认知的、情感的和行为的等方面的发展，幼儿园课程应以促进儿童的整体发展为最终目的。(3)整合教育观，即幼儿园课程给予幼儿的知识内容应当是整合的、相互联系的，而不是孤立的、毫无内在联系的。(4)活动教育观，即幼儿园课程实施的过程应当是幼儿自主地与周围环境之间相互作用的过程，即活动的过程。(5)素质教育观，即幼儿园课程最终实现的目标是提高幼儿的身体、科学、艺术等基本素质，为其一生的健康成长打下坚实的基础。

4. 完善了幼儿园课程的结构

我们在总结“八五”期间关于幼儿园课程研究成果的基础上，提出了幼儿园课程的两个层次结构。

(1) 幼儿园整体课程结构。幼儿园整体课程包括课程目标、课程领域、课程组织模式和课程评价几个要素。

幼儿园的课程目标是幼儿园保教目标落实到幼儿发展的中介，是指通过课程实施幼儿身心发展应达到的水平。幼儿园课程目标的制定主要依据三点：一是幼儿的需要和兴趣，身体、认知发展和情感形成，社会化过程与个性养成以及幼儿学习发生的条件等；二是一定社会的政治、经济和文化的发展对幼儿成长、发展提出的期望和要求；三是学科知识自身的逻辑结构以及学科学习对幼儿的成长、发展所起的作用。课程目标的制定是幼儿园课程编制的起点。

幼儿园课程领域是指课程内容涉及的学科知识的重新组合。幼儿园课程主要包括健康、社会、语言、科学和艺术五大领域。一个领域并不一定是一个学科，可能融合了两个或两个以上的学科。其中，科学领域包含了科学和数学两个学科，艺术领域包括音乐和美术，健康领域包括身体保健和身体锻炼两部分。

课程组织模式是课程内容编排的形式。对幼儿园而言，课程组织主要有分科、综合和有分有合三种模式。分科模式重视以学科为中心安排幼儿的活动，强调知识的分门别类，如将幼儿园的五大领域分解为七个学科组织教育教学活动。分科模式的各学科之间界限明确，逻辑性强，便于教师组织幼儿的系统学习，但其明显不足是忽视了幼儿学习知识的整体性和各学科之间的横向联系，不利于幼儿完整经验的获得和全面发展。综合模式强调将不同的学科按照一定的形式(如按主题、方案、问题等)有机地整合起来组织活动。该模式重视幼儿的实际认知水平和发展需要，强调学科之间的横向联系。但该模式中各学科知识纵向的系统性不强，幼儿仅能获得零散的知识；另外，部分综合有些牵强。有分有合模式即部分综合模式，是围绕一定的主题或问题将部分领域的内容进行整合，不能整合的学科特别是逻辑性很强的学科仍按该学科的自身发展顺序进行组织。这种模式并不一味强调综合，是否综合或哪些领域进行综合取决于活动的需要，从而引导幼儿获得关于某一经验的相关学科的知识。

课程评价是指对课程的价值判断和效果检测，既包括对课程目标制定、内容的选择和编排、实施模式决策等方面合理性的价值判断，也包括对课程组织实施过程及效果的评判。

（2）幼儿园领域课程结构。幼儿园领域课程包括领域目标、活动内容、活动组织和活动评价几个要素。

领域目标是指该领域可以促进幼儿发展方面的具体指标，是根据幼儿园整体课程目标和幼儿学习该领域的特点确定的。包含该领域的认知目标、情感目标和能力技能目标。



领域内容指该领域能进入幼儿园课程的知识。哪些领域知识能进入幼儿园课程，这些知识的编排顺序如何，并不取决于该领域知识自身的逻辑及其顺序，而是取决于幼儿的生活，因为幼儿生活的逻辑是具体的、现实的、经验的，生活能引发幼儿参与的兴趣和学习的愿望，生活的过程是幼儿发现问题、解决问题的过程，从幼儿生活中选取领域内容，按幼儿心理发展顺序安排领域内容的先后排列顺序，与课程总的目标完全符合。

领域活动的组织和实施是指将领域内容呈现在幼儿面前的方式，包括专门的教育活动和渗透的教育活动。专门的教育活动是按照一定的领域目标统一实施教育的活动。这类活动为幼儿提供的学习环境相对比较正式，幼儿在教师的指导和参与下按照一定的要求完成预定的学习任务，有相对固定的时间安排。渗透的教育活动则是在统一的教育目标的基础上，教师利用日常生活或在其他领域的教育活动中渗透该领域的教育，使幼儿有更多的机会充分练习、巩固和扩展已经获得的领域经验。这类活动最大的特点是随机性和非正式性，它是专门教育活动的延伸和补充。

领域活动评价是对该领域活动设计和组织要素的价值及效益的判断，以及和实际过程中内容、组织方法、师幼互动的形式与性质的价值判断，为调整和修改活动设计和组织过程提供客观依据。对领域活动的评价包括对活动本身的评价和对幼儿参与活动的质量和发展水平的评价两个方面。

（二）形成了幼儿园课程的设计程序

根据目前各地幼儿园的实际，本课题研究认为，相当一部分幼儿园已经具备条件，可以试着建构有本园特点的园本课程。这种园本课程的建立是落实促进每一个幼儿在原有基础上得到身心和谐发展的根本措施。这样的园本课程可以从以下两个层次进行编制。

1. 幼儿园整体课程编制的一般步骤

首先，根据《幼儿园工作规程》规定的幼儿园保教目的，结合本园的实际情况来确定本园的课程总目标。这个总目标应当包括幼儿所有学习领域及其涉及的心理发展的认知、情感和能力技能层面。



其次，从本园幼儿的生活中选择适合他们学习的知识和现象，以一定的形式整合各个学习领域构成本园的课程内容。

再次，根据本园的实际条件和幼儿的发展特点确定课程的组织形式，选择综合、分科和有分有合中的一种或几种相结合构成幼儿园课程的实施模式。

最后，根据课程目标，确定评价标准，对课程设计和实施的效果进行评价。

2. 领域课程编制的一般步骤

首先，根据课程总的目标，结合本领域的逻辑结构特点和幼儿学习特点，确定本领域的教育目标，包括总目标、分类目标和年龄阶段目标。

其次，根据本领域的一般内容体系和本领域幼儿学习特点确定本领域的具体内容。

再次,根据目标和内容确定教育活动的类型和组织序列。

最后,根据目标,分析、总结幼儿在本领域的发展状况和教师对内容选择、活动进程的把握,制定具体的评价指标,从教与学两个方面进行综合评价。

(三)探讨了幼儿园课程的综合化问题

随着幼儿园课程研究的深入,人们越来越认识到,幼儿园课程应当突破学科的界限,走向综合,但是,幼儿园课程综合化的复杂性使其一直成为幼儿园课程研究的一个难点。本课题在对幼儿园课程综合的本质性研究的基础上,又在具体的综合思路上作了有益的尝试。

1. 对幼儿园课程综合化本质的认识

幼儿园课程的综合化不仅仅体现在课程内容组织形式上的综合或整合上,更体现在教育者在设计和组织幼儿活动时要始终树立整合的观念。一方面,用学科之间的交叉和融合的眼光来考察和处理幼儿园课程涉及的学科领域内容;另一方面,关注儿童的整体发展、儿童生活的全过程,努力将幼儿的学习活动整合到幼儿的全部生活之中。其中,第二个方面对幼儿园课程综合更为重要。整合观念具体体现在以下几个方面:(1)幼儿的发展是一个整体,是认知、情感态度和能力技能在经验层面上的整合;(2)各学科知识在幼儿园是以一种综合的形式出现的,其综合的线索是幼儿的一日生活;(3)幼儿园的活动有多种形式,各种形式的活动相互联系,界限不易明确区分,幼儿园的活动是教学与生活、游戏的整合,是集体、小组和个别活动的整合。



综合化对幼儿园课程来说是必要的,也是可能的。除了有当今人类知识综合化趋势的推动作用之外,还因为幼儿园课程是以丰富幼儿的生活和学习经验为出发点的,而幼儿生活和学习经验的获得和丰富具有整合性特点,这种整合性具体体现在幼儿生活经验的整体性、认识方式的融合性和学习途径的多样性上。

2. 对幼儿园课程综合实践思路的设想

基于以上认识,本课题提出了幼儿园课程综合的三种具体的思路,并在试验点幼儿园中实践这些思路。其一是,从整体课程入手,以幼儿发展的某一方面为线索整合幼儿的相关学习领域,如以“学做文明人”、“学会学习”等为线索的课程综合。其二是,从课程的几个领域出发,整合部分关系密切的课程领域,如科学—技术—社会的综合、文学—音乐—美术的艺术综合等。其三是,从某一课程领域出发,将其他领域的部分内容整合到这一领域的活动中来,同时,将这一领域的部分内容整合到其他领域的活动中去。目前,相当多的幼儿园在实践第三种思路。

**附:本课题主要研究成果**

(1)《幼儿园课程研究论文集萃》丛书,包括《幼儿园课程基本理论和整体改革》、《幼儿园语言和科学教育》、《幼儿园艺术、健康和社会教育》和《国外幼儿园课程》四个分册。这套丛书由唐淑主编,南京师范大学出版社 1998—1999 年出版。

(2)《幼儿园课程实施指导》丛书,包括《总论》、《艺术》、《社会》、《语言》、《健康》和《科学》六个分册。这套丛书由唐淑任编委会主任,南京师范大学出版社 1998 年出版。这项成果获得“1998 年度全国师范院校基础教育改革实验研究项目优秀成果”二等奖。

(3)《幼儿园课程指导》丛书(修订版),包括《艺术》、《社会》、《语言》、《健康》和《科学》五种十五个分册。这套丛书由赵寄石任编委会主任,唐淑、虞永平任编委会副主任,南京师范大学出版社 2000 年出版。

(4)《幼儿园课程研究与实践》,由唐淑主编,南京师范大学出版社 2000 年出版。

(5)《农村幼儿园综合教育》,由唐淑主编,南京师范大学出版社 2000 年出版。

(6)《学前教育课程论》,虞永平著,江苏教育出版社 2000 年出版。

(7)《学前教育价值论》,虞永平著,教育科学出版社 2000 年出版。

原载《幼儿园课程研究与实践》,南京师范大学出版社,2000 年 11 月

# 五指活动与幼儿园课程渗透

幼儿园渗透式领域课程是现代的研究成果,也是我国幼儿园课程研究历史发展的结果,它在一定程度上体现了我国学前教育先驱们的一些核心理念,其中陈鹤琴先生的五指活动的思想是重要的理论指导。

## 一、五指活动的形成背景

五指活动是20世纪20年代至40年代幼儿园课程发展的产物,也是陈鹤琴先生及其研究团队对幼儿园课程的认识不断深入和发展的结果。自1903年正式的幼儿园产生后,幼儿园课程一般采用科目课程,课程内容划分得很细、很碎,不同知识和能力之间互相割裂的现象很明显。陈鹤琴的单元课程从一定程度上打破了这种割裂的现象,使课程内容实现了渗透和整合。陈鹤琴主张以大自然和大社会为活教材,主张幼儿园课程的内容应反映幼儿的生活,主张幼儿园课程的实施应灵活、应变,主张以活的教师、活的儿童进行活的教育。这种活的教育是整体的,不同课程内容之间是有机联系、相互渗透的。因此,五指活动是单元课程在活教育思想中的新发展,也是活教育思想重要的组成部分,是陈鹤琴对幼儿园课程更为辩证、理性和深入的认识。

## 二、五指活动的内涵

陈鹤琴认为,五指活动的五指是生长在儿童的手掌上的,意思是一切活动都在儿童的生活、智力、身体方面互相联系、连续发展。如果把这只手当作成人的,那么儿童身心的发展就不能沿着正常的途径前进,每次活动也会因此变得枯燥乏味,脱离儿童实际生活。因此,五指活动注重儿童生理、心理的发展,关注儿童的生活实际。

从幼儿园课程开发的意义上说，陈鹤琴的这些思想具有重要的实践指导价值。幼儿园课程是幼儿的，或者说是为了幼儿的；幼儿园课程的内容不是成人想教的，而是儿童想学的，是根据儿童的生活和发展特点确定的。背离儿童生活的课程内容就如同长在成人手掌上的儿童手指，是畸形的、不自然的，对儿童来说必定是枯燥乏味的。幼儿园课程的设计应从关注幼儿的生活、兴趣和需要开始。

陈鹤琴认为，五指活动的五指是活的，可以伸缩，相互联系。在幼儿园里，课程不是分割的、独立的，而是相互联系的。依据儿童身心的发展特点，五指活动在儿童生活中结成一张有组织、有系统、合理的教育的网。

从幼儿园课程设计的意义上说，陈鹤琴的这些见解就是要我们关注幼儿园课程内容之间的相互渗透和融合。课程内容是灵活的、可以变化的，不是死板的。幼儿园的课程内容也是相互关联的，这种关联是双向的，它既关注课程不同活动之间的联系，也关注不同领域内容前后的联系。陈鹤琴比喻五指活动结成一张教育的网，就是指活动纵横双向联系的意思。这个网是编织在儿童生活中的。没有儿童的生活，也就没有真正反映儿童需要、引发儿童主动学习的五指活动。



五指活动主要包括以下五个方面：儿童健康活动，包括饮食、睡眠、早操、游戏、户外活动、散步等；儿童社会活动，包括朝夕会、周会、纪念日集会、每天的谈话以及政治常识等；儿童科学活动，包括植物的培养、动物的饲养、自然现象的研讨、对当地自然环境的认识等；儿童艺术活动，包括音乐（唱歌、节奏、欣赏）、图画、手工等；儿童语文活动，包括故事、儿歌、谜语、读法、戏剧、演讲等。用今天的眼光看，这些活动内容已经不能充分反映今天的社会生活，但以活动为出发点关注儿童可以做什么，关注不同活动之间的联系和渗透，关注不同领域活动的系统性和渗透性的思想，对今天的幼儿园课程改革和发展仍具有重要的借鉴意义。

### 三、渗透式领域课程的基本思路

渗透式领域课程吸收陈鹤琴等学前教育先驱们的思想，尤其是陈鹤琴的五指活动的课程组织原则，它充分考虑课程不同层面的联系和渗透，努力将渗透式领域课程的纵横交叉的“网”编织在幼儿生活中。同时，它还吸收了活教育的思想，让儿童在活的情景中用活的方式学习活的内容。渗透式领域课程在吸收陈鹤琴活教育思想的同时，深入贯彻《幼儿园教育指导纲要（试行）》的精神，注重幼儿园教育内容的全面性、启蒙性，将幼儿园课程内容相对划分为健康、语言、社会、科学、艺术等五个领域，同时切实关注儿童的生活，关注儿童的需求。通过确定各年龄段的“话题”，各领域内容相互渗透，从不同角度促进儿童情感、态度、能力、知识、技能等方面的发展。在渗透式领域课程中，领域和“话题”成了纵向和横向的两个维度。正是领域和“话题”编织成一张儿童活动的网，它反映儿童的生活，反映儿童的需要和发展水平。

渗透式领域课程在借鉴和创造性地吸收五指活动及其他课程思想的基础上，努力在不同层次上实现多维度的课程渗透，包括儿童经验的渗透，即儿童不同方面的经验和前后经验的渗透；儿童不同发展领域目标的渗透；不同领域课程内容的渗透；不同类型活动之间的渗透，如教学活动、游戏活动和日常生活活动的渗透；不同来源的各种课程资源的渗透，如幼儿园、家庭和社区课程资源的渗透，等等，以真正在渗透中实现儿童全面和谐发展为目标，在渗透中追求课程实施的最佳成效。

原载《幼儿教育》2005 年第 9 期

# 农村幼教

# 中国农村幼儿教育的发展与变革

［摘要］ 中国是一个农业大国，教育事业的主体在农村，幼儿教育也不例外。本文在描述中国农村幼教事业的开拓和新中国农村幼教事业发展的基础上，对中国农村幼教事业的发展、课程改革及构建体系进行分析，并提出相关调整与改革策略。

［关键词］ 农村幼教事业　沿革　现状　策略

## 一、农村幼儿教育的沿革

### （一）中国农村幼教事业的开拓者和奠基人——陶行知

陶行知早年留学美国，师从杜威。1917 年回国在南京高等师范学校任教，热心于平民教育。他逐渐认识到“中国以农立国，十有八九住在乡下，平民教育……就是到乡下去的运动”。于是他号召“要征集一百万个同志，创设一百万所学校，改造一百万个乡村”。经过考察，他尖锐地指出当时的幼稚园害了“三种大病”：外国病、花钱病、富贵病。他针锋相对地提出要建设中国的、省钱的、平民的幼稚园。经过调查，他发现了“工厂”和“农村”才是幼稚园的新大陆。1927 年春，陶行知在南京郊外创办了晓庄试验乡村师范学校。是年秋，他率领学生创办了中国第一个农村幼稚园，即南京燕子矶幼稚园，以后又创办了迈皋桥、晓庄、和平门等共 5 所中心幼稚园和上海工厂的劳工幼儿团。

陶行知在晓庄师范期间，初步形成了他的“生活教育”理论体系：生活即教育、社会即学校、教学做合一。在生活教育理论指导下，南京燕子矶幼稚园办成了生活化的幼稚园。其教育总目标是使幼儿具有健康的体魄、劳动的身手、科学的头脑、艺术的兴趣、改造社会的精神，为将来成为新时代的创造者打好基础；将社会生活、自然现象、家乡土产、风土人情等都作为教材，全年按节令、气候、动物、植物、农事、儿童玩耍游戏、卫生等 8 项编制幼稚生的生活历，课题有香甜的土货点心、上等的废物材料、可爱的自然物、家乡的歌谣游戏等；采用教学做合一的生活教育法，并借鉴陈鹤琴的单元教学法组织教学。此外，师生自己动手盖起了茅屋泥墙亭子式的园舍，既实用又美观，门前草地上有秋千、滑梯，陶行知亲自书写一副门联："谁说非学校，就算非学校；彼且为婴儿，与之为婴儿。"室外有小农场、小花园，当年美国教育家克伯屈参观后，曾十分称赞地说："啊！这些我在外国还没有看见过，这是一种很好的办法。"

关于对农村幼稚园师资的培训。陶行知主张一方面以幼稚园为中心改造旧的幼稚师范教育；另一方面用"艺友制"的方法来培养大批幼教师资，即用朋友之道、跟着师傅学徒的方式，在幼稚园里边学边干，学做幼稚园教师。他还十分重视开展农村幼稚教育的研究工作，于 1929 年成立了晓庄幼教研究会，讨论农村儿童的心理、卫生、教育、师资培训等问题。在此基础上，陶行知的学生出版了《晓庄幼稚教育》、《乡村幼儿团》、《乡村幼稚教育经验谈》等专著，现均收入《陶行知幼儿教育的理论和实践》一书中。



综上所述，是陶行知和他的学生们于 20 世纪 20 年代末开辟了中国农村幼教的道路。虽然南京郊区的这几所农村幼稚园随同晓庄学校被当局封闭而解散，但农村幼教并没有被灭绝。及至 20 世纪 30 年代初期，北平幼稚师范学校校长张雪门在北京郊区开办了"农村教育实验区"，区内设有农村幼稚园。20 世纪 40 年代末，上海国立幼稚师范专科学校校长陈鹤琴率领师生在上海市郊和江苏金坛等地举办农村幼稚园。但这些仅是短暂、零星、昙花一现而已。陶行知点燃的中国农村幼教的星星之火，直到新中国成立后才得以"燎原"。

（二）新中国农村幼教事业的发展

20 世纪 50 年代初期，新中国的教育工作方针是：教育必须为国家建设服务，学校必须向工农开门；在今后相当长的时期内以普及为主，教育必须着重为工农服务。发展的重点，首先应该放在工业地区企业部门，其次是机关、学校及郊区农村（先取得经验以发展农村幼儿园），主要解决工农劳动妇女对孩子的教养问题。在农村，适应土地改革和农业互助组的需要，成立临时托儿所，以亲邻相帮、换工看娃、个别寄托等多种形式解决子女寄托问题。据陕西省 1952 年统计：全省由农业互助组办起的农忙托儿所 220 个，抢娃组 8 827 个，入托幼儿 43 971 名。

1956 年 2 月，教育部、卫生部、内务部发出《关于托儿所、幼儿园几个问题的联合通知》，指出托儿所、幼儿园的发展方针是：应当按照“合理规划，加强领导”和“又多、又快、又好、又省”的方针，同时根据需要与可能积极发展。在城市，提倡由工矿、企业、机关、团体、群众举办，在农村提倡由农业生产合作社举办，教育行政部门在可能条件下办一些幼儿园，起示范作用。在这种“两条腿走路”的方针指引下，调动了社会各方面举办幼儿园的力量，使幼儿园得到了逐年递增的发展。

1956 年比 1952 年幼儿园数增加 3 倍，入园幼儿数增加 2.5 倍，其中民办园（主要是农村社会队举办的幼儿园）增加数 7 倍，入园幼儿数增加近 5 倍。

1958—1960 年，全国各行各业都处于大跃进年代，幼儿园也一哄而起，混乱失控，盲目发展。1960 年比 1956 年幼儿园数增长 42.4 倍，入园幼儿数增加 27.1 倍，其中民办园数增长 42.8 倍，入园幼儿数增加 27.9 倍。由于高校师生纷纷下乡办学，还编辑出版了一些农村幼儿园教材、农村幼教师资培训教材以及农村幼儿园办园经验汇编等书籍。

从 1961 年元月开始，我国实行“调整、巩固、充实、提高”的方针，幼儿教育方面，有条件的就整顿保留，没条件的则撤销，使幼儿园经过整顿得到正常发展。到 1965 年，全国幼儿园数和入园幼儿数已基本回复到 1956 年的规模。

综上所述，至 20 世纪 60 年代，新中国的农村幼教事业经历了由逐步发展到大起大落到恢复发展的历程，全中国初步奠定了农村幼教的基础。（见下表）

新中国各类幼儿园发展统计表

| 年份 | 幼儿园数(万所) | | | | 入园幼儿数(万人) | | | |
|---|---|---|---|---|---|---|---|---|
| | 合计 | 教育部门办 | 其他部门办 | 民办 | 合计 | 教育部门办 | 其他部门办 | 民办 |
| 1949年 | 0.13 | 0.08 | | 0.05 | 13.0 | 9.3 | | 3.7 |
| 1952年 | 0.65 | 0.45 | 0.03 | 0.17 | 42.4 | 28.7 | 2.7 | 11.0 |
| 1956年 | 1.85 | 0.45 | 0.25 | 1.15 | 108.1 | 39.2 | 18.5 | 50.4 |
| 1958年 | 69.53 | 0.45 | 0.48 | 68.6 | 2 950.1 | 44.9 | 36.9 | 2 868.3 |
| 1960年 | 78.5 | 1.1 | 28.2 | 49.2 | 2 933.1 | 81.1 | 1 445.9 | 1 406.1 |
| 1965年 | 1.92 | 0.44 | 0.63 | 0.85 | 171.3 | 51.6 | 63.4 | 56.3 |

## 二、新时期中国农村幼教的现状

20世纪70年代末期，中国进入了改革开放的新时期，作为农业大国的中国，开始了一场规模宏大的农村经济体制改革，经历由传统农业向现代农业、由自然经济向商品经济和市场经济过渡的发展时期。农村幼教随着农民的生活和观念的变化发生了深刻的变化，不仅事业蓬勃发展，在课程改革方面也取得了实质性的进展。



### (一) 事业发展

20世纪80年代初，教育部印发《关于农村幼儿教育的几点意见》，该《意见》强调：农村幼儿教育的发展，有利于小学教育的普及与提高，有利于促进农业生产的发展，有利于实行计划生育这一基本国策，是广大农民群众的迫切要求。应根据农村经济体制改革的新形势，积极创造条件，有计划地发展幼儿教育，首先发展学前一年教育，同时逐步创造条件接收3—5岁的幼儿入园(班)。

1. 幼儿园的曲折发展。20世纪80年代到90年代中期，全国幼儿园数逐年递增，稳步发展，保持在17万至18万处。农村幼儿园数的增长也较快，如由1982年的9.18万处增至1992年的11.10万处，增长率为20.9%。

农村幼儿园在全国各类幼儿园中占大多数。如1980年，农村园数占全国园数的84%(其他城市和县镇幼儿园仅占16%)；1990年农村园数占69%；2000年农村园数占53%，虽呈下降趋势，但还占到总数的一半以上。

但农村幼儿园的发展不够稳定。20世纪70年代中期出现过一次发展高峰，如1976年农村幼儿园有41.95万处(因为当时开展“农业学大寨运动”和计划生育工作)，至20世纪70年代末期才逐步趋于正常。20世纪90年代起，农村幼儿园虽有递减现象，但入园幼儿数却逐年递增，这是因规模办园的需要将零散的村班集中起来的结果，是一种发展和进步的正常现象。如江苏武进区奔牛镇，1996年前有11个村园，1996年后只有6个村园，入园幼儿由1 000多名降为900多名，但入园率则由85%升为98%。然而从20世纪90年代末期起，全国幼儿园数及入园幼儿数开始滑坡，尤其农村幼儿园降幅大，如2002年的4.91万处比1995年的10.67万处几乎降了一半。可见，农村幼儿园的发展时办时停、时快时慢、时增时减，不够稳定。(见下表)



**1973年—2002年中国各类幼儿园**

| 年份 | 幼儿园数(万所) | | | | 入园幼儿数(万人) | | | |
|---|---|---|---|---|---|---|---|---|
| | 合计 | 城市 | 县镇 | 农村 | 合计 | 城市 | 县镇 | 农村 |
| 1973 | 4.55 | 0.73 | 0.38 | 3.44 | 245.03 | 78.09 | 44.78 | 122.16 |
| 1976 | 44.26 | 1.51 | 0.80 | 41.95 | 1 395.51 | 129.5 | 68.31 | 1 197.70 |
| 1980 | 17.04 | 1.83 | 0.87 | 14.34 | 1 150.77 | 174.64 | 97.13 | 879.00 |
| 1985 | 17.23 | 2.63 | 2.40 | 12.19 | 1 479.69 | 332.94 | 222.77 | 923.98 |
| 1990 | 17.23 | 3.00 | 2.29 | 11.94 | 1 972.23 | 447.08 | 307.87 | 1 217.28 |
| 1995 | 18.04 | 3.72 | 3.65 | 10.67 | 2 711.23 | 536.44 | 549.88 | 1 624.89 |
| 2000 | 17.58 | 3.69 | 4.54 | 9.35 | 2 244.18 | 503.06 | 578.23 | 1 162.87 |
| 2001 | 11.17 | 2.78 | 3.09 | 5.30 | 1 398.22 | 237.38 | 323.64 | 837.20 |
| 2002 | 11.18 | 2.93 | 3.33 | 4.91 | 1 373.62 | 241.55 | 333.38 | 798.69 |

2. 幼儿学前班的迅速发展。1986 年 6 月，教育部印发了《关于进一步办好幼儿学前班的意见》。该文件指出举办学前班是现阶段发展农村幼儿教育的一条重要途径。学前班主要招收入小学前一年的幼儿，多为全日制，也有半日制的，城乡虽都有学前班，但以农村为多且发展迅速。有的单独设班，但多数附设在小学内。据 1987 年统计，全国学前班数占总班级数的 42.5%，1988 年上升为 44.6%（其中农村占 56.3%）。20 世纪 90 年代中期，学前班数呈下降趋势，如 1997 年占总班级数的 19%，1998 年则为 18%，与 10 年前相比明显减少。

3. 多种形式幼儿园的兴起。20 世纪 90 年代初，国务院公布《九十年代中国儿童发展规划纲要》，在生存、保护和发展的方针和策略中，强调积极发展学前教育，坚持"动员社会力量，多渠道、多形式地发展幼儿教育"的方针；指出在经济不发达的农村和人口居住分散、交通不便的地区、牧区要利用多种形式进行学前教育。于是，如季节性、计划制的幼儿班、游戏（活动）小组、大篷车、辅导站、亲子园等无固定时间、地点和师生的非正规收托形式逐渐涌现。



（二）课程改革

为使占我国幼教主体的农村幼儿教育提高育人质量，改善广大农村幼儿生存和学习条件，我国幼教界始终关注着农村的幼儿教育。要提高农村幼教的质量，关键在于对农村幼儿园课程的改革。20 世纪 80 年代中期，南京师范大学师生们开始调查农村幼儿园的教育、教学等情况，发现普遍存在小学化、城市化倾向，注重读、写、算，提前学习小学一年级的课本或搬用城市幼儿园的教材；教师按人分科任教或请小学老师兼任；幼儿和小学生同样地只有上课、没有游戏等。针对以上情况我们于 20 世纪 80 年代后期，深入农村幼儿园，决心建构幼教化、农村化的农村幼儿园课程。

该课程以学前一年为重点，以综合教育思想为指导，以改分科教学为综合教学的形式组织课程，即围绕一年四季和一些重大节日和活动来设计主题，使教育内容更贴近幼儿的生活，更能反映农村的特色，使农村自然和社会环境中的资源得以充分利用，也使幼儿有目的地、更多地接触周围环境，设计了如“金色的秋天”、“可爱的家乡”、“美丽的春天”、“我快要上小学啦”等主题。我们编写、出版的《农村学前一年综合教育课程设计》包括理论基础、目标要求、主题设计、活动安排等。由于操作性强，深受广大农村幼儿园教师的欢迎。这套专为农村幼儿园编制的课程，在我国属首创。20世纪90年代末，我们又研究和编制了《农村幼儿园综合教育》，使农村幼儿园的课程设计由一年发展为三年。经过近20年的研究和推动，农村幼儿园的课程实施虽有进展，但小学化、城市化现象依旧存在。

（三）构建体系

由中央教育科学研究所主持与河北、贵州两省合作进行的“农村幼儿教育体系研究”，是一项农村幼儿教育整体改革研究，旨在探索适应农村实际的、迅速有效地发展农村幼儿教育的新途径，使更多农村儿童接受良好的早期教育。该体系包括幼教机构的设置与行政管理、师资培训、家庭教育和社区教育等方面，并通过试验区的整体试验研究，总结概括出促进事业发展、提高教育质量、改善办园条件、建立师训网络、形成管理机制等基本策略，打破了农村办幼教的“等、靠、要”思想，构建了一套符合我国农村经济和社会发展需要的，低投入、高效益的农村幼教体系的实践模式。该研究历时15年，自始至终受到荷兰伯纳德·范里尔基金会的资助。已出版的成果有《农村幼儿教育体系研究》、《农村幼儿教育丛书》及英文版的《农村婴幼儿家庭教养研究报告》等。此项目的研究成果正向西部各省介绍和推广。

自2003年3月国务院办公厅批转《关于幼儿教育改革与发展的意见》以来，许多地方的农村幼儿教育出现了新的发展态势。如浙江安吉县强化管理意识，激活发展机制：每年有50万元专项资金重点扶植农村幼儿教育事业；形成了“一乡镇一中心、辐射行政村”的办园格局；为全县26个乡镇中心园配备专职干部；教师学历合格率达91%；两年间建造了15所漂亮的中心幼儿园；学前三年入园率达92.6%。可见，只要政府扶植一把，就能引导农村幼儿园走上自主管理和自主办学的发展道路。

### 三、启示与思考

近半个世纪以来,我国农村幼教发生了翻天覆地的变化,经历了从无到有及从大起大落——平稳发展——逐步下降的艰难曲折的发展历程。但农村幼教毕竟有其广阔的天地,必将走上健康发展之路。

(一) 针对事业滑坡的调整策略

成因分析:出生率的减少,规模办园的紧缩,农村劳动力向城市的转移,人们认识上的偏差,法规政策上的不健全以及管理上的疏漏等。

调整策略:人们认识的提高,政策法规的保证,行政管理的加强,办园方式的多元化。

(二) 针对小学化、城市化现象的改革策略

成因分析:缺乏适宜农村幼教的本土教材,农村教师缺乏专业训练,缺乏辅导力量。



改革策略:呼吁全社会(尤其是幼教界)对农村幼教的关注和研究,提高农村教师的专业素养,形成城乡一体化的网络,构建具有农村特色的幼儿园课程。

**参考文献**

1. 戴自俺、龚思雪主编:《陶行知幼儿教育的理论与实践》,四川教育出版社,1987 年。
2. 唐淑、冯晓霞主编:《百年中国幼教》,教育科学出版社,2003 年。

附：

## 东亚幼儿保育和教育动向

——21世纪COE工程日本福祉大学

2004年度研讨会纪实

2004年10月8日至11日，在日本名古屋市召开了“21世纪COE工程日本福祉大学2004年度研讨会”。来自中国、韩国、日本的数百名专家学者出席了此次会议，对三国育儿支援活动的方针政策进行了深入考察和探讨。

韩国梨花女子大学李基淑教授和仁荷大学李玩定副教授分别就“幼儿教育法的颁布及政策方向”和“仁川广域市的育儿支援活动”作了报告；北京师范大学张燕教授和南京师范大学唐淑教授则分别作了题为“中国城市幼儿教育现状及支援”和“中国农村幼儿教育的发展与变革”的报告；日本名古屋市立大学科丹羽孝教授和国立政策研究所见真理子研究员分别对中韩两国学者的报告作了评析。与会代表还围绕三国幼儿教育立法、幼儿教育城乡差异、办园体制、保教质量等问题展开了广泛讨论。

相比日本、韩国都有比较完善的幼儿教育法，其幼儿教育城乡差异已经或正在得到较好解决，两国政府均积极支援和介入私办幼儿园管理，中国还存在许多不足之处，如应加速幼儿教育立法，加大力度普及农村学前一年教育，缩小城乡差异，并积极鼓励和援助私立园，保证幼教事业稳步发展等。此外，与会学者一致认为当前三国都有“早期教育过热化”现象，幼儿园为迎合家长而使孩子过早、过多地接受了许多不适宜的训练，从而影响了保教质量的提高。加之贫困地区和小型私营机构保教者的工资待遇低、专业素养差、生活状态不良，也使教师队伍鱼龙混杂，幼儿教育质量普遍面临下降趋势。

日本福祉大学COE项目推进部负责人勒使千鹤教授在总结时指出：东亚三国幼儿教育有共同性也有差异性。今后研究重点是政府对幼儿教育的调控与管理；少子化和离婚率增加趋势对幼教事业的影响；非正规教育形式如游戏小组的价值与发展；保教质量的提高与服务范围的延伸；对保教者的要求及其待遇，以及民间团体、企业、研究者等社会力量的参与等。

会后，日本学者分三组前往韩国和中国进行了考察。愿东亚三国的幼教工作者，携手推进东亚幼教事业的发展和繁荣。

原载《学前教育研究》2005 年第 6 期
又被日本立命馆大学政策科学会发表于《政策科学》上

# 中国农村幼教事业的开拓者——陶行知

伟大的人民教育家陶行知，是我国乡村教育的倡导者，也是中国农村幼教事业的开拓者。1927年前后，他连续发表《创设乡村幼稚园宣言书》、《幼稚园之新大陆》、《如何使幼稚教育普及?》三篇文章，积极宣传为劳苦大众服务的幼儿教育的主张，指出工厂与农村就是幼稚园之新大陆，并于1927至1930年间，在南京晓庄师范附近首创了四所农村幼稚园，以后又在上海开办了劳工幼儿团，在我国幼儿教育史上写下了令人瞩目的一页。



## 一

在半封建半殖民地的旧中国，许多爱国知识分子都在寻找救国救民的真理和道路，陶行知就是其中的杰出者之一。他曾在美国受教于实用主义教育家杜威，1917年回国。在“教育救国”思想的影响下，起先热衷于平民教育运动。当他认识到我国“以农立国”，人民百人中有八十多位在乡村里，改造中国社会必先改造中国农村，便立志“筹募一百万元基金，征集一百万位同志，创设一百万所学校，改造一百万个乡村，使中国乡村一个个都变成‘天堂’，都变成‘乐园’”。1926年起，他就全身心地投入了乡村教育运动。

陶行知出身贫寒，青少年时期是在灾难深重、贫穷落后的农村里度过的。他深知农民的疾苦，对“忙个不了”的农妇和“缺乏照料”的孩子深表同情。他想：“倘使农村里有了幼稚园，就能给这些小孩子一种相当的教育，并能给农民一种最切要的帮助”，也“正是给农民的一种便利”。他认为“乡村幼稚园确是农民普遍的永久的需要”并积极倡议开展“幼稚园的下乡运动”。然而,“现在的幼稚园,必须经过一番根本变化”,方能到乡村里去。陶行知愤怒抨击当时的幼稚园害了三种大病——外国病、花钱病和富贵病。关于外国病,他说:“试一参观今日所谓之幼稚园,耳目所接,那样不是外国货?他们弹的是外国钢琴,唱的是外国歌,讲的是外国故事,玩的是外国玩具,甚至于吃的是外国点心。”他怒不可遏地指出:“中国的幼稚园几乎成了外国货的贩卖场,先生做了外国货的贩子,可怜的儿童居然做了外国货的主顾。”谈到花钱病时,他说:“外国货那有便宜的,既然样样仰给外国,自然费钱很多。”他对这种“花钱太多,有时超过小学好几倍”的幼稚园非常不满。至于富贵病,他指出“学费高,只有富贵子弟可以享受他的幸福”,从而揭露了当时的幼稚园“只是富贵人家的专用品”。陶行知指出要创办乡村的幼稚园,就要下决心改革这三种弊病,把外国的幼稚园化为中国的幼稚园,把费钱的幼稚园化为省钱的幼稚园,把富贵的幼稚园化为平民的幼稚园;就要用科学的方法去试验,去“建设一个省钱的、平民的、适合国情的乡村幼稚园”,“使个个乡村都有这样一个幼稚园,使个个幼儿都能享受幼稚园的幸福”。



陶行知“最关心的一个问题”就是“如何使幼稚园教育普及”?他认为“教人要从小教起”,“小学教育是建国之根本,幼稚教育尤为根本之根本;小学教育应当普及,幼稚教育也应当普及”。为此,他提出了普及幼教的三个步骤:第一,必须“改变我们的态度”,即改变我们对幼儿及其教育的态度,要充分认识幼稚教育的重要性和必要性。陶行知强调“六岁以前是人格陶冶最重要的时期”,“幼稚教育实为人生之基础”。他批评那种以为“小孩子的教育不关重要,早学一两年,或迟学一两年,没有多大关系”的错误思想,以及那种“漠视小孩子的需要、能力、兴味、情感”的错误态度。他提出“必须唤醒人们明白幼年的生活是最重要的生活。幼年的教育是最重要的教育”。他指出关心幼儿的父母,只有“明白幼稚教育之重要”,才“愿意送子女进幼稚园”。因此,他认为“承认幼年生活教育之重要,是普及幼稚园之出发点”。他反对

"把幼稚园当作富贵太太们打麻将时用的临时托儿所",主张"把整个的幼稚园献给全社会的儿童"。因此,他认为"承认幼稚园为全社会幼儿的教育场所,是普及正当幼稚园的出发点"。他强调必须有这样的态度,幼稚园才有普及的希望。

第二,必须"改变幼稚园的办法"。陶行知指出"乡间是民穷财尽,费钱较少之小学尚且不易普及,何况费钱加倍的幼稚园呢?所以在乡间推行幼稚园好比是牵只骆驼穿针眼"。必须"想法节省"幼稚园的费用,"向着省钱的方针去谋根本改造,幼稚园才有下乡的希望,才有普及的希望",否则"必不容易普及"。他指出"打破外国偶像是省钱的第一个办法",第二个办法"就是训练本乡师资教导本乡儿童"。挑选一村之中"天资聪敏,同情富厚之妇女……经过相当训练之后,出来担任乡村幼稚园的教师,他们既可得一新职业之出路,又可使幼稚园之薪金不致超过寻常小学额数,岂不是一举两得?第三个办法"就是运用本村小学手工科及本村工匠仿制玩具"。这三个办法"同时并进","必可实现省钱的幼稚园"。



第三,必须改变训练教师的制度。陶行知提出"要想普及幼稚教育至少需要教师一百五十万人"。这个最难的问题既牵连经费,又涉及训练是否得法。他指出"幼稚师范是要办的,但幼稚师范必须根本改造才能培养新幼稚园之师资"。纵然如此,"也不能专靠正式幼稚师范去培养全部的师资",还要开辟"一条新途径",即"普及小学教育及幼稚教育非徒弟制不可"。他设想,"倘以优良幼稚园为中心,每所每年训练两三位徒弟。那么,多办一所幼稚园,即是多加一所训练师资的地方",并"深信他能帮助幼稚教育普及的"。

## 二

1927 年 3 月陶行知创办了晓庄乡村师范学校。在陶行知的领导下,张宗麟、徐世壁、王荆璞指导孙铭勋、戴自俺等人,首创了我国第一批乡村幼稚园,1927 年 11 月 11 日,中国第一个乡村幼稚园——南京燕子矶幼稚园诞生了。后来又陆续办起了晓庄、和平门、迈皋桥三个乡村幼稚园，并用艺友制的方式培训了一批农村幼教师资，又建立了幼教研究组织，还出版了不少幼教书籍，为我国幼教事业在农村开辟了新局面。

陶行知在燕子矶幼稚园开学典礼上说："第一次我觉得乡村里有设立幼稚园之必要。是宋××君告诉我农忙时往往有母亲一只手抱着小孩子，一只手拿着凳子到学校里来托先生给他看管。他只求先生守着小孩子不给他走开，他就感激不尽了。又一次看见一位母亲在田中做事。对面地下放一个筐子，里面坐着一个孩子，这小孩子便是他的儿子。又一次我遇见了一个小学生。我问他为什么不进学校，他说现在田里很忙，他要帮助妈妈带小妹妹。受了这三次感触，我便想创办乡村幼稚园。"此外，还因为"小学生带来许多无法处置的小弟小妹"，"当今为人父母而能教育子女，使其身心发育健全的人实在太少"。创设幼稚园就是"想补救这一缺陷于万一"。这些都是当初创办第一批乡村幼稚园的直接而具体的动机。他们本着"来者不拒，不来者送上门"的方针招生，每班有三四十名幼儿。



陶行知及其助手们，一反富贵幼稚园之做法，而以穷办法因陋就简、艰苦创业。他们请陈鹤琴、张宗麟作指导；经济上由私人筹款捐助五百元购制一些用具；向燕子矶小学借一间房子；南京市教育局拨给了小凳子；鼓楼幼稚园借给风琴一架。到 1928 年春，茅屋泥墙、宝塔式的新屋便告落成，门前草地上装了结实的秋千和滑梯，大门两旁挂了"虽说非学校，就算非学校；彼且为婴儿，与之为婴儿"的对联。燕子矶幼稚园就这样诞生了。

他们反对抄袭外国，而是因地制宜、就地取材。把"所在地的自然现象、社会状况、出产物品以及儿童歌谣、故事、游戏、谜语等搜集起来，加以编制。以作该园之教育材料"。如"小板凳，拐一拐，楼上小姐走下来，问你哭什么？今天没得米，明天没得柴，这个日子怎么过得来？"采用香甜的土货点心——山芋、豆类，利用废物——果核、麦秆、贝壳、羽毛作手工材料，并利用自然物——沙土、野花、风景、动物等对幼儿进行教育。

针对传统教育之弊病，他们主张“生活即教育，游戏即工作”，强调要“给儿童过儿童的生活，受儿童的教育，儿童教育应当供给儿童在生活上的需要”，反对“呆板拘滞不合理以束缚儿童生活”的一切做法，希望“能培植出一些有生龙活虎的体魄、活活泼泼的心灵的儿童来”。在教学工作方面，他们认为幼稚园的课程就是幼稚园的生活，也就是幼稚园的教育。于是打破了房屋教室的界限，让幼儿生活在大自然中，“以幼稚生足力所能到的地方为教室”。打破了时间的规定和上下课的界限，取消了上课形式，儿童入园后高兴做什么就做什么，由幼儿自己发动他们的活动，教师则从旁给予指导。还废止了当时流行的极呆板的组织形式——拍手、走圆圈、唱早安歌、唱散学歌等。

他们非常重视对儿童进行热爱祖国、憎恨敌人的教育，如教大孩子学的儿歌有：“……小日本，你莫坏又莫狠，看我全国小朋友起来，把你骨头磨成粉！”他们注重劳动教育，教小朋友在燕幼、晓幼的农场上种东西，他们认为这种农事生活可以培养儿童重视农业的心理，造成对物质文明的喜好，培植活动和建设的精神，养成专一任事的习惯并可促进身体健康，发展儿童个人的自由意志。他们还反对封建迷信思想，加强“科学的训练”，带领儿童学做“科学把戏”，使幼儿知道有空气压力、吸力等极粗浅的科学常识。他们注意儿童的身体健康，陶行知认为要“把儿童健康当作幼稚园里面第一重要的事情。幼稚园教师应当做健康之神”，幼稚园要做到户外活动多、室内活动少、注意卫生保健。

在师资训练方面，他们主张幼稚师范要以幼稚园为中心。幼师生只有到幼稚园里来，才能学会办幼稚园，即强调通过到幼稚园来“教学做”以培养幼师生。此外，他们创造了一种“艺友制”即徒弟制的方法，在幼稚园培训乡村幼稚园师资。他们教会艺友们几种简单的方法（如讲故事），训练各种基本技能（如唱歌），让艺友逐步参加幼稚园的实际活动，乃至独立担任幼稚园的整个工作。他们认为艺友制最大的好处是一切生活都是教师的生活，今日学到的便是明日做教师要用的，可以免去当时师范生学用分家的弊端。

关于男生从事幼教工作问题，陶行知非常支持。他派戴自俺、孙铭勋去创办迈皋桥幼稚园时说："现在的幼稚园，全是女子创办的，晓庄要创新纪录，打破这专以女子创办幼稚园的观念，所以要两个男子去开办……你们应得一个足以充分发展你们力量的环境，为幼稚园开辟新路径，创办新材料。"在陶行知领导下的晓庄乡村幼教事业中，这两位男生确实出力最多、贡献最大。

在幼教研究方面，1929 年下半年，陶行知把晓庄各幼稚园集合成独立的幼稚师范学院，取名蟠桃学园，旨在培养更高一级的幼教人才并加强幼教研究工作。同年 10 月 18 日成立了"晓庄幼稚教育研究会"。会员系晓庄各幼稚园的指导员及幼稚师范生，晓庄中的志愿幼教者及校外志愿者。每周活动一次，开展《儿童心理》、《儿童卫生》、《儿童世界》、《儿童教育》、《解放儿童》及有关对幼稚教师的要求、训练等专题研究。除请张宗麟系统讲演外，还在陶行知、张宗麟的主持下进行讨论，这批研究报告都收集在《幼稚教育论文续集》里。陶行知注意引导大家以科学的态度来研究幼教，他在"晓庄幼教研究会"一次例会上说："我们一方面在这里干，我们一方面还要吸收别人的经验，我们要把英国的、法国的、日本的、意大利的、美利坚的一切关于幼稚教育的经验都吸引进来，我们来截长补短，冶成一炉，来造一个'今日之幼稚园'……"



1930 年春，国民党反动派封闭了晓庄师范，在陶行知领导下开创的农村幼教事业也惨遭扼杀。1932 年初虽经复办，但是年六月，晓庄师范不得不再度停办。后来，陶行知的助手们又曾在江苏淮安、沪京郊区、厦门等地继续创办乡村幼稚园，并出版了《晓庄幼稚教育》、《乡村幼稚教育经验谈》等书。

## 三

在陶行知珍贵的教育遗产中，关于普及农村幼教的主张和实践，富有人民性、进步性和现实性。在晓庄农村幼教实践活动中，从办园思想到师资训练，从教学到研究，确是丰富多彩的，也是教育史宝库中光彩夺目的一部分。

陶行知从中国国情出发，最早注意到农民问题，并提倡乡村教育。尽管他当年把解决农民问题期望于教育，并没有也不可能真正改造好农村；尽管他的乡村教育宏愿在人民不当家做主的旧社会里根本实现不了，乡村幼稚园也随晓庄事业而中途夭折；但他关心农民，真心诚意为人民服务的精神至今仍有教育意义。

在旧中国，陶行知是反洋化教育和反传统教育的旗手。他从不因循守旧，而是勇于改革创新。他以拓荒者的精神和探险家的勇气把幼稚园从城市办到了乡村，为穷人、为农妇服务，把欧美化的幼稚园改革成适合国情的中国幼稚园；他重视向幼儿进行热爱祖国、热爱劳动的教育，注意收集并创编乡土教材；他尊重儿童，主张让儿童的个性得到充分自由的发展；他注重实际，反对学用脱节，主张多种形式训练幼教师资……诚然，由于陶行知受的是资产阶级教育，当年在晓庄师范及乡村幼稚园实施的教育主张，还没有完全摆脱杜威实用主义教育思想的影响。在理论和实际关系上他主张学用一致是正确的，但忽视理论和基本知识的传授却是不足取的；在对待儿童的问题上，他主张解放儿童的个性是积极的，但忽视教师的重要作用是不妥当的，并且不难看出儿童中心主义的痕迹；在师资训练上艺友制虽然是新创造，但只能补充正规师范教育之不足，而不能高估为“再好没有的方法”。

新中国成立以来，我国农村发生了翻天覆地的变化，陶行知推行乡村教育时那种贫穷落后的农村状况已经一去不复返了。如何适应我国的国情，办好社会主义新农村的幼儿教育，尚有许多问题亟待研究和解决。我们应当向陶行知学习，着眼于八亿农民，重视发展和研究我国的农村幼教事业，全心全意为农民及其子女谋利益，不畏困难，不怕挫折，勤俭办园，善于创新，脚踏实地的努力搞好农村幼教工作，使农村幼教也为振兴中华实现四化作出贡献。

引文摘自陶行知著：《创设乡村幼稚园宣言书》、《幼稚园之新大陆》、《如何使幼稚教育普及?》,见《陶行知文集》,江苏人民出版社,1981年8月版;孙铭勋、戴自俺著:《晓庄幼稚教育》,上海儿童书局,1934年版;孙铭勋著:《乡村幼稚教育经验谈》,上海儿童书局,1935年版。

原载《南京师范大学学报(社科版)》1982年1月

# 农村学前一年课程结构的设想

"农村幼儿教育研究"是我国"七五"期间国家教委领导的重点科研项目,由南京师范大学在1987年—1990年间执行。从1987年开始,经过进一步的理论学习与论证,确定了科研的方向与目标;经过广泛深入的调查研究,在苏北(赣江县槐泗乡、公道乡)、苏南(江宁县陶吴乡、砮缪村、淳化乡)选定了科研基地;经过半年的探索,取得了初步成效。根据需要与可能,该项目以课程研究为重点,从宏观和微观两个方面进行理论探讨和实验研究。实验研究分三个阶段进行:1.农村学前一年课程结构的研究;2.农村混合班研究;3.农村幼儿园课程研究。本文仅介绍我们对农村学前一年课程结构的设想及初步实施的情况。



## 一、为什么要改革农村学前一年的课程结构

我国农村的幼儿教育,自新中国成立后的三十多年来,经历了一条从无到有、几经大起大落的艰难历程,终于发展成为我国幼教事业的主体(据1986年6月1日《人民日报》报导,全国幼儿园17万多所,其中农村12万所,占70%)。乡中心园、村办园、学前班、混合班等多种形式的幼教机构在全国农村的大部分地区蓬勃发展,并建立了一支人数众多、年轻、有文化、略经专业训练的师资队伍。但从总体上说,我国农村幼教事业还是比较落后的。办园条件差,经费上没有保证,师资队伍既不合格又不稳定,教育水平低。因此,在现有的社会经济条件下,如何办好农村幼儿教育,提高农村幼儿教育质量,也就是如何闯出一条适合我国国情的农村幼儿教育道路,这是摆在我们面前的迫切任务,也是"农村幼儿教育研究"课题的基本方向。

鉴于我国广大农村(尤其是边远地区)经济条件差,人口众多,全面普及学前三年教育为时尚早。近几年来,实施学前一年教育的学前班在农村较为普遍,如江苏省一个中等经济发展水平的某县共有384个幼儿班,除乡中心园的61个班外,其他323个班大多为学前班(混合班也是以学前一年教育为主),六周岁幼儿入园率达95%以上,这些体现了社会对发展学前一年教育提供了可能的条件,又体现了社会对学前教育的认识程度和重视程度的提高。许多地方把发展学前教育,尤其是学前一年教育同《义务教育法》的实施紧密结合起来,有的甚至明文规定:未受学前一年教育者,不得入小学。这无疑促进了学前班的发展,也使学前班在为入学准备方面起了一定的积极作用。

尽管国家教育行政部门于1983年、1986年两次发文对农村幼儿教育、学前班提出了指导性意见,然而目前农村学前班仍有两个明显的倾向——城市化和小学化。它们的课程模式单调划一;重上课不重其他活动和游戏;把幼儿关在教室这一小天地里不与农村的广阔天地接触;重读写算,不重能力的培养;更有甚者,连课表、课本、作息制度均与小学一年级相同或相似(只是进度稍慢);教师分科教,并分主科与副科;教材大都由城市幼儿园教师从现行教材中选编。这样教育的结果,突出表现为幼儿的知识面窄,口语、思维、社交能力差,学习习惯不好,有时因所教内容为幼儿力所不能及而使幼儿掌握得不规范,反而给小学帮了倒忙。



为此,我们必然要思考:学前一年教育的任务和目标、内容和教材、方式和方法究竟怎样才是合适的呢?亦即学前一年为入学应作哪些准备?通过什么样的课程结构来组织教育?这便是我们第一阶段科研的目标。

## 二、运用幼儿园综合教育结构的理论框架,建构农村学前一年课程的指导思想

一方面继承并发展了陈鹤琴教育思想的精萃——幼儿园课程中心制;另一方面(更为主要方面)运用了幼儿园综合教育结构的理论框架,作为我们第一阶段的指导思想。

幼儿园综合教育结构是以唯物辩证法为指导，以信息加工理论为主要参照，运用系统论和社会生态理论及皮亚杰的认知发展理论，来建构其理论框架的。首先，幼儿园课程结构是由各种要素构成的，包括教育因素——教育目标、内容、手段和方法等；人为因素——保教人员和幼儿；环境因素——幼儿园与家庭和社会的关系，幼儿园课程结构是上述诸因素之间的相互作用的具体表现。教育结构合理，各因素之间关系处理恰当，就可能发挥积极的相互作用，产生良好的教育效果。幼儿园综合教育结构，通过内容、手段、过程的综合，能充分发挥教育的整体功能。为此，农村学前一年课程采用综合教育结构，以取得最优化的教育效果，并克服小学化倾向。

其次，从社会生态观念出发，处理好各要素之间的关系尤为重要。幼儿的发展，需要通过幼儿与周围环境中的人、事、物直接发生交互作用，从而自己去组织建构。不能设想，在单调贫乏的生活环境中，幼儿能获得丰富的信息。宏观上，应把幼儿置于大社会之中；微观上则应与家庭、学校等发生积极的作用，以创造有利于充分发展幼儿潜能的生态环境。当前，农村乡镇企业的发展（农业、工业、商业）、生产和流通过程的活跃（生产加工、物资交流）、小城镇建设的繁荣（水电设施、道路桥梁、高楼大厦）、大规模农田工程的兴修和配套、农家房舍的变化（草房——瓦房——楼房）、家用电器的增多……都为农村幼儿的学习，提供了千变万化、绚丽多姿的物质环境。为此，农村学前一年课程，应尽量创设和充分利用农村的社会和自然环境，以丰富幼儿的环境刺激，并克服城市化倾向。

## 三、对农村学前一年课程预试的分析

1988 年 2 月至 6 月，我们在五个农村幼儿园的大班进行了农村学前一年课程的预试工作。首先，提出总的要求，包括生活卫生习惯、体育活动、思想品德、智力能力、家长与社会五个方面。其次以主题的组织形式列出教育教学内容与要求，包括：1. 我快要上小学了。2. 我向妈妈奶奶阿姨祝贺节日。3. 向雷锋叔叔学习。4. 在春天里。5. 劳动最光荣。6. 全世界儿童笑哈哈。7. 炎热的夏天。8. 再见吧，幼儿园共八个主题活动。每个主题含目的要求、内容手段(上课、观察、游戏、体育活动、日常生活、娱乐、劳动、其他)、家长与社区工作、评价等方面。现介绍其中三个主题活动的实施概况。

1. “我快要上小学了”目的要求:让幼儿知道再过半年就要上小学了,要像小学生那样懂礼貌,守纪律,尊敬师长,爱护小伙伴,努力学习,争取进步。主要活动:①三次参观小学。观看小学一年级的晨会、课间户外活动和上课(园校分开设立的还需参观学校全貌)。让幼儿坐在一年级小学生身旁,观察小学生听讲、看书、写字的姿势及举手发言,俨然也成了“小学生”。②交谈讨论“小学里哥哥姐姐是怎样认真学习的?”“我们怎样学做小学生?”③画小学生,写“小学生”三个字。画面上有坐着举手、站立发言、正面、背面、侧面单个人,许多人,学生,教师,教室,课桌,讲台上有作业本,黑板上有字,操场上有跳绳、拍球、做操、跑步等活动,千姿百态、各不相同。此外应通过歌曲、儿歌、故事、情景表演、看图讲述、帮助弟妹等活动进行。



2. “在春天里”目的要求:加深幼儿对春天的认识,培养幼儿对大自然的兴趣,喜欢饲养、种植、搜集,并能感受到大自然的美。主要活动:①重点进行三次观察。初春时节,让幼儿寻找春的踪迹。孩子们漫步在乡间的小路上、小河旁,时而低头看着麦苗、小草,时而仰头望望树上的嫩芽、花苞,听听小河沟里冰块融化后淅沥淅沥的流淌声。仲春时节,天气渐暖,春意盎然,孩子们穿着鲜艳多彩的毛衣,从小河沟里捞来蝌蚪,观察其生长过程;喂养小鸡或观看老母鸡带小鸡以及毛茸茸、黄嫩嫩的小鸭、小鹅;用柳条、野花编织花环戴在头上,摘几片叶子做哨子;金黄的菜花、粉红的桃花、碧绿的蔬菜……交相辉映。春末时节,观看深绿的树叶、抽穗的麦子、结实的蚕豆;小鸭、小鹅也换了新装,改了模样;农民伯伯在春耕播种,孩子们奔跑在水库边、大路上,一会儿就汗津津的,他们知道是到了该和春姑娘告别的时候了。②学习古诗《春晓》和诗歌《春天的秘密》,欣赏《春姑娘来了》;在水库边的小山坡上,幼儿被春景陶醉,李浙小朋友情不自禁地说了声“春天到,太阳照”,教师立刻抓住这一时机启发幼儿创编儿歌,如“春天到,太阳笑，地上的小草长得好，杨柳见了眯眯笑，蝴蝶飞来把舞跳”，“春风吹，暖洋洋，油菜花开一片黄，小鸟喳喳把歌唱，农民伯伯种菜忙”。③画树。冬天的树（干枯、光秃）→初春的树（冒出绿的嫩芽）→仲春的树（长出了绿叶）→春末的树（满树的叶子）；画小蝌蚪找妈妈和春天的景色；用剪、贴、折、捏、画的作品布置教室。④总结。a. 总结性谈话。先分组讨论再全班概括：春天和冬天有什么不同？从初春到春末有什么变化？幼儿从气候、服装、动物、植物等方面作比较、概括。他们说：春天暖和，衣服穿少了，田里的庄稼长绿了；春天到了，桃花开了，燕子也飞来了，小河里的冰融化了，小鸭、小鹅呷呷呷地唱歌哩！春天的太阳，照着小蝌蚪，它们欢乐地游来游去；春天的太阳，照得田野非常美丽，春天是播种的季节。教师进一步让幼儿懂得：从初春到春末的一切变化是由于气候变化引起的，让幼儿掌握这种变化中的因果关系。b. 组织“春”的联欢会。请春姑娘（小朋友扮演）做主持人，每个幼儿都要说春（诗歌、儿歌、谜语、故事或者一句话）、唱春、舞春，最后每个人以一幅“春天”的图画送给春姑娘，并向春姑娘道再见。

3. “劳动最光荣”目的要求：使幼儿知道各行各业的人们都在为建设社会主义祖国而辛勤地工作着及他们的劳动与人们的工作和生活的关系，培养幼儿尊重劳动者的情感和爱惜劳动成果的习惯。认识几种材料制成的日用品、劳动工具、交通工具、家用电器，知道其名称特性、用途，并进行分类。主要活动：①参观工厂。选择适合幼儿参观的乡办厂或村办厂，如锁厂，教师从 65 道工序中选择三个车间，让幼儿观察工人叔叔和阿姨认真细心的工作情景，然后带了锁和包装盒回到班上，全体幼儿人手一盒地学习包装锁，既快又好地完成任务后，派代表将成品送回厂（就在隔壁）。②观察农民田间劳动。春耕、做秧板田、栽种蔬菜等。③到商店或家里参观家用电器。④组织展览会。将日用品、劳动工具、交通工具等以实物、图片、模型、玩具等方式布置展览会，从收集、制作，到归类布置、讲解均由幼儿承担。⑤参观当地物资交流会，会后玩玩“物资交流会”游戏。

参加预试的带班教师一致认为这样的改革有成效，初步尝到了甜头。

1. 以大自然、大社会为教材和课堂，既体现农村特色，又取之不尽、用之不竭。过去，他们认为农村孩子哪个不认识农作物，有必要带孩子们去观察田野和庄稼吗？但测查时发现：多数孩子面对菠菜和韭菜，抓不住特征，且不会描述，更不会比较；对农村出现的工厂、建筑物视而不见，漠不关心；当孩子到水库边、小山上春游时，孩子们是那样的欢欣雀跃！五个班级基本上都是第一次外出参观工厂。老师们认为：尽管出去比关在教室里工作量大得多，但丰富了幼儿的生活，扩大了幼儿的眼界，激发了他们的求知欲和探究精神，迈开了走向大自然和大社会的第一步。

2. 充分运用观察、参观、操作、组织展览等方式，使教育内容生动多样，具有吸引力，使幼儿学得积极主动。让幼儿有更多的机会通过各种感受去感知事物，动手动脑动嘴，团体协作、互相交流，这比以往靠教师单调枯燥的空讲、说教、满堂灌有效得多。



3. 注重表达能力的培养，使语言和绘画能力有了较快发展。幼儿通过观察、参观以及其他感受活动和团体活动，获得了大量信息，幼儿把看到的、听到的、想到的、做过的讲出来、画出来、唱出来。这样，幼儿的词汇丰富了，语句连贯了，并改变了过去只会依样画葫芦的状况，幼儿用色彩、线条、形状来表达自己的感受，同时也发展了幼儿的创造力。

4. 充分发挥家长的作用。教育幼儿，是幼儿园和家庭共同的责任。必须使家庭、社会和幼儿园协调一致地共同创设最适宜的教育环境，以促进幼儿的发展。开学初便召开家长会，宣传本研究课题的意义、科研基地的任务，并提出对家长的要求；印发《幼儿行为规则》，以便家长培养和督促幼儿的行为习惯；配合各主题，请家长经常带幼儿到田间去观察，有条件的可游公园；让幼儿参加简单的家务劳动、饲养和种植；支持并协助幼儿收集废旧物品，指导幼儿画画、记观察日记、写姓名、从事小制作、在家里对用具和工具分类，等等。

经过半年预试，我们认为尝试是有益的，但有不完善、不理想之处，各实验点之间在实施过程和效果上有一定的差距。然而，预试毕竟为正式的科研工作奠定了良好的基础。

## 四、农村学前一年课程结构的设计

学前一年教育的任务是向幼儿进行体、智、德、美教育，为入小学作好准备，并为培养全面发展的一代新人奠定基础。

我们对农村学前一年课程结构设计的图式如下：

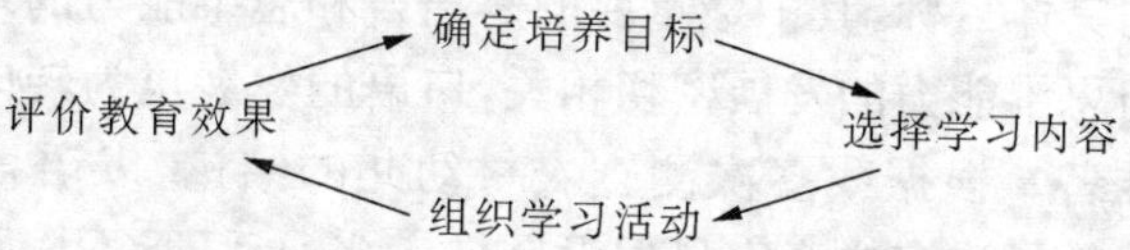


首先确定培养目标。经过学前一年的教育，幼儿应通过哪些要求，这些要求是必须落实到每个幼儿身上的。包括：1. 生活能力和生活习惯；2. 基本动作和身体锻炼；3. 态度和行为；4. 知识和能力；5. 学习习惯；6. 审美和表达美的情趣。

其次根据培养目标，选择相应的学习的内容，并按综合教育的原理加以组织，使培养目标体现在主题活动中，从而落实到每个幼儿身上。全年设计 14 个主题：1. 我们是学前班（或大班）的小朋友（2 周半）；2. 可爱的祖国（4 周）；3. 金色的秋天（4 周）；4. 小小科学家（2 周）；5. 寒冷的冬天（4 周），6. 新年多快乐（2 周），7. 我进步了（1 周）；8. 我快要上小学了（3 周）；9. 动物世界（3 周）；10. 美丽的春天（4 周）；11. 劳动最光荣（4 周）；12. 六一儿童节（1 周）；13. 炎热的夏天（3 周）；14. 告别幼儿园（1 周）。以上 1—7 在第一学期进行，8—14 在第二学期进行。

此外，在期初、期中、期末根据培养目标进行测查。为此，制订测查工具以供试用，并对课程的实施进行小结和总结。

我们所设计的农村学前一年课程结构，体现了以下特点：

1. 以之前 5—6 年家庭生活经验为基础，集中进行入学准备教育。不论已受过幼儿园小、中班教育或进学前班前全部生活在家庭中，入学前一年的幼儿已具备了一定的生活经验和能力，学前一年教育应在此基础上，从各方面集中进行入学准备教育。通过参观小学的各种活动，激发幼儿对学习的兴趣，培养学习习惯，使他们向往做个小学生，入学后能适应小学生的学习和生活。

2. 入学前的重点准备与全面发展相结合。入学准备包括知识、能力、行为习惯等方面的培养和训练，其中特别重视能力的培养。我们在学习能力方面提出了观察力、注意力、想象思维能力、表达能力和操作能力的具体目标，其中最重要的是语言和思维能力的培养。语言能力不仅与思维能力的发展密切相关，口语的发展也为转向书面语言作好直接准备。根据我多次测查农村幼儿的结论，以语言成绩为最差。一方面教了许多拼音字母但没有推广普通话，听不懂别人的普通话，也不会用普通话表达；另一方面是口语能力差，不会或不善于用恰当的词汇、连贯的语句表达自己的想法和感受。为此，我们提出：推广普通话是发展语言的首要任务，教汉语拼音字母要与学说普通话相结合；鼓励幼儿学会并习惯用语言表达自己的认识和感情；爱听成人连续朗读长篇儿童文学作品和通俗的科学读物，为口语向书面语言转换作准备。



思维能力是学习能力的核心。应着重培养幼儿的分析和综合能力，为此，我们提出：①通过比较异同，从不同角度对事物进行分类；②对同类事物，按某一方面的变化进行排序；③对事物进行分解和组合；④从一组熟悉的事物中抽象出几个共同特性进行归类，形成概念；⑤通过观察或操作，初步了解事物、现象彼此间的因果关系；⑥根据已有的概念，对不熟悉的事物、现象进行判断、推理；⑦遇事能想出、说出、做出与众不同的新异的想法、看法和作品。除结合日常教育工作注意培养能力外，我们特选编了一些游戏和操作活动，对各种能力进行专门的培养和训练。

在生活能力和生活卫生习惯方面、基本动作和身体锻炼方面、态度与行为方面、美感教育方面也分别提出了具体目标，为把幼儿培养成全面发展的一代新人，在体智德美诸方面打下良好基础，使近期目标与长远目标相结合。

3. 正确处理教师与幼儿的关系（教与学、教育与发展的关系）。

皮亚杰认为知识的获得，是通过个体的认知结构建构的。教育者应促进幼儿认知结构的发展，创造条件让幼儿在与外界作用中自身建构。这必然地肯定了幼儿在教育过程中的主体地位，应让幼儿从被动地接受知识变为主动地认识世界，教师的主导作用是引导幼儿学习而不是灌输式的传授，教育的作用在于把幼儿的经验组织起来，以促进幼儿的发展。为此，必须组织各种活动，让幼儿有机会在活动中主动学习。

4. 充分体现农村特色。在选择和组织幼儿的学习内容和活动时，充分考虑农村幼儿的水平，农村幼儿园与家庭的条件，农村四季气候的变化与动植物生长和节期的关系，农村的社会环境及当地的民情风俗等，让幼儿在直接接触到的周围环境中去学习。

在建设过程中，有几个问题尚未解决：

1. 学前一年教育机构有学前班和大班(暂不算混合班中的大组)，前者是农村中的多数，而我们的试点却选择在乡中心园及村办园中的大班进行，这是因为试点工作对教师的专业训练、工作经验、个人素质等方面都有一定的要求。今后转向学前班实验时，“设计”将针对学前班加以修改和发展。

2. 主题活动设计不完善之处首先表现在数学教育方面，它是入学准备的重点内容之一，但本设计尚未将数学教育全面地、科学地融于整个教育内容之中，这将在实施过程中进行研究，逐步完善。

3. 如何根据农村特点，如何灵活地运用各种教育手段，有机地组织多样性活动，这方面的设计还不够丰富，也将在实施中加强和发展。

从1988年9月至1989年6月是该设计的实验时期，1989年夏季将进行全面总结和修订。然后将在一定范围内的学前班进行。

合作者：赵寄石等

原载《学前教育研究》1989年第4期

又载于：1980年至1990年《中国大陆幼教论文选集》，

台湾：国花文化事业股份有限公司出版，1992年

# 论农村学前一年课程的特点

农村学前一年课程是指适合农村幼儿的学前班、幼儿园大班、混合班大组使用的课程。目前，农村学前一年课程存在着两个突出的问题：一是城市化，农村学前班从教学内容、教材到教育方式、方法，盲目照搬城市的一套；二是小学化，注重读写算，超前学习小学一年级的课本，像小学生那样成天上课。我们认为，农村学前一年课程应具有两大特点：一是不同于城市的农村特点；二是不同于小学的幼教特点。



## 一

农村学前一年课程应充分利用农村的大自然和大社会，促进幼儿身心的和谐发展，使他们从小就熟悉农村，热爱农村，为长大后建设社会主义新农村奠定基础。可设计“美丽的春天”、“炎热的夏天”、“金色的秋天”、“寒冷的冬天”以及“动物世界”、“小小科学家”等主题活动，利用农村的自然环境向幼儿进行教育；还可设计“可爱的家乡”、“劳动真光荣”、“新年多快乐”、“六一儿童节”、“十一国庆节”等主题活动，结合农村的社会环境向幼儿进行教育。

一充分利用农村宽阔的活动场地、多样的自然地形，开展户外及野外体育活动，促进幼儿身体的发展。让幼儿走在乡间的小路上，奔跑在水库边，攀爬梯子，登上山丘，跳过沟渠……可以发展幼儿走、跑、跳、平衡、登攀等各种运动能力。农村幼儿生活在大自然赐予的清新的空气、温暖的阳光、和煦的微风里，能锻炼得比城市儿童的体质更为强壮。

二、以农村的大自然和社会生活作为幼儿的主要认识对象，并在认识过程中，促进幼儿各种能力的发展。千姿百态的自然界，源源不断地为幼儿提供各种认识对象：气候节气、江河湖海、高山小丘、动物植物以及人们与大自然的关系等等；日新月异的农村社会生活，也为幼儿敞开了认识社会的大门；乡镇工商业和企业的发展、农田水利的基本设施、各种社会机构的活动、民情风俗以及人们相互间的关系等等。幼儿通过观察参观、调查访问、饲养种植，认识事物的外部特征、各个组成部分及其发展过程。如认识麦子，让幼儿系统观察麦子的生长过程：从冬季撒种→春季麦苗返青、抽穗→夏季成熟；再通过参与收割（幼儿拾麦穗）、参观加工成面粉，然后师生动手做成面条、煎饼、馒头品尝。又如认识家乡的新貌之一——水利设施，让幼儿参观水库、排灌站、渠道、水沟，使幼儿知道家乡人们多么能干，造起水库来蓄水，引水灌溉，庄稼长得好，人们的生活才能过得好。在幼儿认识自然和社会的基础上，通过各种活动鼓励幼儿表达他们的认识，将所见所闻画出来，唱出来，讲出来，尤其要注重语言表达，可以小组、全班讨论，也可自由交流。



三、利用农村美丽的大自然陶冶幼儿的情操，发展幼儿的审美能力。大自然中的青山绿水、蛙鸣虫叫、晚霞彩虹……为幼儿的审美教育创造了得天独厚的条件，可让幼儿通过歌舞、美术来表达美、创造美，并通过饲养种植培养幼儿对动植物的爱心，通过参观观察培养幼儿对家乡山山水水、一草一木的恋情，使他们从小就热爱大自然，热爱美化大自然的人们。

四、引导幼儿认识农村社会，促进其社会情感的发展，并掌握基本的社会行为规范。首先认识自己的家庭及其成员，进而认识邻居、本村、本乡人们的生活，使幼儿热爱自己的农民家庭和土生土长的家乡。了解人们的行为规范，学习农民勤劳朴实的优良品质，在日常生活中与同伴建立友爱关系，逐渐掌握基本的行为规范，如讲文明、懂礼貌、拾金不昧、尊老爱幼等。

例 1:“金色的秋天”(10 月份　4 周)

一、教育要求

1. 认识和表达秋天的季节特征,知道秋季是一个凉爽的、收获的季节。

2. 认识和表达秋天中的一些植物及其特性。

3. 认识和表达秋天中人们的活动。

4. 表达收获的喜悦及爱惜劳动成果的情感。

5. 加强有意注意和顺序性观察的培养,初步学会比较性观察。

二、教育内容和活动

1. 认识和表达秋天的季节特征。

(1) 用各种感官感知秋天的景象,知道秋天是凉爽的、收获的季节。

① 视:天空——晴朗,白云飘动;大地——金黄,丰收景象。

② 听:秋风瑟瑟。



③ 触:秋风凉爽。

④ 嗅:稻谷香。

△ a. 散文诗:《秋天》;b. 歌曲:《秋天多么美》。

(2) 知道秋天前面是夏天,秋天后面是冬天。通过对幼儿已有的经验进行对比(谈话,图片讲述)来加深对秋天特征的认识。

(3) 系统地进行观察。让幼儿知道初秋、仲秋、深秋及三秋中气温、动植物的变化,如比较三秋中的气温和天气记录、树的特征、某些动物的消匿。

(4) 注意引起幼儿对周围事物的兴趣,培养幼儿的有意注意,教会幼儿有顺序地进行观察。

(5) 组织幼儿秋游。

(6) 教会幼儿根据天气的变化穿脱衣服。

2. 认识秋天中的动植物。

(1) 几种庄稼:水稻、棉花等。

如,观察田里的水稻:金色,风吹稻浪滚;看农民收割。再观察一棵水稻:从根到穗各组成部分;拾稻穗;把谷剥成米;结合数学,学习拾穗歌或儿歌“春天里呀插下秧,夏天里呀快快长,秋天里呀满地黄,农民伯伯喜收粮”。可用刚碾的米集体就餐,并教育幼儿珍惜粮食,学儿歌《盘中餐》。

可通过舞蹈《丰收舞》反映丰收的喜悦。

(2) 几种蔬菜:青菜、韭菜等。

① 认识蔬菜的名称及各组成部分,如根、茎、叶;知道可食部分,并了解其生长过程;集体摘菜,可观察炒制过程并品尝,了解某一蔬菜的味道。

② 在认识中运用比较的方法。

③ 在园内开辟一块小园地,种植一些秋季蔬菜,教会幼儿自己管理,也可种越冬作物,如蚕豆、豌豆等。作好观察记录。

④ 通过各种活动加深幼儿对蔬菜的认识,如绘画、撕纸、剪贴等。

(3) 认识其他一些植物:花生、大豆、山芋。

① 让幼儿观察植物整体,知道其生长部位和可食部分,并选择1—2种让幼儿品尝。

② 通过绘画加深对这些实物的认识。可让幼儿各自带来不同的实物开“丰收展览会”。

(4) 几种树:梧桐、柳树、松树、柏树等。

① 知道落叶树和常绿树,并通过观察比较它们的特征。知道树叶在秋天里逐渐变黄并掉下的树是落叶树。

② 捡树叶,并开展一起制作、布置教室;保存些树叶供冬、春天活动用。

(5) 认识几种花:菊花、鸡冠花。

① 知道花的外形特征、开花季节。

② 画花。

③ 学儿歌:“秋天天气真凉爽,菊花开放红、白、黄,菊花菊花真美丽,画朵菊花挂墙上。”

(6) 认识几种劳动工具:镰刀、锄头、脱粒机、拖拉机等。

① 让幼儿先调查各自家里的农具。

② 组织幼儿观察农民伯伯脱粒、耕地、锄地。

③ 知道各种农具的名称、用途、质地、动力等,并能归纳分类。

④ 用锄头在园内的菜地里锄地。

⑤ 绘画或用泥塑造简单的劳动工具。

△ 歌曲:《小镰刀》。

(7) 认识几种动物。

知道天气渐渐冷了,知了、青蛙没有了,燕子往南飞准备过冬,蚂蚁在收藏粮食入洞,有的动物身上又长出细细的毛。

3. 认识人们的活动:秋收秋种。

① 有重点地组织幼儿观察农民秋收秋种。了解农民收什么、种什么,秋收秋种的过程,知道农民伯伯劳动的辛苦。如割稻、收稻、脱粒、晒谷等;翻地、锄地、下种、施肥等。

② 组织"割稻"、"锄地"、"挑担"等活动进行节奏和动作训练。



4. 总结性活动。

① 通过谈话、绘画、组织秋天展览会等形式,让幼儿全面认识秋天的特征、秋天的动植物及秋天人们的活动。

② 可通过幼儿独立活动和集体协作进行。

例 2:"可爱的家乡"(11 月份　3 周)

一、教育要求

1. 知道家乡是自己出生和生活的地方,知道家乡的名称(我是××省××县××村或镇人)。

2. 通过参观、观察,认识家乡地方的美,知道要保持家乡环境卫生清洁。

3. 认识家乡主要社会机构的所在地,知道那里的人们为大家工作,懂得家乡人们互相关心、互相帮助。

4. 认识当地人们生产的物资和从外地运来的物品、建筑的房屋、建设的农田水利等,感受到家乡人们为大家劳动,很能干。

二、教育内容和活动

1. 我的家。

(1) 各人在家观察家里有哪些人，他们怎样为大家工作，关心大家；他们在哪里上班，干什么工作；自己在家里怎样关心大家，会做哪些事。

(2) 在班上(全班或分组)讲给大家听。

(3) 用绘画、泥工和纸工等方式表达住的房屋、做的工作。

(4) 对家长的职业进行分类、统计，画成图片(由教师引导集体进行)。

2. 我家的邻居。

(1) 观察、询问邻居中上班的人干什么工作。

(2) 谈谈我家和邻居怎样互相关心、帮助。

3. 家乡的地方多么美。

(1) 参观农田、街道，认识乡政府、医院、学校、工厂、商店等社会机构的所在地，知道那里的人们在为大家工作。

(2) 学古诗《一望二三里》。

(3) 学儿歌《看看山区新变化》，由教师引导集体改编。

(4) 用沙盘、泥土、石子、树枝等建构家乡的街道、河流、农田等。

4. 家乡的人们多能干。

(1) 参观并认识几种当地产品及生产场所。

(2) 参观当地的新建筑。

(3) 欣赏当地的民间工艺品。

5. 把家乡建设得更美好。

(1) 谈话，编诗歌《夸夸我们的家乡好》。

(2) 谈谈家乡还要造什么，把自己想到的画出来或做出来。

三、活动举例

家乡的地方多美丽。

(1) 准备工作：教师观察家乡的环境，挑选参观的场所和路线，考虑参观时在各处引导幼儿注意什么。目的是使幼儿对家乡的地方得到概括的了解。

(2) 参观过程:可分组分日带领幼儿参观主要街道、社会机构,联系“金色的秋天”观察农田,边走边看边谈,注意联系组内幼儿的住处或其家长的工作场所,激发幼儿对家乡的亲切感。

(3) 参观后谈话:我们的家乡××村(镇)。回忆参观过程,谈各人的所见所闻,形成家乡的概念。

(4) 建构活动:用沙盘和其他材料建构家乡的概貌,要求幼儿共同协商,合作建设(可分组进行)。

## 二

农村学前一年课程应根据学前一年幼儿的身心发展的特点,从各方面、多角度地做好入学准备,使他们在心理、知识、能力、行为习惯等方面为入小学打好基础。可设计“我们是大班(或学前班)的小朋友”、“我进步了”、“我快要上小学了”、“告别幼儿园”等主题活动,重点进行入学准备教育。



一、做好入学准备应体现在促进幼儿的身心发展方面,使其经过一年的学前教育,达到小学生的发展水平,具备了进入小学的条件。学前一年教育目标应包括:培养良好的生活习惯,发展运动能力,以促进幼儿身体健康的发展;形成良好的认识结构,发展认识能力,培养认识习惯,以促进幼儿认识的发展;培养广泛的兴趣,激发探索的愿望,培养坚持性、创造性、独立性、自控力、诚实、勇敢等品质,培养活泼开朗的性格,以促进幼儿个性的和谐发展;帮助幼儿理解和形成基本行为规范,发展人际交往能力,以促进幼儿社会性的发展。

二、做好入学准备应逐步提高幼儿入学心理准备的要求,使之向往做个小学生,能像小学生那样懂礼貌、守纪律、爱学习,最后能依依不舍地离开幼儿园,高高兴兴地去上小学。

三、为幼儿准备入学,使其掌握一些粗浅的知识是必要的,但更为重要的是培养学习能力,形成良好的学习习惯。如培养幼儿能有目的地运用各种感官按一定顺序和方法进行观察；在认识人、事、物时会边观察、边思考，比较异同，排序归类，形成初步的概念；专心倾听并理解他人说的话，清楚地表达自己的想法；主动积极地用多种形式和材料来进行表达；遇事能想出、说出、做出与众不同的、新异的想法、看法和作品以及举手发言、正确的握笔和看书姿势，等等。凡此种种必须采用学前期的最佳教育手段——游戏和活动来进行培养和训练。

例1："我快要上小学了"（2—3月　3周）

一、教育要求

1. 知道再过半年自己就要上小学了；熟悉小学环境，激发上小学的愿望。

2. 观察并模仿小学生的行为。要求像小学生那样懂礼貌，守纪律，爱护集体，关心同伴。

3. 学习用语言、音乐、美术等手段反映小学的生活。

4. 学认、学写一些简单的常用词汇。例如："小学生"、"一年级"、小学的校名等。

二、教育内容和活动

1. 熟悉小学环境。

（1）参观将要就读的小学校园（舍），观看小学生做早操、开晨会、课间活动以及听到上课铃声是怎样立即走进教室的。

（2）与小学校长、一年级教师以及工友见面，了解他们的工作。

（3）语言：讲述参观见闻；知道就读小学的校名，并会书写。

（4）通过讲故事、儿歌、音乐和美术活动反映小学生的愉快生活。

2. 了解一年级小学生的学习生活。

（1）课堂观察：小学一年级的哥哥姐姐阅读、书写和端坐的姿势；学习用品和书本是怎样整齐地放在指定的地方；怎样举手回答问题；怎样认真听讲；怎样安静地做作业等。

（2）语言：谈我看到的小哥哥姐姐是怎样学习的；或介绍我熟悉

的一名小学生是如何学习的。

(3) 绘画:反映小学生的学习生活。

(4) 歌曲《上课认真听》。

3. 开展学做小学生的活动。

(1) 歌曲《上学歌》。

(2) 模仿小学一年级上课:认真听讲,举手发言,用正确的姿势来完成作业。

(3) 检查考勤:值日生每天统计人数,检查出席情况。例如全班有多少人,男女人数,今天缺席人数,谁缺席了,什么原因,等等。

(4) 情境表演。

① “上学去”:反映上学的愉快心情。

② “上课”:反映认真学习的情景。

③ “下课十分钟”:反映紧张而愉快的生活,知道下课十分钟需要做很多事。例如,为集体做事;和同学友好地玩;上厕所;准备下节课用的物品等。



④ “放学以后”:知道放学回家做事的顺序,先做作业再玩;看好家;帮助爸爸妈妈做事。

(5) 参加一年级小学生少先队活动;或与一年级少先队员联欢。

(6) 练习书写姓名、校名、“一年级”、“小学生”等。

例 2:“告别幼儿园”(6—7 月　1 周)

一、教育要求

1. 知道幼儿园大班“毕业”的意义。

2. 培养回顾和展望的心情。激发儿童渴望上小学的愿望。

二、教育内容和活动

1. 通过“我进步了”的活动,激发幼儿回顾入园后的成绩。

(1) 我知道了哪些? 回忆进行过的各主题活动。

(2) 我学会了哪些? 复习念过的儿歌、唱过的歌曲、跳过的舞蹈。

(3) 我会制作哪些东西? 欣赏以前的美术作品和手工制作。

(4) 举办成绩展览会。

2. 开展“我为幼儿园做好事”的活动。

(1) 为幼儿园做好事,例如,打扫卫生、管理园地;整理本班的桌椅、玩具、图书,移交给中班弟弟妹妹。

(2) 为小班弟弟妹妹整理教室,修补图书等。

3. 互赠纪念品。

(1) 临别赠言:通过“我送老师、同学一句话”,相互赠言。

(2) 制作各种纪念品相互赠送。

4. 独立组织毕业典礼活动。

(1) 自己设计,制作胸花、邀请卡。

(2) 主动邀请老师、家长和其他班级小朋友的代表。

(3) 布置会场。

(4) 举行毕业典礼。

△ 由儿童主持。

△ 唱歌:《老师再见了》(浙江《音乐》)。

△ 朗诵:《毕业诗》(统编《语言》)。

△ 幼儿园老师讲话:祝贺并提希望。

△ 幼儿园给毕业儿童赠送纪念品。

△ 照毕业照。

(5) 举行联欢会(本班)。

发动大家带茶点、糖果,边谈,边吃,边表演节目。

* * *

以上说明农村学前一年课程必须体现“农”与“幼”两方面的特点:以农村的广阔天地为课堂,以大自然、大社会为教育内容和教材,做到农村化、地方性;结合学前儿童的身心特点,开展各种生动活泼的游戏和活动,做到幼教化、学前性。使幼儿在学前一年中愉快地进行学习,主动积极地得到发展,充分地进行入学准备。这种农村学前一年课程能因地制宜,就地取材,取之不尽,用之不竭,可行有效!

合作者:赵寄石等

原载《幼儿教育改革与研究——全国幼儿教育第四届学术研讨会文选(上)》,教育科学出版社,1990年5月

# 适应不同需要的学前儿童多种保教形式

国家教委副主任柳斌同志在江门幼教国际会议开幕式的讲话中指出：中国发展学前教育受到人口和经济两大因素的制约，仅仅追求发展正规化的学前教育是不现实的，经济的发展、国力的增强需要一个过程，需要一段时间，而儿童的成长是不能等待的。因而，在积极发展正规化的学前教育的同时，发展非正规化的学前教育，已成为当前深具价值的课题。据此，我们决定进行“学前儿童多种保教形式”的研究。从国内外已有的研究来看，学前儿童多种保教形式大多由政府部门、社会团体及私人来举办；国内主要面向幼教机构空白地区，解决学前一年的教育问题。本课题则充分挖掘正规幼儿园的潜力，探索以幼儿园为核心的多种学前儿童保教形式；在学前一年或两年教育已基本解决的地区，通过非正规形式使散居幼儿有机会受到一定程度的学前教育。



## 一、让更多的学前儿童受到不同程度的教育

今天的儿童将是21世纪的主人。儿童的生存、保护和发展是提高人口素质的基础，是人类未来发展的先决条件。1990年召开的世界儿童问题首脑会议通过了《儿童生存、保护和发展世界宣言》和《执行九十年代儿童生存、保护和世界发展宣言行动计划》（以下简称《世界宣言》、《行动计划》）。1991年3月，李鹏总理代表中国政府签署了上述两个文件，作出了庄严的承诺。1992年3月，中国政府正式颁布实行《九十年代中国儿童发展规划纲要》（以下简称《规划纲要》），以保证《世界宣言》、《行动计划》的履行。

我国的《规划纲要》规定，到本世纪末“3至6岁幼儿入园（班）率达到35%”。这就是说，到本世纪末，即使实现了《规划纲要》的目标，还将

有65%的3岁以上幼儿及大多数3岁以下幼儿不可能在正规的学前教育机构中接受教育。为此，必须坚持"动员社会力量，多渠道、多形式地发展幼儿教育"的方针，在发展正规学前教育的同时，有计划、因地制宜地积极发展非正规学前教育，为更多的学前儿童提供学前教育机会。

## 二、以幼儿园为核心的多种学前儿童保教形式

中国幅员辽阔，人口众多。积极发展学前教育必须从民族特点、地区差异、经济条件和文化背景出发，采取适应不同需要的多种学前儿童保教形式，使处于不同情况的学前儿童都能受到一定程度的学前教育。以下介绍的几种非正规学前教育组织形式，选自江苏省经济和文化发达的锡山市洛社镇和武进市奔牛镇、经济和文化一般的邗江县公道镇及经济文化欠发达的睢宁县桃园乡后台村。

(一) 农村幼儿教育综合实施模式

以村幼儿园(班)为核心，依托村民委员会、小学校等园外各种社会力量，建构农村幼儿教育综合实施模式。包括：1. 幼儿混合班：对全村4—6岁幼儿进行正规学前教育。2. 保教小组：以自然村为单位建立保教小组，对0—4岁幼儿进行非正规学前教育。3. 幼儿家庭：对全村0—6岁幼儿进行家庭教育。每月由幼儿班组织一次活动，让全村0—6岁未入园(班)的幼儿及其家长参加。

(二) 送教上门的教学点

将住家离园较远因而不能入园的五六岁幼儿组织起来，每周活动两三次，由幼儿园教师送教上门，每次活动一小时。教学点设在幼儿家里。

(三) 大带小的活动小组

组织从幼儿园毕业的三四年级小学生或幼儿园大班幼儿，在幼儿园教师指导下，将尚未入园的3岁左右幼儿组织起来，每周活动1—2次。在散居儿童家中或院子里，由其爷爷奶奶带领着参加。一般在小学生放学后或在星期日进行。

(四) 散居幼儿定时、定期到幼儿园(班)活动

1. 散居幼儿每周到幼儿园生活一天。

2. 一些外出经商者、打工者带着幼儿到处流动。镇中心园利用

本园幼儿中午休息或放学后的时间，将这些处境不利儿童集中起来，每天或每周几天来园，给予一两个小时的照管和教育。

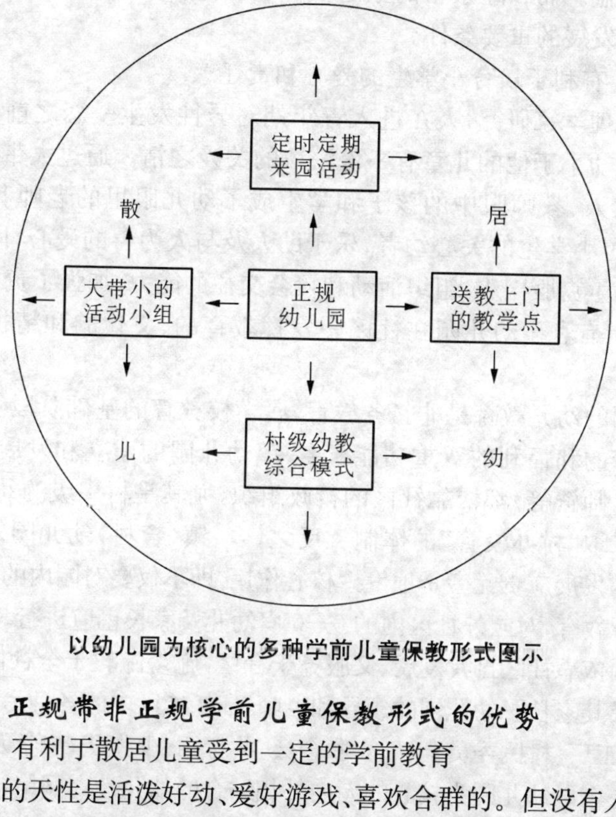


以幼儿园为核心的多种学前儿童保教形式图示

## 三、正规带非正规学前儿童保教形式的优势

（一）有利于散居儿童受到一定的学前教育

幼儿的天性是活泼好动、爱好游戏、喜欢合群的。但没有入园的农村幼儿，尤其是3岁上下的幼儿，多由成人关在家里养育。通过保教小组、活动小组等形式，散居儿童在一起玩民间游戏、念儿歌、唱歌、跳舞、听故事，便由胆怯怕生转变为大方合群、懂礼貌、讲卫生，发展了幼儿积极、愉快的情绪，提高了入园的起点，加速了散居幼儿的社会化进程。

（二）有利于提高家长的素质

农村幼儿的家长，不仅文化水平低，更缺乏幼儿保教知识和技能。尤其是独生子女家长，更不知如何表达对孩子的爱心。通过保教小组及大带小的活动等，向家长传授育儿知识，教家长念儿歌、做游戏，让家长和孩子同游同乐，这对建立融洽的亲子关系及和谐幸福的家庭生活大有裨益。而和睦亲密的家庭氛围、良好的家庭教育，是幼儿身心得以和谐发展的重要条件。

（三）有利于培育小学生的爱心和责任感

据心理学家研究，人在进入青年期对异性发生爱恋之前，少年期的儿童对幼小于他的儿童有一份浓浓的关爱之情。通过大带小活动，这些在大人、教师眼中的孩子和学生成了幼儿眼里的老师和哥哥姐姐，培育了小学生的关心幼者、乐于助人及与人为善的爱心；同时也锻炼了小学生克服困难、组织活动和社会交往的能力，加强了责任感。

（四）有利于幼儿园在社区中发挥教育的、文化的和精神的辐射作用

中国的幼儿教育是非义务教育，属学校教育的基础阶段。幼儿园具有教育的和福利的双重功能。乡、镇幼儿园的建立和发展（包括园舍、经费、师资等）都依靠社区的行政组织，尤其是村一级的幼儿园，一般都是采取“村办校管”的体制。反之，乡、镇（含村）幼儿园对社区幼儿教育的发展应责无旁贷地发挥核心作用，即不仅要对园内的幼儿及其家长进行教育，对园外社区内的0—6岁幼儿及家长也应进行教育。乡、镇幼儿园依靠社区自我发展，又服务于社区，施爱施教于全社区的0—6岁幼儿及其家长。幼儿园的领导和老师，依托社区内的各种力量——乡镇政府、工厂、村民委员会、妇女联合会、共青团、少先队、中学及小学等，组织成一个以幼儿园为核心的园内外相结合的幼儿教育网络，提高幼儿的入园、入学起点，更新家长的教育观念，提高家长的教育素质，使幼儿园在社区内充分发挥教育的、文化的、精神的诸方面的辐射作用。



## 四、正规带非正规学前儿童保教形式的发展趋势

（一）非正规的多种形式的设施将日益受到重视并得到广泛而深入的开发

这主要是因为，发展中国家和地区的社会、经济、文化的发展现状难以为广大学前儿童提供正规的保教设施。而非正规的设施则由于

以下特点而普遍适应性较强：

1. 从当地实际需要与可能出发确定相应的内容和形式；

2. 开发当地人力物力资源形成各自特色；

3. 面对儿童和面对家长，两者同步，从根本上改善儿童发展成长的环境；

4. 建立多样化的保教模式，便于广大保教工作者和家庭人员具体操作。

（二）以正规带非正规将成为中国进一步发展学前保教的重要方式

据 1994 年统计，我国共有幼儿园 17.47 万所，在园幼儿数 2 630 万人，3—6 岁幼儿入园率为 31.5%，其中学前一年幼儿入园率已达 60%以上。可见，目前散居在幼儿园外的 3—6 岁的幼儿尚占 68.5%，我国和其他发展中国家同样难以为他们提供正规的保教设施。虽然《幼儿园工作规程》(试行)中规定幼儿园可分为全日制、半日制、定时制、季节制和寄宿制等，但由于人们观念上追求正规，现有的 17 多万所幼儿园中大多数是全日制，少数是寄宿制，基本上都是正规幼儿园。为此，必须贯彻多渠道、多形式发展幼儿教育的方针，而在幼儿教育内部，则应以正规带动非正规。如果 17 多万所幼儿园每园带 1 所校外保教小组或活动小组，每所校外非正规设施以 5 名幼儿和 5 名家长计算，则全国将增加 80 多万名幼儿和 80 多万名家长受到一定程度的教育。可见，正规与非正规必将同步发展，后者将是前者的延伸和补充。

综上所述，适应不同需要举办以幼儿园为核心的多种学前教育组织形式，使更多的学前儿童受到一定程度的学前教育，是时代发展的需要，也是中国幼教工作者履行《九十年代中国儿童发展规划纲要》的伟大使命和光荣职责。

合作者：虞永平等

原载《为幼儿奠定良好的素质基础——“适应我国国情，提高幼儿素质的实验研究”丛书》(二)，科学普及出版社，1997 年 11 月

# 办教养员短训班的几点体会

去年,我们南京师范学院教育系学前教育专业的部分师生于7月至10月间,来到溧阳县,协助当地开办短训班,培训教养员。短训班的开办工作,不论是以县、公社或管理区(大队)为单位,都是由当地党委亲自审定计划、部署工作和作动员报告,给了学员很大鼓舞,也加强了妇联、文教、卫生等有关部门分工负责、紧密协作的决心,保证了短训班胜利地完成任务。三个多月来,我们先后举办过50多次短训班,训练了两千多名教养员和幼教干部。她们普遍反映:"经过训练后,思想开了窍,工作也有了奔头。"这对全县现有的877所幼儿园(班)的巩固和提高起到一定的作用。在办短训班的工作中,我们有如下几点体会:



第一,短训班的时间不宜过长,一般一至四天,但应根据需要和可能增加或缩短。训练内容不宜过多,必须选择最必需而又可能做到的来开展。由于参加短训班的学员,大多数都是没有做过幼儿教学工作的,所以,我们训练的内容集中在两个方面:首先,是政治挂帅,从解决学员的思想入手,说明办幼儿园的政治意义,提高学员的思想认识,帮助她们初步树立专业思想;同时教给简单的业务知识,包括教材和教法,以便领导孩子活动。

在政治课方面,由党委作动员报告,结合当地大跃进的情况,说明办幼儿园的重要性,对解放妇女劳动力、促进生产、建设社会主义的关系,以及培养共产主义接班人的重要意义。并围绕讨论和结合学员思想展开鸣放辩论:要不要办幼儿园?能不能办好幼儿园?经过辩论,学员进一步明确了办幼儿园的重要性,树立办好幼儿园的信心。许多教养员纷纷写决心书，保证要办好幼儿园。杨庄公社蒋一琴一直不安心农村工作，想去当工人，经过训练后，表示连城里也不随便进，要当一辈子教养员。

在业务课方面，包括怎样办幼儿园和怎样领导和安排幼儿一天的活动。上业务课时举的例子要简单，内容要明确具体，如讲“怎样使幼儿在园里的一天生活过得好”，就结合介绍幼儿园生活作息制度表，并着重介绍和讲解幼儿入园、盥洗、大小便、吃饭、午睡、游戏、离园(或就寝)等具体活动；关于幼儿上课的内容，开始只介绍立即可能做到而又适合年龄特点和最吸引儿童的活动，如讲故事、唱歌。然后讲解“怎样正确教育孩子”、“幼儿园的游戏和玩具”等，使教养员逐步地掌握基本专业知识，这样，教养员比较容易理解和接受。如埭头公社教养员钱和英说：“过去我不了解为什么教孩子唱《双推磨》，孩子没兴趣，现在我才明白那是不符合儿童年龄特点的。”

第二，在巩固提高幼儿园阶段中的短训班，要因时因地制宜。目前在溧阳，大多数教养员都进入业余幼师系统学习，但为了适应巩固提高幼儿园的需要，我们又协助举办了园主任、保健员、幼教辅导员、教养员骨干分子、保育员骨干分子训练班，着重学习党的教育方针政策和医疗卫生知识，这样，对加强幼儿园的组织领导和做好卫生保健工作，起到一定的促进作用。



第三，在教学方法上，采用教师“边教边做”、学员“边学边做边巩固”的原则，以达到学以致用的目的。在整个过程中，我们做到示范与分析相结合、练习与讨论相结合，以幼儿园上课方式，把学员当幼儿来演习幼儿园的各种教学方法，如学员在课余做操、唱歌、游戏时，就教给幼儿园的做操、唱歌、游戏的内容；也可以让学员做教养员来进行练习，然后大家讨论。这些方法，符合学员的特点，因为当前教养员受文化水平限制，笔记能力差，只有这样具体的教法和学法，才易于领会，同时，时间有限，复习巩固机会少，学员边学边做也容易巩固学到的知识。

教学形式是以讲课、讨论、练习、参观为主，同时，可以通过经验介绍、举办玩具展览会、联欢会等方式，来巩固和丰富学员所学的知识。例如，以联欢会方式，复习所学歌舞教材；玩具展览会，可将学员所做的玩具展览，这些活动形式，学员是最感兴趣的，能解放思想，互相学习，激发她们大胆创造。此外，最好组织学员到较好的幼儿园进行现场观察，交流经验，取长补短，这样既能补课堂学习的不足，又能增强学员搞好工作的信心。因此，学员们在参观后都说："这样观摩，更充实了我们的学习内容，工作起来就更有把握了。"

原载《中国妇女》1959年第3期

# 其他

# 为了中国儿童的生存、保护和发展

## ——学习《九十年代中国儿童发展规划纲要》的体会

**编者的话** 《九十年代中国儿童发展规划纲要》到今年3月10日已公布一年了。这个纲要是90年代我国儿童工作的纲领性文件，它对促进儿童的健康发展，指导保育、教育工作起着极其重要的作用。我们幼教工作者必须认真学习和贯彻执行这个纲要。为了帮助广大读者深入领会"规划纲要"的精神，保证幼教改革适应社会发展的需要，我们约请了南京师范大学的老师们写了一组文章，自本期起连续刊载。



### 奋斗纲领　行动指南

1992年3月10日，国务院正式公布了《九十年代中国儿童发展规划纲要》，这是我国面向21世纪的儿童发展行动纲要，也是我们儿童工作者的奋斗纲领和行动指南。

**一、《纲要》产生的背景及其意义**

1990年3月召开的世界儿童问题首脑会议，通过了《儿童生存、保护和发展世界宣言》和《执行九十年代儿童生存、保护和发展世界宣言行动计划》。1991年3月，李鹏总理代表中国政府签署了这两个文件，向全世界做了庄严的承诺。党的十一届三中全会以来，儿童工作进一步走上社会化、科学化、法制化的轨道，全国人大先后通过并颁布了《义务教育法》、《未成年人保护法》等法律和法规，"爱护儿童，教育儿童，为儿童做表率，为儿童办实事"正在成为我国公民的自觉行动，儿童工作成为全社会精神文明建设的重要组成部分。《九十年代中国儿童发展规划纲要》就是在这种背景下产生的。

《纲要》的制定，是我国儿童工作发展进程中的一件大事，是党和政府关心儿童健康成长的具体体现。一方面因为儿童的健康成长关系到祖国的前途命运，提高全民族素质，要从儿童抓起。儿童工作是面向未来的事业，现在抓好儿童工作，对于21世纪中国的腾飞，是有战略意义的。另一方面我国人口众多，儿童数量居世界首位，做好我国的儿童工作，对促进人类进步、维护世界和平也会产生深远影响。《纲要》的制定，也是我国社会、经济、文化发展到一定阶段的产物，是儿童工作发展到一定阶段的产物。将儿童工作整体化、系统化，有利于儿童工作的综合、协调、全面发展。儿童不仅需要政府的保护，还需要社会的保护。可以说，这是我国在90年代继《未成年人保护法》之后又一个保护儿童权利的重要文件。它的制定，是一件“功在当代，利在千秋”的伟业，具有极其重要的意义。

**二、《纲要》的主要指标及基本原则**

90年代我国儿童生存、保护和发展的主要目标共10条：



1. 将1990年的婴儿死亡率和5岁以下儿童死亡率分别降低1/3。

2. 将1990年的孕产妇死亡率降低一半。

3. 使1990年5岁以下儿童中度和重度营养不良患病率降低一半。

4. 到2000年，缺水地区农村饮用水（含水源型防氟改水）受益人口达到95％。普遍提高生活污水、垃圾无害化处理率和卫生厕所普及率。

5. 在全国普及初等义务教育，在城镇以及经济比较发达的农村基本普及初中阶段义务教育。3至6岁幼儿入园（班）率达到35％。

6. 在全国范围内基本扫除青壮年（15至40周岁）文盲，同时大力开展扫盲后的继续教育，提高文化和技术素质，巩固和提高扫盲成果。

7. 各省（自治区、直辖市）、各地（州、市）和90％的县要有一种以上儿童校外教育、文化、科技、体育、娱乐等活动场所，使90％儿童（14岁以下）的家长不同程度地掌握保育、教育儿童的知识。

8. 重点支持少数民族、边疆、贫困地区儿童工作的发展。

9. 大幅度减少残疾儿童出生率，促进残疾儿童的康复与发展，使多数残疾儿童能够入学。改善儿童福利机构设施条件，强化其供养、教育、康复的功能，提高服务水平。

10. 完善保护儿童合法权益的立法，健全相应的执法机构和队伍。

《纲要》的基本原则如下：

1. 坚持从中国的国情出发，以我国儿童发展状况为基础，与国家的《国民经济和社会发展十年规划和第八个五年计划纲要》的总目标相一致，同时也考虑到世界儿童问题首脑会议通过的两个文件的要求。

2. 我国地域辽阔，规划时效十年，因此它是以儿童发展的主要指标为内容，如降低儿童死亡率和发病率、普及义务教育和提高入园率、促进贫困和残疾等。《纲要》是一个“纲领性”的规划，所以称为《规划纲要》。



3. 儿童作为未成年人群，其发展有赖于成人，特别是父母亲。因此，在世界首脑会议的《行动计划》和我国的《规划纲要》中都有与儿童发展紧密相关的非儿童发展指标，如通过多种形式的家长教育，提高家长的素质，普及优生、优育、优教的知识；提高生活与环境的质量，为儿童的健康发展创造良好的条件等。这些虽属“非儿童发展指标”，但却直接影响儿童的发展水平。

## 三、《纲要》赋予学前教育工作者的使命

《纲要》所提出的我国儿童生存、保护和发展的主要目标和8项策略与措施，其基本内容与学前教育紧密相关，赋予学前教育工作者神圣而艰巨的使命。主要表现在：

1. 关于教育对象。《纲要》规定的儿童工作对象是0至14岁的儿童，作为学前教育工作者来说，从0岁至入学前的儿童都是我们的工作对象，不能仅局限于3—6岁的儿童，还应对6岁以后的发展予以关注。这就使我们的工作对象的年龄向前延伸，扩大了服务对象的范围。

2. 关于保育和教育。《纲要》中“人口与计划生育”、“妇幼保健和营养”、“提高生活与环境质量”及“优生、优育、优教”等部分都是与儿童的保育有关的。而“基础教育与扫盲”部分是直接与儿童教育有关的,如“积极发展学前教育”,全国 3 至 6 岁幼儿入园(班)率将从 30% 提高到 35%,其中城市入园(班)率达 70%,农村学前一年幼儿入园(班)率达 60%。《纲要》并提出优先发展师范教育,多种形式培训幼儿教师,提高师资水平等。

3. 关于正规与非正规的托幼组织。《纲要》强调要坚持“动员社会力量,多渠道、多形式地发展幼儿教育”的方针。因为即使达到了上述的城乡幼儿的入园率标准,全国仍有 65%的幼儿受不到正规托幼组织的教育,所以《纲要》特别规定:“在经济不发达的农村和人口居住分散、交通不便的山区、牧区要利用多种形式进行学前教育。”为此,正规托幼组织的学前教育工作者,有责任和义务带动非正规的多种形式的学前教育。



4. 关于一般与特殊儿童的教育。《纲要》不仅面向大多数一般的正常儿童,也保护处于困难条件下的特殊儿童,如加强对残疾患儿的早期诊断、护理、康复和教育工作,特别关注离异家庭的儿童保护和教育等。作为学前教育工作者,不仅要对班上一般的和特殊的儿童一视同仁,对后者更要给予特别的保护与教育。

5. 关于学校、社区、家庭三者相结合的教育。《纲要》提出要建立三结合的育人机制,加强校外教育、科技、文化、体育、娱乐等活动场所的建设。学前教育工作者要充分利用校外活动场所对儿童进行教育,也应参与辅导工作。

6. 关于家长教育。要使 90%儿童的家长不同程度地掌握保育、教育儿童的知识,学前教育工作者应当广泛深入地宣传、普及家庭优生、优育、优教的基本知识,提高家长的素质,从而促进儿童的发展。

原载《早期教育》1993 年第 3 期

# 江苏省幼教立法与事业发展①

江苏省是经济与教育都比较发达的地区，幼儿教育的基础较好。江苏省政府对幼儿教育非常重视，早在 1986 年，省人大常委会审议通过了《江苏省幼儿教育暂行条例》，省政府及时转发省教委拟订的实施办法，在全国首先实行幼教地方立法。10 年来，我省幼儿教育开始走上依法治教的道路，幼教事业呈现出一派兴旺发达的景象。

## 一、江苏省幼儿教育立法的背景

**各级政府的重视** 我国要实现四个现代化的宏伟目标，关键是科学技术要能上去，而发展科学技术，不抓教育是不行的。江苏省各级政府领导越来越认识到提高劳动者素质，必须从小抓起，从幼儿教育抓起；认识到幼儿教育既是教育事业，又是和人民群众切身利益密切相关的一项社会公共福利事业。为了社会的稳定和发展，为了提高人口素质，必须切实抓好幼儿教育。为幼教立法，就充分体现了省政府对幼儿教育的关心和重视。

**普及九年义务教育的需要** 1985 年，江苏全省就已经基本普及小学阶段的义务教育，这在全国来说，进展是较快的。为了巩固普及小学义务教育，必须既注意向上发展初中义务教育，又注意向下延伸带动幼儿教育，使幼儿教育健康发展，以提高小学的入学起点，巩固和发展普及九年制义务教育。

**幼儿教育积极发展的需要** 1986 年，江苏省幼儿园数为 26 422

① 1996 年 4 月，唐淑和周兢应邀参加国家教委和联合国教科文组织在北京联合主办的“中国履行《儿童权利公约》研讨会”上的发言。

所，在园幼儿数为172.66万人，入园率为60％（其中学前一年为90％），比1985年增加幼儿园734所、入园幼儿6.68万人。江苏省幼教虽然发展较快，但各地发展不太平衡，地区之间差异较大，苏北有些县区难度较大。要使幼儿教育真正成为政府行为，必须使幼儿教育也纳入以法治教的轨道。

**有关部门及热心人士的促进** 省教委和省妇联的负责同志对幼儿教育最为关心，他们积极呼吁，八方奔走，主动联络总工会、卫生、劳动等有关部门，终于促成了在全国率先制定省级幼儿教育法规。

## 二、江苏省幼儿教育立法的内容及实施

《江苏省幼儿教育暂行条例》共18条，包括幼儿教育的性质、对象和任务；幼儿教育的领导和管理体制；幼儿园的保教原则和办园形式；幼儿园工作人员的资格和职业道德；幼儿园的经费和办园条件等。根据此《条例》的规定，省教委又拟订了《江苏省幼儿教育暂行条例的实施办法》共14条，包括幼儿教育事业发展的近期和远期指标，幼儿园管理体制，幼教干部及教研科研人员的配备和编制；幼教师资队伍的建设；各部门的协同配合等。



《条例》和《办法》实施10年来，全省广大幼教工作者及社会各有关方面经过艰苦奋斗、共同努力，使江苏省幼教事业得到了较快的发展。规模不断扩大，入园率普遍提高；办园渠道进一步拓宽，办园条件有较大改善；师资培养、培训工作得到加强，管理和教学改革取得明显成效，保教质量进一步提高。形成了以政府办园为龙头，社会办园为主体，低费用、高效益发展幼儿教育事业的地方特色。

幼儿教育事业稳步发展。各级政府以对国家和民族未来高度负责的态度，把幼儿教育发展规划列入本地经济和社会事业发展的总体规划，把幼儿教育发展目标纳入政府工作目标管理，切实加强领导，建立健全幼儿教育管理机构，逐步增加幼儿教育投资，不断改善幼儿教育条件，努力发展幼教事业。江苏省在政府统一领导下，实行“地方负责、分级管理”和有关部门分工负责的领导管理体制。10年来，幼教事业得到了稳步健康的发展。

1990 年全省已有 2.28 万所幼儿园，在园幼儿 165.65 万人，入园率由 1978 年的 15%提高到 62%，比 1986 年增长 2 个百分点。1995 年在园幼儿 214.7 万人，比 1990 年增加 49 万人，入园率达到 75%。城市已基本普及学前三年教育，农村连续 10 年普及学前一年教育。

江苏省在发展幼教事业过程中广开办园渠道，最大限度地调动各部门、各单位等社会各方面办园的积极性，充分挖掘其人力、物力和财力资源，举办各种类型的幼儿园。以 1994 年为例，在全省 2 万多所新幼儿园中，教育部门公办幼儿园仅有 155 所，占 8%，绝大多数幼儿园是依靠机关、部队、团体、厂矿企业事业单位、城乡集体和公民个人举办的，连私办园也呈增长趋势：1992 年 142 所；1994 年 408 所，在园幼儿 2.27 万人。在农村乡乡办起了中心幼儿园，绝大部分村都有幼儿班或园，全省县镇、农村已有 1.75 万所幼儿园，占总数的 86%。

除正规幼儿园外，江苏省也进行了非正规的学前儿童多种保教形式的试点探索。在经济和教育发达、一般、较差的不同地区，采取以正规幼儿园为核心的多种形式——送教上门教学点、小学生带幼儿的游戏站、散居幼儿来园活动日、散居幼儿中午或傍晚班、村级幼教综合模式等，使更多的学前儿童及其家长受到一定程度的学前教育。



江苏省对生理有缺陷的儿童也给予关心和教育，各市残疾人联合会为言语有障碍的学前儿童进行矫治和训练，全省有 56 个点，经过语训的幼儿已有 4 000 余名，目前正在受训的幼儿 1 000 余人。弱智幼儿辅导点有 18 个。扬州、南京等地区试办了非正常学前儿童的幼儿园或普通正常幼儿园中的特教班。

由于江苏省始终坚持“动员和依靠社会各方面的力量，有计划、有步骤、多渠道、多形式发展幼儿教育事业”的方针，幼儿教育既是政府行动，也是社会行为，从而使全省幼教事业不仅持续稳步地发展，也基本适应了不同职业家长的各种需要。

幼儿教育师资数量增长质量提高。一支合格而稳定的师资队伍是发展幼教事业、提高保教质量的关键，江苏省非常重视师资队伍的建设，不仅加强幼儿师范教育，而且还积极开展多种形式的培训工作，做到职前与职后结合、正规与非正规结合、普及与提高结合、理论与实际结合，建立了多层次、多规格、完整的师训体系。

教师队伍不断扩大。1986 年 65 269 人，1990 年 72 060 人，1995 年 81 437 人，10 年增长了近 2 万名教师。

学历达标率不断增长。1986 年 43.8%，1990 年 48%，1995 年 73%，10 年增长 30 个百分点。

职前培养新师资。江苏省有独立幼儿师范学校 4 所，普师和职业幼师班 79 个，高师幼儿教育专业 1 个，形成了从中级幼师、大学专科和本科、硕士直至博士、博士后的完整体系。

职后继续教育。有中级幼师和大专的自学考试、函授、夜校，有专科接本科的面授及硕士课程班。这些班为实验示范园培养了骨干教师和正、副园长，如南京市首批 7 名学科带头人中，有 6 名是南京师大 80 年代中期大专毕业生。硕士课程班已为幼儿师范教师和幼儿园骨干教师各办了一期，第三期的招生工作正在进行。



如此多层次、多规格的师训体系，成为江苏省得天独厚的幼儿教育优势之一。

保教质量明显提高。江苏省理论工作者和实际工作者紧密配合，积极探索，不断更新教育观念，深化幼教改革。尤其是南京师大幼儿教育专业、省市幼儿师范学校和教研室、教科所以及幼教研究会，在改革实验、教研科研中发挥了十分重要的作用。《早期教育》和出版部门为宣传报道、推动幼教改革做了切实有效的工作，出版了不少深受欢迎的教材和有相当学术水平的专著及科研成果。

在这场改革中，涌现出一批突出的典型。如南京师大与南京市实验幼儿园共同研究的“幼儿园综合教育结构”、与鼓楼幼儿园共同探讨的“活动教育课程”都集中反映了改革的基本思想和成功经验，受到国内外幼教专家及同行的普遍关注，不仅带动了全省的幼教改革，也推动了全国幼儿园课程改革的进程。“七五”“八五”期间，南京师大承担了国家教委级的重点课题：农村幼教、幼儿德育、幼儿艺术综合教育、学前教育机构中的特殊儿童教育等。江苏省许多幼教工作者还参与了国际教育成就评价协会的学前项目(即IEA),还有若干省、市级的课题,在实际工作中,增强了科研意识,锻炼了工作能力,提高了教育质量。

此外,还形成了幼儿教育的业务辅导网络,现有省级实验、示范园17所(其中南京市实验幼儿园是国家教委确定的贯彻《规程》10所试点园之一),各市、县也相应有一批示范、实验幼儿园,由这些实验、示范园向各类幼儿园的骨干园和中心幼儿园辐射,再由这些骨干园和中心园分别带动自己的一般园和村办园,利用业务辅导网络开展教研活动,交流信息和经验,使保教质量有明显提高。

### 三、江苏省幼儿教育的发展远景

江苏省政府把“经济繁荣、科学发达、社会文明、生活小康”作为我省迎接21世纪的奋斗目标。为此,全省幼儿教育事业发展的总目标是:到本世纪末,逐步建立起与本省经济建设和社会发展相适应的、结合中国国情、具有江苏特色的幼儿教育体系。具体目标是:至2000年,基本普及学前三年教育,满足家长送子女入园的要求,再经过10年努力,使学前一年教育逐步纳入义务教育轨道;办好每一所幼儿园,全面提高保教质量,形成并完善现代化的具有江苏特色的幼儿教育体系。

从1993年起,省教委着手起草了幼儿园现代化标准,经过两年的调查研究和讨论修改,于1995年颁布试行,幼儿教育现代化工程开始正式启动。《江苏省幼儿园基本实现现代化要求(试行)》共30条,对现代化幼儿园的办园方向、园舍设备、教工队伍、管理水平和保教质量五个方面作了原则规定。

(省教委赵桂丽同志、省妇联陈芬同志为本文提供了资料,在此一并表示感谢。)

合作者:周兢

原载《学前教育研究》1996年第3期

# 中国多元化的幼教师资培养培训体系

**编者按**：为迎接香港回归祖国，本刊在本期上特辟专栏“香港幼教”。1996年12月，由香港教育学院举办的“香港与内地幼儿教育学术交流会”在香港举行，北京师大、南京师大等单位的幼教专家应邀前往。我们精选了在交流会上交流的具有代表性的3篇文章，即《中国多元化的幼教师资培养培训体系》、《中国家庭教育的社会支持系统》及《香港幼师培训的发展：现况与前瞻》，连同另外专门介绍香港学前教育的4篇文章，在此专栏里一并刊发，旨在让内地幼教界人士对香港学前教育的发展现状有个大致了解。



教师队伍的建设既依靠职前师范教育培养新师资，也有赖于职后继续教育培训在职教师。中国目前已形成了以师范院校为主体，其他教育机构共同参与的多渠道、多层次、多规格、多形式的幼教师资培养培训体系，本文在介绍多元化的师训网络时，将着重介绍和探讨江苏南京地区高等幼儿师范教育的现状和发展趋势。

## 一、中等幼儿师范教育

根据中国的实情，幼儿园教师主要靠中等幼儿师范教育培养和培训。

(一) 职前新教师的培养

职前新教师由幼儿师范学校、普通师范学校附设的幼师班、职业高中附设的幼师班来培养，招收初中毕业生(以女生为主)，学制3—4年，培养德、智、体诸方面发展，能适应当代幼儿教育发展和改革需要的幼儿教师，为幼教队伍输送中级幼教人才。以江苏省为例，现有独立幼儿师范学校 4 所，普通师范学校和职业高中幼师班计 77 班，每年可培养新教师约 2 000 人。

（二）职后在职幼儿教师的培训

通过学历和非学历的继续教育，使在职幼教师资队伍中非正规幼儿师范学校毕业的教师，能达到相当于中级幼教师资的水平。以江苏省为例，全省有区（县）级教师进修学校 80 所，省、市两级幼教师资培训中心，省、市、区（县）三级教育研究室，教育科学研究所（室）以及幼儿教育研究会（群众性学术团体）等，从不同渠道，采取多种形式共同进行在职教师的培训和提高工作。

1. 幼儿园教师获得“专业合格”证书的培训。以区（县）为单位，让幼儿园教师中具有初中文化水平者接受专业培训，分别开设“三学”（幼儿教育学、幼儿心理学、幼儿卫生学）和“六法”（幼儿园语言、计算、常识、音乐、体育、美术等科教学法）的专题培训班，经九门科目考试合格后，发给“专业合格”证书，这样，她们不仅具有了幼儿园教师的任职资格，也具备了申请教师职称晋升的资格。



2. 相当于中等幼儿师范学校毕业资格的学历教育。在区（县）教师进修学校内开设业余幼儿师范班，通过 2—3 年的业余学习，考试合格者，发给业余幼儿师范学校毕业证书（其价值与正规幼儿师范学校的毕业证书相当）。此类学历教育的方式有函授、夜校、全日制脱产班及由省教委统一组织的自学考试。

3. 幼儿教育专题培训班。由省、市幼教培训中心和师范及进修院校举办的专题培训班，为幼儿园教师提供既能适应普通需要又能针对个人特点的进修机会。如南京市玄武区先后举办了游戏、美术、音乐、科研方法等专题班，南京师范大学经常为省内外举办幼儿园课程改革、幼儿园教育活动研究、农村幼儿教育、手工制作等专题班。又如南京市小教、幼教培训中心举办的专题培训班已形成系列化，时间为一年，每周上课一整天，全学年共 30 次；教学内容包括 16 个专题，从更新教育观念到简介科研成果，并编写教材；其对象除了各区（县）的幼教骨干教师外，还有园长、保健人员、保育员以及市、区（县）的幼教行政干部和教研人员等。

4. 通过经常性的教研、科研活动提高幼儿教师的教育、教学水平。在幼教发展的不同阶段，针对幼儿园实践中出现的普遍性问题，由教育行政部门、教研和科研单位组织研讨，举办讲座，同时在幼儿园内开展教研或科研活动，进行实践探索和研究。省、市幼教研究会通过定期的学术年会开展群众性学术交流。这样，由省、市区(县)的行政干部、教研员与园长、教师及师范院校、科研单位的理论工作者结合而成的教研、科研队伍，发挥各自的作用，通过开展各个层次的教研、科研活动使广大幼教工作者，在原有水平上不断提高，整个幼教队伍中各层次的成员也在理论和实践的结合过程中得到自我发展。

## 二、高等幼儿师范教育

高等幼儿师范教育的任务是为幼教队伍输送高级人才，使他们成为幼教队伍中的生力军。

### (一) 职前高等幼儿师范教育



高等幼儿师范教育分专科、本科(学士)、硕士研究生、博士研究生、博士后等几个层次。

1. 大专

其任务为培养幼儿园的骨干教师，一般有两种招生制度：一种是招收高中毕业生，学制为2—3年；一种是招收幼儿师范学校应届毕业生，学制为2年，实行三、二分段。以江苏南京为例，由全省各幼师班推荐优秀应届毕业生，经过文化、专业、技艺等方面的考试，择优录取组成前三(幼师生)、后二(大专生)的学制。

2. 本科

其任务为培养幼儿师范学校教育学科的教师和其他幼教工作者。专业素质要求是较好地掌握本学科的基础知识、基本理论和基本技能，了解本学科发展的新成就、新动向，掌握一门外语，能够阅读本专业的外文书刊，具有自学能力和从事教育和教学科研工作的初步能力，能够适应教育学科的教学和科研工作。

以南京师范大学学前教育专业为例，其课程设置分为：(1)公共必修课。计 55 个学分，占 30.6%，有哲学、经济学、法学、体育、外语、电教基础、计算机基础等师范大学本科生不分专业均需学习的科目。(2)专业必修课。计 62 个学分，占 34.6%，有人体解剖生理学、普通教育学、普通心理学、中外教育史、教育统计学、学前教育学、儿童心理学、学前卫生学、学前教育史、幼教科研方法基础、学前教育管理学、幼儿语言教育、幼儿科学教育、幼儿数学教育、幼儿游戏等科目。(3)限定选修课。计 30 个学分，占 16.7%，有音乐及幼儿音乐教育、美术及幼儿美术教育、幼儿体育、家庭教育、儿童文学、特殊儿童教育、托儿所保教、心理卫生与心理咨询等科目。(4)任意选修课。计 15 个学分，占 8.3%，包括本专业以外系内外的选修课。(5)专业实践。计 18 个学分，占 9.8%，包括在幼儿园和幼儿师范学校的教育实习和毕业论文。

本科的招生对象为普通高中毕业生，也有少数幼儿师范学校保送生及外国留学生，学制四年，修业期满成绩合格者，发给大学本科毕业证书，并授予学士学位。本科生毕业后，均由教育行政部门择优分配工作。以江苏为例，南京师大学前专业的本科生大多分在幼儿师范学校、普通师范学校、职业高中幼师班、教师进修学校任专业课教师，部分毕业生分在教育行政部门、教研室、教科所任教干部、教研或科研人员。近几年，根据本人意愿分配到幼儿园任教师的毕业生有递增趋势，本科生不断加入幼教师资队伍，对促进江苏省幼教质量的提高，无疑起着重要作用。



3. 硕士研究生

其任务是为幼教队伍培养高校教师和在职科研人员。业务素质要求是掌握本学科坚实的理论基础及系统的专业知识，能够比较熟练地运用一门外语阅读本专业的外文书刊资料，具有从事科学研究工作和独立担任本专业某一学科教学工作的能力。

中国目前仅有北京师大和南京师大两校拥有幼儿教育学硕士学位授予权。南京师大幼教硕士研究生招生方向基本分两大类：学前教育基本理论(含学前教育史等)和学前教育课程(含各领域课程如音乐、美术、语言、科学教育等)。近几年,为适应社会的需要,新增了特殊儿童教育、幼儿双语教育、现代教育技术在幼教中的应用等内容,课程设置由三部分构成,总学分至少满32个。

(1)公共学位课。包括人文科学理论、外语、计算机理论与实践等,约9个学分。(2)专业学位课。包括基本理论课和主要方向课,如学前教育基本理论、儿童心理发展研究、学前教育科研方法、专业方向课等,3—4门,计12—16个学分。(3)非学位课。包括必修和选修,如学前教育课程研究、幼儿教育改革现状研究等,4门以上,计8—10个学分。此外,还有教育实习和毕业论文。

硕士研究生的招生对象为本科毕业生或大专以上同等学力者(需加试本科两门专业课),学制三年,考试合格修满学分并通过论文答辩者,发给毕业证书并授予硕士学位。南京师大近几年毕业的硕士生,多数分配在高校任教,有的继续攻读国内外博士研究生;大多数已成为高校教学、科研的骨干,有的已晋升为副教授、教授,成为幼教队伍中生力军的排头兵。



4. 博士研究生

其任务是为高校或科研单位输送幼教学术骨干。专业素质要求是掌握本学科坚实宽广的基础理论和系统深入的专门知识,掌握两门外语,第一外语要能够熟练地阅读本专业的外文资料,并且具有一定的写作能力,第二外语要能够初步阅读本专业的外文资料;能够独立开设两门以上专业课程,并且具有独立从事科学研究工作的能力,在学术上取得创造性成果。

博士生课程一般均为学位课,除公共必修课(一外、二外等),一般只需修学2—4门其他基础理论课和专业课即可。博士生的招生对象系具有硕士学位者或具有中级职称(如讲师)的同等学力者(后者在入学考试时需加试两门硕士研究生专业学位课程)。修业三年。考试合格、通过论文答辩者发给毕业证书,并授予博士学位。中国唯一的一个幼儿教育博士学位点设在南京师大,现有学前教育课程、学前儿童艺术教育、学前儿童品德教育三个方向。

5. 博士后

博士生毕业后可进博士后流动站进行专业深造，流动站为年轻学者们创造了高水平的学术环境，使他们得以进行学术研究，以培养高级幼教专家。幼儿教育学是南京师大的教育学博士后流动站所含专业之一。

（二）职后幼教高等继续教育

职后的高等继续教育分学历和非学历两种。

1. 学历教育

与职前高等幼儿师范教育相同，也分为大专、本科（学士）、研究生（硕士、博士）、博士后五个层次，课程设置也基本相当。

大专：除脱产全日制班修业两年外，函授、夜大均为三年制，自学考试则不受年限限制。

本科：一般均为“专升本”，即在专科基础上修业三年，考试合格者发给本科毕业证书，加试外语合格后可授予学士学位。

硕士和博士研究生：有脱产和不脱产两种，但均为三年制，多数为边工作边学习，也有派往国外留学的。

博士后：进博士后流动站是在工作中进行学术研究。

2. 非学历教育

通过专题培训班、教科研活动、学术研讨会等方式进行。研究生层次则有：零散的进修生（旁听研究生课程）；高校助教进修班（脱产1年）；硕士研究生课程班，系不脱产的三年学制，考试合格者发给结业证书，外语考试及硕士论文通过者发给硕士学位证书；其他通过派出国、内外访学及参加国内外学术会议等途径提高在职幼教工作者的专业水平。

综上所述，中国幼教师资培养培训网络业已形成。多年来，各地通过多种渠道和多种形式培养和培训了大批幼儿教师，使幼儿园教师的合格率有了较大幅度的提高。据1995年统计，全国共有幼儿教师95万人，其中高中毕业以上的占76.2%，受过学前教育专业培训的占50.2%（从师范院校本、专科毕业的占3%；从中等师范学校毕业的占

33%;毕业于职业高中幼师班的占13%)。

### 三、南京师范大学在幼教师训中的“母机”作用

南京师范大学是一所历史悠久、学科齐全、体系完整的综合性省属高等师范大学。该校的学前教育专业由现代著名儿童心理学家、幼儿教育专家陈鹤琴教授创建于20世纪40年代末,当时是全国唯一独立的“幼儿教育系”。40多年来,在科学研究、师资培养等方面形成了自身特色,为江苏省乃至全国幼教事业的发展、幼教科学的繁荣作出了重要贡献。

(一) 面向基础教育,以科研促教学,不断提高育人质量

科研工作是学科发展的标志,应以科研为“龙头”,带动整个学科的发展。抓好科研工作既是提高教学质量的需要,也是增强本专业综合实力的需要,更是实现基础教育现代化的需要。我们一方面注意吸收国际幼教前沿性学术成果,一方面又根植于本国幼教实际,始终牢固地把握为基础教育服务的宗旨,面向幼儿园,深入幼儿园,探讨幼教理论和实践中的重大问题,开展幼儿教育的科学实验研究。如幼教课程研究:70年代末,为适应幼儿园教育改革的需要,在研究各科教学(单科课程)的基础上,在全国率先进行幼儿园综合教育课程和活动教育课程(整体课程)的实验研究;80年代,我们从城市转向农村幼儿园课程的研究;90年代起,我们不仅研究正规幼儿园的课程,也研究非正规的多种学前教育组织形式的课程,既进行正常幼儿课程的研究,也开始进行非正常的特殊儿童课程的研究。最近,我们在10多年来进行课程实验研究的基础上,编写了一套新的幼儿园课程指导丛书,初步建立了幼儿园课程的理论和实践体系。通过对这一课程的研究,不仅提高了学校学前专业教师的学术水平,编写了一批高师教材,促进了高师教学质量的提高,而且推动了全国幼儿园课程改革及幼儿教育方方面面的改革。



(二) 发挥“母机”作用,以正规带非正规,努力提高师资素质

高等师范学校是师资培训的工作母机,是师范教育体系中的核心和灵魂,必须依靠普通师范教育来带动继续师范教育。我们一方面在

培养职前新幼教师资的同时，承担了职后继续教育的重任，如当前就有全日制大专班、函授大专班、函授特教大专班（面向全国）、专升本函授班、面向中师的研究生课程班、面向基层的实践型研究生课程班（面向全国）等；另一方面，又注意通过各种形式将前沿性、超前性的研究成果面向广大幼教工作者开展学术普及和学术提高等活动。我们不论老年专家、中年骨干和青年教师，每人都有科研课题（国际、国家、省、校级），有一支三结合的科研队伍（高师、幼教干部或教研员、幼儿园教师），有科研基地（几个幼儿园）。通过开展科研活动，不仅出成果，而且出人才；不仅课题组的老师得到了提高，而且还通过他们辐射到他们所在园和所在市区；又通过举办面向省内外的各种培训班、讲座（如英语教育、新课程等），及时扩大科研成果的影响。此外，主办学术研讨会也是繁荣幼教科学的重要途径，我们曾主办过中国第一次幼教国际研讨会，最近又主办过学前儿童一体化教育（正常与特殊儿童一体化）国际研讨会、全国幼儿教育基本理论研讨会、全国幼儿科学教育研讨会、全国幼儿园课程改革研讨会等。我们还通过中国学前教育学会、江苏省幼教研究会等机构开展群众性学术活动，推动全省乃至全国的学术普及和提高工作，促进广大幼教工作者提高自身素质，进而提高幼教工作的质量。

综上所述，南京师大幼教师训工作的特色是以科研为龙头，以本校师范教育为主体，做到八个结合——科研与教学、理论与实践、普及与提高、职前与职后、正规与非正规、学历教育与非学历教育、学校与社会、国内与国际等方面的结合，充分发挥它们之间的相互协同作用，既为幼教队伍输送了高层次的学术骨干，又培养了一批幼教师资的生力军，并促进大批幼教师资教学水平的不断提高。

**四、中国幼教师资培养培训的发展远景**

最近，中央召开了全国师范教育工作会议，其主题是大力办好师范教育，加强对教师队伍建设。会议决定了从现在起到本世纪末或下世纪初师范教育改革和发展的方针是：坚持方向，深化改革，优化结构，提高质量，促进发展，提高效益。奋斗目标是：形成符合中国国情的中小学教师培养培训体系；初步建立起中小学教师和校长继续教育制度，基本完成中小学教师学历补偿教育，等等（按惯例，小学教师含幼儿园教师）。关于健全和完善师范教育体系的策略如下：

首先，从我国国情出发，必须继续保持独立的师范教育体系，使庞大的中小学教育新师资的培养和在职教师培训有稳定的基地，国家已建立教师资格制度，今后从幼儿园到高等学校，各级各类学校的教师都应取得相应的教师资格证书才能任教，师范专业的毕业生在取得毕业证书的同时，由国家颁发相应教师资格证书。非师范院校毕业生和社会公民必须经过教师资格考核、考试，认定并取得教师资格证书后才能在相应学校从教。

其次，就全国而言，现阶段师范教育的层次结构仍应稳定中师、师专、本科 3 个层次，适度发展本科，按需要发展专科，调整加强中师。其中中师的学制由 3—4 年并存过渡为 4 年，师专的学制由 2—3 年并存过渡为 3 年，本科仍为 4 年。



第三，逐步改革单纯由教师进修院校培训师资和职前职后分离办学的局面，进一步完善省、市(地)县、乡 4 级培训网络。通过教师进修院校与师范院校联合、合作办学等多种形式加强职前、职后教育的联系，有条件的地方逐步实现培养培训一体化。

以上几条，均适合幼教师资培养培训工作。南京师大是江苏省地方院校，今后的师资培养和培训工作除发挥自身的优势外，要结合江苏省的情况落实国家规定的发展方针、奋斗目标和战略决策。江苏省正在启动幼儿教育现代化工程，幼教事业发展目标为：经济发展较好及中等程度的城乡，1998 年普及学前 3 年教育，2010 年基本实现现代化；经济发展程度较低的农村，2000 年前普及学前 3 年教育，2010 年 80％的乡镇幼儿园基本实现现代化。幼儿园教师队伍建设目标为：从 2000 年到 2010 年，幼师毕业程度由 60％→100％，大专水平由 20％→60％，本科以上则要求逐步增加。为此，我们除对继续教育的专科投入适当力量外，重点办好职前、职后的本科以上（含本科）高等幼儿师范教育，为中师和专科师范院校培养质量较高的专业师资。同时，继续加强幼教科研工作，不断提高自身的学术水平，为江苏、为中国的幼儿教育作出新贡献。

原载《学前教育研究》1997 年第 3 期

**附：**

## 携手协力　幼苗共植

——记内地与香港进行幼儿教育交流

由香港教育学院举办的香港与内地幼儿教育学术交流会于 1996 年 12 月 7 日至 11 日举行。笔者及周兢、张慧和以及北京师大、广州幼师一行 8 人应邀参加。

香港的幼儿园均系私人民办或教会团体举办，尚未成为政府行为。幼教师资培训也全是非正规的职业培训。为了开创正规的、有学历、有学位的幼教师资培训工作，香港教育学院特组织这次交流会。该院副校长彭敬慈博士致开幕词时说，交流会的主题是“携手协办，幼苗共植”，重点是师资培训。深信通过研讨，必将有助于建立两地幼儿教育师训机构的联系，让两地幼教同行了解彼此的发展及成果，从而吸取经验。彭副校长期望随 1997 年香港回归祖国，能增加两地幼儿教育工作者的交流活动。学院幼儿教育学部长岳佩萧博士（英国专家）致欢迎词时表示，这次交流会不仅使双方对幼教师资培训的专业知识和课程设计进行交流、分享心得，并能共同探讨未来合作的计划。她认为，若 19 世纪的教育体系侧重于小学教育，20 世纪关注于中学教育的话，可以预料 21 世纪将会是学前教育的年代。

会上由唐淑等 3 人及香港教院的邝李惠诚就幼儿师范教育的现状和发展作了演讲；周兢、张慧和等 5 人分别就幼儿语言教育、幼儿数学教育、幼儿家庭教育、幼儿音乐教育、幼儿美术教育等作了报告。香港

300 多位幼教界人士参与了活动，每场报告后他们都热烈地提问，对内地幼教由政府职能部门主管、幼教师资多层次的职前职后培养体制以及学历与工资和职称挂钩等尤感兴趣，特别对进修硕士课程及博士课程非常关注。此外，还专门安排半天时间让我们与香港教院幼教部全体 30 位老师进行了分组座谈，详尽地探讨了幼儿园教育的改革、幼教师资培训的课程等。我们还参观了香港的几所有代表性的幼儿园。

香港的大公报、文汇报及星岛日报均作了报导，如文汇报刊登了“内地学者唐淑主讲中国多元化的幼教师资培训体系”的照片，并报导：“据唐淑表示，内地目前已形成了以师范院校为主体，其他教育机构共同参与的多渠道、多层次、多规格及多形式的幼师培训体系。幼教师资的职前培训包括中等幼儿师范、专科、本科、硕士研究生、博士研究生及博士后等层次，此外还有各种专题培训班、教科研活动、学术研讨会、国内外进修等非学历教育。”

通过这次交流，我们对香港幼儿园物质设备之精良有深刻印象，但对普遍重视读、写、算却十分担忧；对香港教院幼教部老师的敬业精神十分钦佩，30 位老师承担着 600 多位幼儿园老师的多规格的职后培训，其中许多老师自身还进修硕士课程；对香港教院幼教部每年有 4 000万港币的经费非常羡慕，充裕的经费使他们拥有先进的教学设备，学习交流的机会也增多；对香港教院将于 2000 年前发展到学士学位课程的目标，表示极大的支持，我们可以在教学计划、教材及师资等方面开展进一步的交流和合作，以实际行动迎接香港的回归。

# 回眸久久:全国幼教研究会的诞生及其发展

中国学前教育研究会的前身——全国幼儿教育研究会成立于1979年秋。作为发起人之一,我亲身经历了研究会从创建至今的整个工作过程,也是发起人中唯一还在参与研究会工作的。20年后的今天,我回首往事,思绪万千。

1979年春,在拨乱反正、改革开放的大好形势下,第一次全国教育科学规划会议在北京召开,她吹响了向教育科学进军的号角。会议期间,成立了中国教育学会。与会的9位幼教代表(上海幼师左淑东校长、天津幼师张小清校长、成都幼师鲍老师、西安市第一保育院林院长、天津和平保育院李石君院长、山东省教育厅教研室徐秀源老师、西南师院俞锡玑教授、北京师大梁志燊老师及本人)在规划会议精神的鼓舞下,一致认为探索我国幼教工作的客观规律,使幼教工作建立在科学的基础上,为"四化"建设早出人才、快出人才作出贡献,是刻不容缓的任务,因此,需要尽快把幼教科研队伍组织起来,相互交流科研成果和教育教学经验,以便解放思想,群策群力,团结一致向幼儿教育科学进军。于是,大家决定发起成立中国教育学会幼儿教育研究会,并于同年秋季在南京召开成立大会暨第一次学术年会。

选择在南京召开成立大会的主要原因有二:其一,陈鹤琴先生是中国教育学会的名誉会长之一,幼教研究会的发起人一致认为陈先生理所当然也应该是幼教研究会的名誉理事长,只有在南京开会,年事已高的陈先生才可能亲临会议。其二,第一次教育科学规划会议上确定南京为我国幼教科研基地。当时在有学前教育专业的高校中也只有南京师院学前教育专业队伍始终没散,还增添了人员,一批老专家从70年代初便恢复了幼教研究工作。于是，筹备幼教研究会的任务，便落到了南京幼教工作者的肩上，而我则是具体的执行者。

会议该如何筹备？我们认为要使会议开得成功，关键在于确保学术活动的质量。我们从以下三方面着手：1.由南京师院5位最年长的幼教专家、教授作关于儿童营养、结构游戏、数学教育、幼教思想、儿童心理等方面的学术报告。2.帮助科研合作伙伴——优秀的幼儿园教师准备论文，以便大会交流。3.协助南京市鼓楼幼儿园、太平巷幼儿园、东方红幼儿园（今市第一幼儿园）、代代红幼儿园（今实验幼儿园）准备开放半日活动。南京市教育局承担了全部会务工作。

11月3日上午，全国幼教研究会成立大会在南京市白下饭店隆重举行，来自全国各省市、自治区的87位代表参加了会议。江苏省幼教研究会同时成立，全体代表也列席了大会。大家欢聚一堂，共庆我国幼教盛事。国务院副总理、全国托幼领导小组组长陈慕华发来贺电，全国妇联主席康克清打来电话祝贺，教育部幼教处第一任处长张逸园写来贺信表示祝贺与勉励。会议由北京师大梁志燊老师主持，本人致开幕词，有关领导讲话。



陈鹤琴名誉理事长三次到会并讲话。他指出，“幼儿教育是一门教育科学，是基础教育的基础”，要“摸索出一条中国化的幼儿教育之路”，“必须十分重视和切实开展对幼儿教育的科学实验研究，以促进全民族的幼儿教育事业的发展”。为此，他提出四项建议：要对作为幼儿教育基础的儿童心理做全面、系统、切实的科学实验；要重视幼儿家庭教育的科学实验，应把幼儿的家庭教育作为一门科学来研究和推广；对幼儿园的教育应进行系统、深入的科学实验与研究，要办好示范性幼儿园；必须重视和解决幼教玩具、教具的科学实验和制造。

大会收到了学术论文、经验总结、调查报告等49篇，会上交流发言18篇，旁听者达800多人。会议期间，大家参观了鼓楼幼儿园等4所幼儿园，还讨论了今后的研究方向和任务。

大会确定理事会由52位理事组成。理事长为左淑东，副理事长为孙岩、钟昭华、张小清、陈俊恬，秘书长为孙爱月，副秘书长为唐淑、祝士媛。大会通过了研究会章程，并决定研究会的办事机构设在北京师大。

1982 年在湖南长沙召开第二次学术年会，中心议题为回顾并展望我国的幼教发展历程。

1985 年在浙江杭州召开第三次学术年会，中心议题为向幼儿进行爱国主义启蒙教育，同时产生第二届理事会，孙岩当选为理事长，祝士媛为秘书长。研究会确定围绕 1981 年教育部颁发的《幼儿园教育纲要(试行草案)》开展关于幼儿园课程结构、德育、各科教学、游戏、一日生活等 5 个课题的研究。1987 年起，出版发行会刊《学前教育研究》(国务院学位委员会确定为国家级核心刊物)。

1990 年在湖北武汉召开第四次学术年会，首次交流各课题的研究成果，同时产生了第三届理事会(本人已连任两届，按章程规定不再连任)。大会决定围绕学习并执行《幼儿园工作规程(试行)》开展研究工作。

1992 年，为适应幼教改革与发展的需要，全国幼儿教育研究会晋升为国家一级学会，并改名为中国学前教育研究会。

1995 年，在四川成都召开第五次学术年会，再次按课题进行交流，并产生了第四届理事会，史慧中当选为理事长，庞丽娟为秘书长。会后即酝酿成立分支机构：托幼机构教育、健康、游戏与玩具、家庭及社会教育、事业发展与管理等五个专业委员会。本人参与托幼机构教育专业委员会的工作。

今年，迎来了研究会成立 20 周年，又适逢中华人民共和国成立 50 周年。为此，研究会将于今秋在上海举行“双庆”活动。抚今思昔，深感在近 20 年我国幼教改革和发展中，幼教研究会充分发挥了群众性学术团体的独特作用，其特点有：1. 普及性。研究会每到一地开会，就在那里举办讲习班，开展各种活动。可以说，研究会是幼儿教育的宣传队，通过报纸、杂志、电视等多种媒体向社会广泛宣传幼儿教育。在我的记忆里，除学术年会外，理事会、常务理事会、编委会、学术委员会、各课题组、专业委员会等曾先后在南宁、贵阳、无锡、北京、长春、上海、杭州、湖州、宁波、福州、南昌、西安、天津、太原、黄山、广州、深圳、张家界、青岛、温州、珠海等20多个市开过会。研究会把幼教种子撒向全国，使之在各地发芽、开花。2.群众性。80年代初，教育部原副部长张文松曾就此发表过精辟的见解。他指出，教育行政部门处于一线地位，起指令性作用；科研部门处于二线地位，起指导性作用；学会处于三线地位，起群众性作用（准确地将研究会的作用定位在群众性上）。这20年来，各级幼教研究会都围绕《幼儿园教育纲要》、《幼儿园工作规程》等法规，组织发动幼教工作者，以科研工作者、高校教师为骨干进行科研和教研，成为各级教育行政部门的得力助手。3.学术性。研究会的活动始终把学术性放在首位。贯彻"百花齐放、百家争鸣"、"古为今用、洋为中用"的方针，发扬理论联系实际的优良学风，每次学术年会或研讨会都安排主报告、交流讨论和现场参观。考虑到本研究会成员涵盖面广、层次多，从幼儿园教师到高校教师，从教学、科研到教育行政，涉及幼儿教育的方方面面，因此，学术活动中既有时代性、前瞻性强的理论报告，又有科研成果介绍和来自幼教第一线的经验交流，使大家各有所得。尤其是在升格为一级学会后，研究会提出应围绕贯彻《幼儿园工作规程》的重点和难点、幼儿主体和教师主导、幼教现代化等方面开展研究。20年来，研究会丰富多彩的学术活动，在全国幼教界营造了一种朝气蓬勃、生动活泼的学术气氛，促进了广大幼教工作者教育观念的转变、科研意识的增强，从而提高了教师的素质和教育的质量，加快了幼儿教育改革的步伐。



中国学前教育研究会（包括中国教育学会幼儿教育研究会）在过去的20年中，已在中国学前教育史上书写了实实在在的第一篇章。面临新世纪，她必将写出更加辉煌的第二篇章、第三篇章……

原载《幼儿教育》1999年10月

# 南京师大学前教育建系 50 年回眸

1949 年 8 月，现代著名教育家陈鹤琴先生受命任南京大学师范学院院长，他把原上海国立幼专的师生也带到了南京。不久，南大师院便成立了我国第一个幼教系，由陈院长兼任系主任。如今，半个世纪过去了，让我们回眸南师幼教系 50 年的发展历程，以此透视我国高等学前师范教育发展的轨迹。

一



1952 年全国高校进行院系调整时，新成立的南京师范学院坐落在金陵女子文理学院（简称金女大）原址，幼教系由南大师院、金陵女大、上海震旦大学、广东岭南大学四所院校的相关系科组合而成当时唯一的独立幼教系（其他如北师大等校均在教育系内设学前教育专业）。系主任是钱且华副教授，其他诸如孙增敏、吴璇仪、方观容等几位教授、副教授均是留学于美国的博士、硕士，还有几位如赵寄石则是刚回国的青年讲师。这支队伍的特点是留美回国的多、单身未婚的多，但她们都热爱幼教，热爱儿童，热爱学生，敬业务实。笔者于 1952 年秋院系调整时入学，就读于南师大幼教系，毕业后又留校任教至今，亲身感受了起步的艰难，并亲身经历了更为曲折的发展历程。

起步阶段，主要从几方面着手建系：

一是分批派出教师赴北师大跟随前苏联幼教专家戈琳娜和玛努依连柯学习前苏联的学前教育学和儿童心理学。

二是架构贯通高师、幼师、幼儿园的联系桥梁，由幼教系老师兼任附属幼师的教导主任和两所附属幼儿园的园长，使之成为教育见习、实习和研究的基地。

三是建立起教学—研究—生产三位一体的教育机制。教学方面，完全借用前苏联的学前教育专业教学体系，专业课程以“三学”(学前教育学、儿童心理学、学前卫生学)、“六法”(幼儿园体育、语言、自然、美工、音乐、计算教学)为主。教育思想在批判杜威和陈鹤琴等人的基础上，全部采用前苏联凯洛夫教育思想，如教育决定论、全面发展论、教师主导论、集体教育论等；学前教育思想方面强调幼儿的年龄特点，把体育放在首位(体、智、德、美)，突出游戏的地位和作用，通过作业有目的、有计划、有组织地进行集体教学，等等。教育见习、实习除集中进行外，每周安排一个半天到幼儿园见习；内容除配合各科教学外，还要观察固定的对象；见习、实习单位除教育部门办的幼儿园外，还包括部队、工厂、街道、农村等幼儿园；见习、实习时除每次都进行现场评议外，均要写书面报告，记实习日记；此外，还尝试着进行视导实习，以培养观察、分析、评估幼儿园工作和行政管理能力。科研方面，设立了儿童教育研究室和玩、教具研究室。前者由陈鹤琴院长亲自领导，50年代着重整理我国幼教史料；后者由吴璇仪老师领导，配备了研究人员、技师、技工等，附设了玩具工厂，50年代着重研究婴幼儿的玩具及教育、教学设备，试制桌面小、中、大型木结构游戏材料，出版了有关著作。每年10月初，举行校庆科研报告会(延续至今)。在1956年第一次科学讨论会上，陈鹤琴院长作了《从一个儿童的图画发展过程，看儿童心理之发展》的报告，同时展出其长子一鸣从1岁到16岁的图画561张中的205张(布置在几个教室的墙面和桌面上)。陈院长的报告从教育观、艺术观到方法论都为我们树立了榜样，也为新中国的幼教科研事业开创了先河。其他老师还有关于幼儿桌椅尺寸及玩、教具的研究等。正是在陈院长的倡导和带领下，南师大幼教系的老师们逐渐形成了深入幼教实际开展研究的优良传统，走上了理论与实际相结合的学术道路。生产方面，除玩具工厂有专门的生产人员外，学生每周有半天进行绘画和手工制作(泥工、布工、木工等)及到玩具工厂劳动，当时生产的木片拼插玩具及压模娃娃远销全国及东南亚地区。总之，教、研、产一体化是南师大幼教系起步阶段的成功经验。

## 二

1958年春，在教育与生产劳动相结合的方针指引下，江苏省教育厅让幼教系毕业班改幼师实习为下乡扫盲，笔者作为班主任，带领近30名女大学生，奔赴地处苏、浙、皖交界的溧阳县，配合当地干群开展扫盲运动。之后，又办起了农村幼儿园，通过展览自制玩、教具，编写培训教材，举办短训班及组织现场教学，使溧阳县农村幼儿园随扫盲运动而遍地开花。在此基础上，江苏省教育厅首次召开了民办幼教现场会，把溧阳的办园经验推广到全省，并编书出版。是年初，在“大跃进”形势下，南师教育系(1958年春，幼教系并入教育系成为学前教育专业)全体师生以社会为大课堂，分赴溧阳和昆山两县办学，从幼儿园一直办到红专大学，学前教育专业的师生主要办全托幼儿园及培训师资。期间，两县教育局出版了师生编写的农村幼儿园语言和音乐教育两册，江苏省人民出版社出版了《自制简易玩具丛书》(竹、木、草、布工等)及农村幼师培训教材《幼儿教育学》、《幼儿卫生学》及《幼儿园各科教学法》等。1960年春，江苏省教育厅又把南师和附属幼师的师生混合编组，组织到溧阳、江阴、睢宁等九个县再次推行全托化。几次下乡办园，对大学生了解社会、与民众交往、增强其专业及工作能力，无疑是极好的锻炼机会；对教师来说，体察民情，尝试着走与工农相结合的道路，对其人生态度也十分有益；还为当地培养了几名全国先进幼儿教师及幼教干部。但在当时的大背景下，我们的努力工作客观上加剧了幼教事业的盲目发展。

第一个五年计划期间，南师幼教系不仅年年招生，而且在1956年同时招收80人，直至1960年，毕业生面向全国分配，供不应求。但随着全国幼教事业的大回落，南师学前教育专业从1961年开始停止招生(直到1979年恢复招生，期间整整停顿了18年)。1964年送走了毕业生后，老师们便下乡参加“四清”工作，直到“文化大革命”。据笔者所知，1960 年前后全国各地有十多所高师增设学前教育专业，但只维持了一两年，又纷纷“下马”，致使刚刚凑起来的专业教师队伍，很快就各奔东西。

1958 年的左倾错误还导致在学术领域及知识分子中刮起了“兴无灭资”风。在高校“拔白旗、插红旗”的学术批判中，北师大把心理学贬成“伪科学”，又彻底否定了《幼儿园工作指南（初稿）》（北师大编）；在南师，陈鹤琴院长则首当其冲，在 50 年代初批判其“活教育”的基础上，又被强加上“文化买办”、“冒牌学者”等一系列污蔑不实之词，用铺天盖地的大字报、漫画进行人身攻击，大小批判会对其无限上纲，致使这位现代著名教育家、幼儿教育专家被迫离开教育岗位。1962 年 9 月，党的八届十中全会上，强调“千万不要忘记阶级斗争”，在这种背景下，《人民教育》于 1963 年 10 月发动了对南师附小优秀教师斯霞的“母爱教育”的批判，这对我们一向强调教师对幼儿要有爱心、童心无疑是沉重的打击。50 年代末、60 年代初，这两次错误的批判，对南师学前教育专业的师生（乃至全国幼教界）负面影响极大，使学术研究受到严重的阻碍。



## 三

十年动乱，教育领域是重灾区，学前教育也不例外，混乱了思想，失去了阵地（大批幼儿园、幼师被砍掉），搞散了队伍。但南师还是努力地保留了学前教育专业的全部人员，并从 70 年代初起，不断扩大队伍，深入工厂和农村培训幼教师资。党的十一届三中全会开创了拨乱反正、改革开放的新局面，南师学前教育专业获得了新生，1979 年恢复招生，至今已有 20 年，原来的学前专业已发展成为教育科学学院的学前教育系和学前教育研究所，终于走上了健康、积极的发展道路。

（一）确立现代教育观念。随着我国社会的对外开放，国际学术交流日益频繁，各种儿童发展理论、教育理论、课程理论逐渐引入我国，打破了前苏联幼教理论一统天下的格局。我们坚持以我为主，走东西方学术融合之路。在吸收儿童发展理论、人类发展生态学、系统论、可持续发展理论等的同时，重新探讨了陈鹤琴、陶行知等我国教育家的理论和实践，继续借鉴前苏联的儿童心理和学前教育的理论和实践，并运用马克思主义教育哲学及生理学、心理学、社会学、文化学等来构架学前教育的理论体系，指导幼儿教育的变革，从而形成了新颖的儿童观、教育观和课程观，诸如整体观、主体观、个体观、发展观、生态观、活动观等，以此指导教学和科研。

（二）建立多元化、高层次的幼教师训体系。职前教育不仅继续招收本科生，80 年代初首次招收了学前教育硕士研究生（北京师大也有此学位点），其方向有学前教育基本理论、学前教育史、学前教育课程、学前儿童特殊教育、学前教育研究方法及学前儿童各领域教育等；90 年代初，我国第一个幼儿教育博士学位授权点设在南京师大，其方向有学前艺术教育、学前道德教育、学前教育课程；近年来，我校教育学博士后流动站已有了第一位进站研究学前教育的学者。职后教育已建立了从大专、专升本、助教进修班到研究生课程班等不同层次的继续教育系统，并通过夜大、函授、自考、全脱产等多种渠道进行。南京师大学前教育专业已成为培养高层次幼教人才的重要基地。为此，我们十分重视自身队伍的建设，现有 15 人中，教授、副教授、讲师各 5 人，其中博士 3 人，博士生 5 人，硕士 4 人。

我们将本科的专业培养规格定位在主要培养科研型的幼教实践人才，包括幼儿园、幼教师资培训机构的教学人才、幼教行政管理人才及其他儿童工作者。课程计划强调夯实素质基础，拓宽专业口径，以培养更能适应社会主义市场经济需要的人才。课程设置打破了过去“三学”、“六法”的局限性，拓宽并加强了基础理论课，重点改造了专业课，新设了学前教育史、学前教育研究方法、学前课程论、儿童游戏论等，各领域教育一改原来幼儿园教学法的面貌而发生了质的变化。同时，加强了教材建设，由人民教育出版社等出版了《学前教育学》及《学前教育学参考资料》、《中国学前教育史》及《中国学前教育史资料选》、

《学前儿童发展与教育科学研究方法》、《学前儿童语言教育》、《学前儿童音乐教育》、《学前儿童美术教育》、《幼儿科学教育》、《儿童营养学》、《学前儿童卫生与健康教育》等。

（三）深入实际进行科学研究。1979 年 3 月，全国教育科学规划第一次会议在北京召开，迎来了教育科研的春天。我们在赵寄石教授的带领下，逐渐形成了以幼儿园课程为重点的研究特色。第一步，深入幼儿园进行各科教学的研究，出版了大、中、小三班的教材教法。第二步，针对分科教学的弊端，1983 年起与南京市实验幼儿园合作，率先进行幼儿园综合教育的研究，由此拉开了全国幼儿园课程改革的序幕。之后，又与南京市鼓楼幼儿园合作进行“活动教育课程的实验研究”。“七五”规划重点项目“农村幼儿教育研究”是我国第一个研究农村幼教的课题，出版了《农村学前一年综合教育课程设计》。“八五”期间，进行了“学前儿童多种保教形式的研究”，探索以幼儿园为核心，开拓农村资源以创造不同的教育模式，使更多的学前儿童受到教育。此外，还有联合国儿基会项目“学前儿童特殊教育的研究”、“学前儿童一体化教育的研究”及“托幼一体化的研究”等。“九五”规划重点项目“我国幼儿园课程体系的研究”，将努力构建符合我国国情具有时代性、新颖性的幼儿园课程，阶段成果有：《幼儿园课程指导丛书》15 册、《幼儿园课程实施指导丛书》6 册、《幼儿园课程研究论文集萃》4 册等。其他如“学前儿童艺术综合教育”、“幼儿道德启蒙教育”也是“八五”规划的重点课题，而“学前儿童审美教育”及“幼儿园师幼关系的研究”等则成为“九五”规划的重点课题。幼儿园课程的研究是涉及城市与乡村、正规与非正规、正常儿童与非正常儿童、托儿所与幼儿园、整体与各领域……全方位的系统工程。20 年来科研的开展，不仅促进了高校自身教学质量的提高，密切了理论工作者和实践工作者之间的联系和关系，使之同步成长；也加快了幼儿园教育改革的步伐。20 年来的研究成果获得了部、省、校级的各种奖励 50 余项。



（四）开展国际合作和国际交流。1982 年—1984 年，中华人民共和国教育部和联合国儿童基金会学前教育师资培训合作项目，首先由南京师院独家承担；1985—1989 年扩大至 8 所高校和 17 所幼师；90 年代初又扩大为 12 所高师及 35 所幼师。国际合作项目的执行给予我校极好的发展机遇，可谓如虎添翼。我校先后派出 20 多位老、中、青教师到 10 多个国家进修、访问，联合国儿基会又选派了 10 多位国际一流专家，如加德纳、斯波达克、凯茨、柯蒂斯等前来讲学，进行合作研究。在执行项目的初期，我们面向全国举办过两届培训幼儿师范师资的专修科（当时的学生现在多数已成为各地幼师的校领导或骨干教师），之后又为全国组织过多期高级师资培训班。我们和全国幼教界共享国际合作的成果。

1989 年 10 月，为纪念国际儿童年成立 40 周年及联合国儿基会与中国合作 10 周年，原国家教委在我校主办了“幼儿教育国际研讨会”，来自美、英、苏、日、澳及中国大陆、台湾和香港地区的 145 名专家、学者，围绕“幼儿园课程”这一中心议题进行了广泛、深入的交流和探讨。研讨会采用特邀报告、大会发言、分会场发言、小组讨论、现场观摩等方式进行。这是我国第一次举办的幼教国际会议，也是海峡两岸幼教专家第一次聚会和交流，它向世界展示了我国幼教十年改革在理论和实践上取得的成就，表明了我国幼教也迈入了国际交流的行列。90 年代中期，我校又主办了“学前儿童一体化教育”的国际会议，显示了在学前儿童特殊教育研究方面也开始与国际接轨。目前我校还有几项国际合作研究正在进行中。

弹指一挥间，半个世纪曲折的创业之路已经走过。面向新世纪，高等学前师范教育走向何处？笔者以为应该做到：建立教学、科研、生产三位一体的体制；建设一支理论与实际相结合的师资队伍；打破地域界限，集中优势资源，办好几所学前教育学院；加强国际合作与交流等等；努力适应我国师范教育由现行的三级向两级进而向一级师范的过渡，并在形成有中国特色的学前教育理论和实践体系中发挥主力军作用。

原载《学前教育研究》1999 年第 6 期

# 我在南师幼教系 50 年

1952 年秋，全国高校院系调整，我有幸作为我国首批中师保送生成为南京师大幼教系的一名学生，毕业后留校工作。时至今日，回忆起自己在南师学习、工作、生活的半个世纪，无数往事，至今历历在目。

**大学时代** 我的大学时代正处于我国国民经济第一个五年计划建设时期，向科学进军的号角激励着莘莘学子如饥似渴地读书、学习。作为来自乡村教师家庭的我尤其珍惜这难得的学习机会。由儿童教育家陈鹤琴教授任院长、心理学家高觉敷教授任教务长、小学教育家胡颜立教授为总务长等一批专家学者管理的南师，有一个美丽的校园，那时我们学生的生活井然有序、丰富多彩。我如鱼得水般地活跃在校内外的课堂、操场、舞台、舞会和联欢会、夜令营等各项活动中，沐浴着“新中国·南师”的阳光雨露，茁壮成长。



作为幼教专家的陈鹤琴院长，他不仅创立了从附属幼儿园——附属幼儿师范学校——师范院校幼儿教育系三级育人体系，而且还创建了教学、教研、生产三结合的幼教体制：系里设有儿童教育研究室、儿童玩教具研究室及附属工厂，生产的玩教具除配合教学、科研外，还远销东南亚。经陈院长倡议和组织，自 1956 年起，每年 10 月初还举行学术报告会，这一英明举措沿袭至今。记得在第一次学术报告会上，陈院长作了《从一个儿童的绘画看儿童心理的发展》这一积累了长达 16 年研究成果的学术报告，光是 200 多张儿童画就布置了好几个教室。在他的带领下，吴璇仪教授的儿童服饰、玩具研究，方观容教授的幼儿计算教育研究、何佩芬教授的幼儿桌椅尺寸的研究、李美筠教授的儿童营养研究、黄人颂教授的游戏研究、汪爱丽教授的音乐教育研究等，在幼教科研园地里，呈现出了百花齐放、万紫千红的繁荣景象。从此以后，理论结合实际的学风逐渐被全国幼教界公认为南师大幼教研究的学术优势，几十年来我校学前教育专业老师们的研究均深深地植根于幼儿园。

幼儿教育系云集了来自南大师院、金女大、上海复旦大学、广东岭南大学的一批幼教专家，大多数曾留学美国。系主任钱且华教授，这位治学严谨、风度高雅的学者，以她宽广的学术视野，聘请了全国一流的知名学者给我们上课，诸如生物学家陈邦杰、地理学家李旭旦、音乐教育家陈洪、美术史学家宋正殷等，他们的教学夯实了我们的人文、科学基础。钱老师教了我班四年，除了上课，每周三上午都带我班同学到幼儿园去见习，每次见习都要求每人交一份见习报告；还亲自带领我们到幼儿园或幼师实习，要求我们每天都写实习日记，并亲自对见习报告和实习日记一一批阅，及时指导。我的"报告"和"日记"一直珍藏到"文革"。在钱主任的严格要求下，我们的观察能力和分析能力得以迅速提高。为培养我们的动手能力，钱主任每周六上午都安排我们学绘画、做手工；在玩具工厂学压模、做木工；学踩缝纫机、做布工；有时还结合《营养学》做点心、学烹饪。1956 年我毕业留校后，钱主任常常利用周末给我们几位助教介绍西方的幼教流派，以拓展我们的学术视野，这在当时"学苏"（指前苏联）一边倒的大环境下，显示了她的远见卓识和学术勇气，而对我们来说，则是终身受益。

普通心理学和儿童心理学老师是丁祖荫教授，他的教学深入浅出、生动形象，他对学生特别关心体贴，且生活艰苦朴素。著作等身的罗炳之教授，教的是教育学和教育史，他上起课来内容翔实、如数家珍，听他的课犹如随他参观了世界各国的名校，采访了世界上诸多教育大师。心理学史泰斗高觉敷教授讲授高级神经活动学说，虽然他的温州普通话不易听懂，但上起课来也十分生动有趣。这些学识渊博、敬业爱生的老师，我们不仅敬仰之，而且成为我一生的楷模。

**助教生涯**　留校后，我首先担任方观容教授的助教，主要任务是配合方老师进行《学前教育学》课程的教学，负责 80 名学生的辅导答疑、批阅作业、教育见习等。同时又在学习俄语的基础上参加学校的俄语进修班;参加专为青年教师组织的《马克思主义哲学》的学习和考试;并重新随班学习《人体解剖生理学》;后因教学的需要,又到音乐系进修乐理、作曲、音乐欣赏、钢琴等科目;每周还多次到幼儿园去拜师、锻炼和搞研究,等等。如此教学、进修、下园……我的助教生活繁忙而充实。但 50 年代末、60 年代初,社会处于激烈的阶级斗争之中:今年反“右”,明年反“右”倾,时而大跃进、时而又整顿,正常的进修和教学时时遭到冲击。

那时,我除兼任系团总支书记外,还成了带学生“开门办学”的“专业户”。第一次在 1958 年春,省教育厅吴天石厅长要求我系毕业班去溧阳县参加扫盲运动,带队的任务自然落在我这个不足 25 岁的班主任身上。我们一到溧阳,便把全班同学分到乡下,一个人分管几个村的扫盲。同学们被农民学文化的迫切性和积极性所激动,自然地融入了扫盲大军。地处苏、浙、皖三省交界的溧阳县,当时是苏南较为偏僻、贫穷的地方,几十名美丽活泼的女大学生下乡扫盲成了轰动全县的一道风景线。由于同学们热情大方,工作富有创造性,教学方法灵活多样,教学效果好,因而深受农民的欢迎。当时我的任务除下乡巡回看望同学们(几乎和每位同学都同吃同住过)外,还运用教育学、心理学等知识协助县教育局总结扫盲工作经验,县局把我当成他们工作中的一员,有时一起整夜赶写材料,有时派我接待上级领导和外地的来访者。陈鹤琴院长在百忙中也亲自到溧阳来看望同学们,大家还簇拥着陈院长在溧阳公园里亲热地合影留念。由于同学们工作出色,两个月后当省里召开“江苏省扫除文盲积极分子大会”时,我们全体被邀回宁参加大会的会务工作。当我们听到溧阳县许县长在大会上介绍扫盲工作经验,看到他们集体或个人上台领奖时,我们分享着溧阳人的喜悦。回到溧阳后,在举办全县幼教培训班和玩具展览会的基础上,我们根据需要试办了农村幼儿班,使溧阳县农村首次办起了一批幼儿班。在省教育厅幼教干部卢乐珍的指导下,我们还为省教育厅在溧阳县召开幼教现场会做了充分的材料、现场布置和会务等准备工作。7月初，江苏省民办幼教工作会议在溧阳县召开，会后正式出版了现场会的报告和经验。

同年秋，省委宣传部要求大学文科学生到社会大课堂里去进行教改。南师决定教育系大部分师生到溧阳去，我便第二次到了溧阳，和学生们共同办学（从幼儿园办到红专大学），编写幼儿园教材和培训教材（正式出版了两种幼儿园教材和三种幼师培训教材，其创新之处在于收集、改编了民歌、民调及民间游戏、儿歌、故事等），还开始办起了全托幼儿园。1960年春，省教育厅将南师幼教专业和附属幼师的师生混合编组，分赴全省九个县继续大办农村幼儿园。我第三次带队到了溧阳，主要任务是办好全托幼儿园。当时溧阳县继成为全国扫盲先进县后又成了全国的幼教先进集体，且有一名山村幼儿班教师成为了全国社会主义建设积极分子。

三次到溧阳，对我个人来说，确是三进继续教育的大课堂，锻炼了理论运用于实际的能力；加深了对农村幼教的认识和情感；结交了县委宣传部长、教育局干部、县乡妇女干部和幼儿班教师等，且许多人成了我的良师益友，至今仍保持着联系。最重要的是使我更关注农村、关注基层、关注普通劳动者。60年代初，我被派去句容参加省委整顿工作组，去江宁和句容参加四清工作队，还带领六四级学生去丹阳参加省教育厅的农业中学改民办中学的试点工作。这些都使我对"国情"、"民情"尤其是"乡情"有了进一步的了解和认识，也锻炼了我的社会交往和组织工作能力。

**助手岁月**　我校幼教专业发展的鼎盛时期在20世纪中叶。当时，不仅年年招生，而且毕业生还面向全国分配，供不应求。但因政治原因，60年代开始便停止招生，毕业生也基本分配在省内并大多改行。所幸我校幼教专业的教师队伍始终没有散、没有退（这在全国高校中是唯一），并从70年代初起，老师们便奔赴大江南北的工厂和农村送教上门。十一届三中全会后，我国进入了社会主义建设的新时期，幼教专业也获得了新生。1979年南师幼教专业恢复招生，我受命协助赵寄石教授（1952年，赵老师从美国留学归来，进南师工作，我们俩的师生情谊在南师已延续了半个世纪)重建幼教专业。我们分工合作:她主内,引导大家在学术上奋发图强;我主外,与各方友好交往,争取共同发展。期间,我们主要做了这样几件事:1. 开设新课程,如学前教育科研方法、学前教育课程论、学前教育史等,并编写了一批由人民教育出版社出版的高师学前教育专业的教材。2. 开展课程研究。赵老师组织我们深入幼儿园研究教材教法,继而亲自进行幼儿园综合教育的探索,掀起了新一轮全国幼儿园课程改革的序幕,并通过"七五"到"十五"的持续发展,将课程研究从城市推向农村,从正规幼教机构扩展到非正规幼教组织,从正常幼儿延伸到非正常幼儿,并进而研究幼儿园课程的理论和实践体系。3. 开创国际交流。20 世纪 80 年代初,中华人民共和国教育部与联合国儿童基金会关于学前教育师资培训的合作项目,首先由我校独家承担,我被派往省里、部里接受了此项任务。该项目不仅为我系增添了许多先进设备,新造了幼教楼,而且还通过请进来、走出去的方式培养了一支优质的幼教师资队伍,使南师幼教专业的发展如虎添翼,蒸蒸日上。由于第一期合作项目执行得较好,第二期合作项目扩大至 8 所高师、17 所幼师,第三期又增加 4 所高师和 10 多所幼师。此外,80 年代初,为解决各地因恢复和新建幼儿师范而导致的专业教师奇缺的困难,教育部下达了由南师为华东六省一市开办幼教大专班的任务,结果应各地教育行政部门的要求,两届招生近 80 名且生源来自 16 个省、市、自治区,我们超额完成了为幼儿师范培训师资的任务。1989 秋,我校承办了我国第一次幼教国际会议,这是一个让世界了解中国幼教,同时也让中国幼教走向世界的新的历史起点。4. 开始新建研究生制度。20 世纪 80 年代初,南师学前教育专业有了硕士研究生学位授予点。此后,不仅研究生招生数量逐年增加,而且研究方向涉及学前教育基本理论、学前课程论、学前教育史、学前艺术教育、学前语言教育、学前科学教育、学前健康教育、学前特殊教育等多个领域,这为我系 90 年代创建博士点及 90 年代末创建博士后流动站奠定了良好的基础。

在我协助赵老师重建和发展幼教专业的过程中,她那高瞻深邃的学术思想启迪了我，淡泊宁静的学者风范影响了我，使我得益匪浅。她不仅以超前的学术敏感最早将系统论、建构论、生态论、可持续发展论及行动研究法等引进我国幼教领域，而且以宽阔的胸怀接纳每个个性和学术风格各异的同行，并通过课题“立项”，指导中青年教师进行课程、托幼一体化、师范教育和特殊教育等方面的研究，帮助他们迅速成长。从赵老师手中接过幼教系主任的工作时，我也努力传承陈鹤琴、钱且华、赵寄石等各位师长的优良传统，同时不断更新观念、创造条件，让每位同仁不断进取，共同成长。新世纪初，南师大的学前教育已成为国家级重点学科，机遇与挑战共存，深信青年学者们定能与时俱进、开拓创新、再创辉煌。

**寻根思源**　20 世纪 70 年代末，我主动参与《学前教育史》课程的创建，是出于责任、兴趣和情感。当时，我获悉日本学者已在研究中国幼教史时，深受震动。我认为，研究我国的幼教史是咱们中国幼教工作者责无旁贷的事。我从小就喜欢历史，小学时爱看历史故事书和京戏，初中时的历史老师是中央大学毕业生，上她的历史课就像上故事课，我自然非常喜欢。在幼教系读书时，虽然没有专门系统地学过学前教育史，但雷震清教授曾为我们讲授过《清末幼教史》，也听过陈鹤琴院长讲授的“活教育及其批判”，还自学过(苏)沙巴也娃编写的《教育史》(实际上是“幼教史”)。当 70 年代初从农场回校整理幼教资料时，我发现了陈鹤琴、任宝祥(西南师大教授)等前辈编写的《中国学前教育史》大纲和资料索引，以及甘肃师大研究生寇崇玲编写的有关我国近现代幼教发展史的论文提纲。于是，我决定在他们的基础上重新开始建设《学前教育史》。经过十多年的努力，我和合作伙伴终于编写完成了《中国学前教育史》及《中国学前教育史资料选》两部著作，并由人民教育出版社出版。近年又在编写《学前教育史》和《学前教育思想史》。

近三十年来，我始终不渝地研究中国学前教育史还有着深厚的情感因素。我的父亲是陶行知、张宗麟的学生，陈鹤琴是晓庄师范的兼职教授，也可算是我父亲的老师。父亲毕生从事小学教育工作，三四十年代主要当乡村教师，五六十年代当上海的厂校教师，一直实践着陶行知先生的办学理念。我也从小生活在按陶行知先生的教育理念办学的学习环境里，学校生活丰富多彩，远足、竞赛、演讲、宣传、会演……非常活跃。尤其在夏夜里，师生们常常三五成群地聚集在操场上，吹拉弹唱，玩“接口令”、“拍七”等游戏，关系十分融洽。学校里有位毕业于景海女师幼师科的刘老师，她气质高雅又热爱学生，弹得一手好琴，我非常崇拜她。基于这些原由，1950年夏，父亲让15岁的我独自一人从武进乡下来宁报考了南京市师范学校幼师科，我就这样高高兴兴地跨入了幼教的大门。当我成为陈鹤琴的学生后，父亲自然非常欣慰。

在学习和研究中国教育史的过程中，古代悠久的历史文化宝藏中蕴藏着光辉灿烂的学前教育篇章，我为之自豪；近代学前教育由学前家庭教育开始转向学前社会教育，但刚起步就走上了抄袭、搬用之路，我为之遗憾；现代学前教育以陶行知、陈鹤琴、张雪门、张宗麟为代表，在“五四”新文化运动的社会背景下，他们高举民主与科学的大旗，借鉴先进的教育思想，通过实践研究，形成了各自的理论和实践体系，开辟了中国化、科学化、大众化的幼教道路，我为之骄傲；老解放区的幼教前辈们，用鲜血和生命谱写了中国幼教新的一页，我为之赞美；新中国的幼教发生了翻天覆地的变化，取得了举世瞩目的成就，我为之欢呼。纵观我国的百年幼教，正确处理好社会和教育、继承和创新、理论和实践、外国和中国等诸种关系是促进幼教理论和实践发展的关键，陶行知、陈鹤琴等现代教育家承古开新，是这方面工作的典范，因而他们的精神和思想一直深深地震撼着我，对他们的敬仰之情也常常激励着我。弘扬他们的业绩，用他们的主张审视幼教，更以他们的精神投入幼教。抚今思昔，我感谢我的父亲在我少年时代就送我登上了幼教这个平台，我庆幸自己有深造的机遇、恩师的教诲、同事的合作、朋友的呵护、学生的支持，使我激情满怀地从事着愉快而有意义的工作，并愿以有生之年再为建构中国幼教大厦添砖加瓦。

原载《早期教育》2003年第3、4期

# 弦歌不绝有传人

## ——纪念钟昭华先生逝世一周年

**编者按**:钟昭华先生是幼教界颇有影响的杰出女性,她离开我们已经整整一年了。为了弘扬先生热爱祖国、热爱儿童、勤于事业、谦和待人的高尚品质,本刊特约请先生的同事、学生撰写了一组纪念文章,以此激励更多的后来人为繁荣我国的幼教事业而继续努力。

我国著名的幼儿教育专家钟昭华先生于 1994 年 9 月 2 日在上海与世长辞,终年 93 岁。钟先生一生追求光明,淡泊名利,尽心竭力于她所热爱的幼教事业。她是开创中国化幼儿教育事业的老前辈之一。



1901 年 10 月 26 日,钟先生诞生在浙江省德清县一个山清水秀的小镇上。1919 年夏,18 岁的钟昭华被弘道女中师范科留校任教。自此,她矢志不移,历经沧桑,度过了平凡而光辉的 75 年教育生涯。

### 一

1923 年夏,钟先生到南京鼓楼幼稚园任教。鼓楼幼稚园是现代教育家陈鹤琴先生创办的我国第一个幼教实验中心。在鼓楼幼稚园,钟先生努力学习,刻苦钻研,成为陈先生的得意门生和得力助手。

30 年代初,钟先生接替陈先生担任鼓楼幼稚园园长。其间,她不仅自己撰写了《怎样办幼稚园》等书,还协助陈先生总结鼓楼幼稚园的实验研究成果,出版了一系列著作和教材,如《一年中的单元教学》、《儿童生活写真》、《儿童故事》、《世界节奏集》、《儿童游戏》等。这些著作和教材,集传统文化与外来文化之精华,对奠定我国幼儿园的教育教学基础起到了开拓性的作用。

抗战期间，钟先生辗转大西南，历任成都保育院院长、重庆托儿所所长、贵州省幼教视导员等职，并在陈先生任校长的江西省立实验幼稚师范学校兼任园长。在那战火纷飞的年代里，她为保护和教养下一代而历尽艰险。

50年代初，当陈先生任南京大学师院和南京师院院长时，钟先生又兼任附小幼儿园园长数年。钟先生办园有方，附小幼儿园保教质量堪称一流，成为高师教学实习和科学研究的重要基地。

## 二

20年代末至30年代初，钟先生曾在南京女中幼师科和上海大夏大学幼师科从事幼稚园师资的培训工作。1940年起，她在江西省立幼师任教。抗战胜利后，钟先生赴美留学两年多，先后在密执安州立大学和哥伦比亚大学师范学院进修。回国后，陈鹤琴校长聘她为国立幼稚师范专科学校副教授。中华人民共和国成立后，钟先生随幼专由上海迁至南京，在南京大学师院幼教系任教。年过半百的钟先生到北京师大学习前苏联的学前教育思想。1952年秋，全国院系调整后，钟先生成为南京师范学院幼教系的教师。40多年来，她兢兢业业地致力于我国幼教人才的培养。她参与了《学前教育学》学科的教材建设；她独立编写了《幼儿园组织和领导》的大纲及其参考资料，为80年代重开此科打下了良好的基础。



70年代末，耄耋之年的钟先生焕发了学术青春，她成为南京师院教育系学前教育研究室第一任主任，并挑起了由原教育部下达的建设《中国学前教育史》学科的重担。1979年秋，她在全国幼儿教育研究会成立大会暨第一届学术年会上，作了题为《陈鹤琴教育思想研究》的学术报告，拉开了重新评价老一辈教育家的教育思想的序幕。80年代初，她连续发表《陈鹤琴的教育思想与江西省立实验幼稚师范学校》等论文，并应邀赴香港讲学。为了教材建设的需要，年过八旬的钟先生带领助手们走南闯北，收集资料，调查研究。经 10 多年的努力，出版了《中国学前教育史资料选》、《中国学前教育史》，填补了教育史学科及幼儿教育学科中的一项空白，为我国学前教育的发展作出了重要的贡献。

## 三

钟先生为人谦逊，严于律己，秉性正直，品德高尚。在家里，因其父英年早逝，作为长女的她，挑起了家庭的重担，靠微薄的工资，帮助妹妹们上学。她的住房条件迟迟得不到改善，但她的敬业精神却丝毫不受影响。在社会上，她对引导她走上人生、事业之路的师长——甘梦丹、陈鹤琴等先生的爱戴和尊敬始终如一，经常怀念师长们对她的教诲。在幼儿园，她对幼儿关怀备至，与幼儿及其家长建立了亲密的关系。当年鼓楼幼稚园的外籍小朋友于 80 年代中期远涉重洋来看望她时，她还能一个个叫出他们的名字。在幼师及高师，特别是在江西幼师，学生们与她建立在抗战烽火中的师生情谊，更是源远流长，满头白发的老学生们常来照顾她的生活，陪她看病，接她到家里过节，亲如家人。在学术上，钟先生非常注意提携后人。笔者作为她的学生和助手，更是得到她的厚爱。每当她的学生和晚辈有所进步，她都由衷地为之欣喜，钟先生为社会输送了许多幼教人才，可谓桃李满天下，她得到了学生的爱戴和海内外同行的赞誉。

钟先生的一生，是不断进取、奋发奉献的一生。她历任中国民主促进会江苏省委委员、常委，民进中央候补委员、中央委员、中央参议委员，江苏省第三、四届人民代表大会代表，江苏省政协第四届委员会委员。她还兼任江苏省社联理事，全国幼教研究会副理事长、顾问，江苏省陈鹤琴教育思想研究会顾问等职。

钟先生的逝世，不仅是南京师大教学和科研事业上的重大损失，也是我国幼教界的重大损失。诚如南京师大钟陵教授所作的挽联：

沪浦痛失仪型　楮墨长存垂令誉

金陵幸留教泽　弦歌不绝有传人

是的，我们这些后来人，一定会继承钟先生的遗志，为建立和完善我国社会主义幼教体系而奋发努力。

原载《幼儿教育》1995 年第 9 期

# 不尽的思念

## ——悼念敬爱的孙岩同志

孙岩同志近几年身体不太好，这是大家都知道的。今年九月底，我们在北京开会，讨论中国学前教育研究会第三次代表大会的筹备工作时，她带病出席，但仍很精神，气色也好，提的几点意见条理清晰也极为精辟，一点不像疾病缠身的样子。尤其让我难以忘怀的，是谈到我不再担任副理事长时她对我予以特别的关爱……别后两个月不到，她竟永远地离开了我们，怎不令人震惊、伤痛！她的音容笑貌时时萦绕在我的脑海中，留下了不尽的思念。

我第一次见到孙岩同志是在 1978 年秋。那时经历了十年动乱之后的中国，百废待兴，幼儿教育也不例外，教育部在撤销了幼教处长达 28 年之后，终于在 1978 年夏又恢复了幼教处的建制，孙岩同志担任了新中国第二任、"文革"后第一任的处长，她上任不久，便只身来到江苏进行调查研究。她拜访了著名的幼教专家陈鹤琴老先生，在专业未断、队伍未散的南京师范学院幼教专业召开座谈会，与教授学者共商我国幼教改革与振兴的大计。接着在省幼教干部王彦同志的陪同下视察了全国三项（妇幼保健、优生优育、幼儿教育）先进单位如东县，走访了县乡干部、农村社员及幼儿教师。她对南师老师们从 70 年代初起便送教于大江南北城乡幼儿园的做法和理论联系实际的传统表示钦佩；对江苏农村幼教欣欣向荣的景象大加赞赏。而她也给我留下了谦虚谨慎、平易近人、深入基层、作风扎实的良好印象。

孙岩同志作为幼儿教育的领头人，在任职期间，组织并带领全国幼教界既拨乱反正、医治"文革"中的创伤，又开创改革开放的新局面。1979 年底，全国托幼工作会议后，教育部针对幼教事业较多集中于城市,“文革”中受破坏也最为严重的现实,颁发了《城市幼儿园工作条例》(试行草案),并附有《整日制幼儿园作息制度》等7个附件,使城市幼儿园率先走上了规范化的道路。又颁发了《幼儿园教育纲要》(试行草案),既保持了30年前《教学纲要》的主要精神,总结了30年来的实践经验;又引进了新的教育理念,用全新的视角和思路来结构、编写《纲要》。从名称到内容都突出了幼儿园的教育功能,幼儿的心理发展特征,幼儿园与家庭、社会、小学的关系,等等。并出版了第一套全国统编的幼儿园教材共7类9册。1983年,孙岩同志离休后,仍关心全国幼教事业的发展,如80年代末,经孙岩同志亲自登门请教有关法制专家,再奔波斡旋,才使《幼儿园管理条例》成为唯一经国务院批准颁布的幼教法规。70年代末、80年代初颁布的一系列幼教法规,使我国幼教沿着规范化、科学化、健康发展的道路前进!

1979年春,我第二次接触孙岩同志。教育部和中国社会科学院联合召开全国教育科学第一次规划会议,会上讨论了教育发展规划,成立了中国教育学会。出席规划会议的九名幼教界代表左淑东等发起成立中国教育学会幼儿教育研究会,我是代表之一,经历了从发起到成立的全过程。当时孙岩、史慧中、孙爱月等几位都是大会的工作人员,她们都是幼教研究会的实际发起人,尤其是孙岩同志,她带领我们讨论了学会的宗旨、成立大会暨第一次学术年会的时间、地点和内容等。回顾学会由初创到逐步发展的历程,真是步履维艰,一无编制、二无经费、三无权力,全靠孙岩同志领导大家组织发动、公关协调才逐步打开局面。



孙岩同志身为教育行政部门的幼教干部,一贯非常重视学会的工作。在位时扶植、支持,离休后更是全身心地投入。她历任一届副理事长、两届理事长、两届名誉理事长。初创时期,她重在发动群众,突出了学会的群众性:每年在各省轮流召开理事会时,每到一处,她都带领我们拜访省市领导,参观不同类型的托幼机构,为幼教老师作学术报告,等等。学会犹如宣传队,向社会宣传幼教科普知识;学会亦如大学校,给幼教老师不断传递新理念和新经验。学会将高师、幼师、幼儿园以及教科研、行政等方面的幼教人团结在一起，形成合力，发挥着教育行政部门不可替代的作用。她也始终注重凸显学会的学术性：成立学术委员会和专业委员会，开展课题研究，举办培训班，进行学术交流。她视学术性为学会的生命力，身先士卒，尽可能地主持或参加学会的各种学术活动。如2001年夏，学会在北戴河举办十五课题培训班，云集了全国十多位专家讲课，由于北戴河是夏季旅游胜地，来自各地的幼教老师难免时有“溜课”，但她和张小清等几位老同志却场场准时坐在前排，专注地听讲和记笔记，让我们这些讲课者感动不已。

中国学前教育研究会由成立时的国家二级学会于13年后晋升为国家一级学会；有自己的刊物——《学前教育研究》，并经国务院学位委员会评定为“全国学前教育理论核心刊物”；能与国际接轨，成为OMEP（世界学前教育组织）的成员，成立了OMEP中国委员会……这一切的一切，都是因为学会有孙岩同志这样睿智的好领导，引领着学会朝正确的方向前进，学会才能生机勃勃地发展壮大。

孙岩同志慈祥可亲、宽怀仁爱，具有大家风范，是幼教同行的良师益友。她对一线的幼教老师尤其关怀备至：1984年冬，学会在北京开常务理事会暨学术研讨会时，听说教育部负责人在报告中，只提中小学的工资改革只字未提幼儿园，联系到教育部的有关文件也基本如此，鉴于对幼儿园及其教师的地位和待遇（尤其是工资待遇）的关心，与会者反映强烈，推选李道佳和我起草“意见书”，记得当时住在首都师大地下室的招待所里，寒冬腊月、夜深人静，我俩带着万分焦急的心情连夜上书。孙岩同志直接向教育部领导反映了我们的意见，结果张文松副部长代表教育部亲切地接见了我们并热情宴请，他充分肯定了幼儿教育的地位和作用，一再向辛勤工作在幼教岗位上的老师、专家表示敬意、谢意，明确表示：“工资改革……幼儿园都在内，不是在外，同志们请放心。”从此，幼儿园教师在工资改革、职称评定、表彰奖励等方面名正言顺地享有和小学教师相等的地位和待遇。抚今思昔，孙岩同志心系幼教老师，情深意长。

孙岩同志对周边的同志总是谆谆善诱、赏识鼓励。1979年春确定了在南京召开全国幼教研究会的成立大会后，我便在孙岩同志的直接指导下进行着前所未有过的会议准备。她教我如何争取学校、省市领导的重视和支持，如何组织和发动校内外幼教老师的协力合作，特别是当我向她请示谁致开幕词时，她明确提出由我代表发起人致开幕词，这真把我吓坏了，我在几名发起人中资历最浅、年龄最轻，虽已四十出头，但 1979 年 3 月是我生平第一次参加全国性教育学术界高层会议，怎么也没资格担当这一重任啊，但在她的坚持下，我再三推辞未果，只好鼓足勇气接受这一任务。成立大会暨第一届学术年会的成功召开，给予我极大的锻炼和激励，孙岩同志又一次次地交给我新任务：我不是第三、四届的理事，但让我继续负责有关"课程"的课题，任学术委员和托幼机构教育专业委员会主任，直至 2000 年冬，孙岩同志又动员我再度担任第五届理事会的副理事长。我自知水平和能力有限，但在孙岩同志言传身教的影响下，26 年来我与学会同成长。此外，她对凡接触过的幼教同行朋友，都时常牵挂，经常会问到江苏的王彦、赵桂丽、施立平、陈国强等，也经常向我打听南师大的赵寄石、张慧和、卢乐珍、周兢等人的近况。对那些痛失亲人的老部下、老朋友，她更是关怀有加。



敬爱的孙岩同志，您是幼教事业的好领导，您为中国的幼教事业呕心沥血，操劳了几十年，您那深邃的思想、宽广的视野、博大的胸怀、仁慈的心肠，影响了整整一代幼教人。您的奉献精神永存，我们永远怀念您！亲爱的孙岩同志，安息吧！

原载《早期教育》2006 年 1 期

# 江苏省"幼儿教育学"的学术著作（1990 年前）

江苏很早就有人论述过幼儿教育（家庭教育）的目的意义、内容和方法。西汉刘向在《列女传》中，盛赞太任注重胎教而使周文王生而明圣。颜之推著《颜氏家训》是我国第一部系统完整的家庭教科书。清代学者崔学古所撰《幼训》，探讨了幼童识字教育循序渐进的方法。

1904 年 1 月，我国颁布了第一个幼儿教育法规《奏定蒙养院章程及家庭教育法章程》，江苏省松江府编撰了《章程图说》和《育婴汇讲》。顾倬 1907 年出版了我国最早的幼儿教育专著《幼儿保育法》。上海公立幼稚舍附设的保姆传习所编撰了《保姆传习所讲义初集》（含保育法和儿童心理学），是我国最早的幼儿教育师资培训教材。江苏和两湖、平津等地成为我国近代幼儿教育的发轫地。



20 年代以后，我国开始了幼儿教育的科学研究工作，探索适合国情、童心的幼儿教育之路。南京高等师范学校教授陶行知、东南大学教授陈鹤琴及张宗麟等，在这方面的研究工作取得了很大成就，如陈鹤琴 1925 年出版的专著《家庭教育》。40 年代末，金陵女子文理学院家政系、社会系在南京城乡设立了儿童营养站和儿童行为指导站，并出版过儿童福利丛书。

建国初，全国尚无研究幼儿教育的专门机构和组织。南京师范学院率先建立了儿童教具玩具研究室并附设了玩具工厂，编撰出版了《幼儿园玩具教具丛书》。幼教系的教师们开展了幼儿游戏、语言、音乐、计算、美术、体育、营养、卫生、自然常识、农村幼教等方面的研究，出版过多种幼儿园教材。

1979年3月，全国第一次教育科学规划会上，确定南京为幼儿教育研究基地。同时，与会的幼教工作者发起成立了全国幼教研究会，并于当年11月在南京举行成立大会暨第一届学术年会，推动了江苏幼儿教育研究的发展。一批研究专著和论文相继出现，如专著《幼儿音乐教学法》、《幼儿科学教育》，论文《幼儿园爱祖国教育的实验研究》、《幼儿园综合教育结构的探讨》等。还完成了一批国家教委和省级科研规划项目，如南京师范大学与江宁县、邗江县合作完成国家教委"七五"规划重点科研项目"农村幼儿教育研究"，南京师范大学与南京市鼓楼幼儿园合作完成省级科研项目"活动教育课程"等。至1990年底，江苏幼儿教育科研成果丰富，其中部分成果还获得全国和省、市级的科研成果奖。

**《幼儿保育法》**

顾倬编。顾倬(生卒年不详)，金匮(今无锡)人。中国图书公司1907年印行。编者认为传统的保育幼儿之法已不适应当时的需要。由于男子忙于职业，无暇保育幼儿，而妇女对于育儿方法研求甚少，导致保育幼儿终不得正法。为了在妇女中普及保育幼儿的知识，编者根据实用的原则，参考了日本、德国等地的幼儿保育书籍，选择了保育上最重要的内容辑成此书，供广大妇女参考学习。全书共分六章，包括总论、养护身体、授与知识、陶冶性情、保育事项、结论。编者强调保育之重要及初步的保教结合思想。



**《保姆传习所讲义初集》**

张景良(生平不详)、吴家振编。中国图书公司1909年印行。该书是1907年创办的上海公立幼稚舍附设保姆传习所培训蒙养院保姆的讲义。分为"保育法"和"儿童心理学"两种。"保育法"共十六章，分别讲述了幼稚园之主旨、幼稚园之必要、幼稚园之教育、幼稚园与家庭之联络、保姆之资格、保育事项、论游戏、唱歌、谈话、手技、恩物之种类、恩物之理、保育时间、入园年龄与分组法、看护术；"儿童心理学"分六章，讲述了原气质之分类、快豁儿之特色、刚愎儿之特色、忧郁儿之特色、沉钝儿之特色、儿童气质体格表等。

《家庭教育》

陈鹤琴著。陈鹤琴(1892—1982),浙江上虞人。曾任南京师范学院院长、教授。上海商务印书馆 1925 年版。该书是作者以其子一鸣、女有霞为对象进行儿童心理的研究和家庭教育实践的成果。全书共分 12 章,包含了 100 条原则。作者把儿童之心理特点与学习的性质及原则,作为施行家庭教育之基础。100 条原则涉及家庭教育的各个方面。每条原则后面举事实一二以解释原则的真谛并加以讨论。陶行知认为《家庭教育》一书系今中国出版教育专著中最有价值之著作,倡议天下父母共读之。

《幼稚教育概论》

张宗麟著。张宗麟(1899—1976),浙江绍兴人。曾任南京鼓楼幼稚园研究员。上海中华书局 1928 年版。该书内容包括幼稚教育概论、中国幼稚教育之由来及现状、幼稚教育发展史略、幼稚生生活述略、幼稚园课程、设备、专利法、幼稚教师、蒙养院、幼稚园及小学低年级的衔接。

《儿童营养学》

李美筠著。李美筠(女,1901 年生),上海人。南京师范大学教育系教授。教育科学出版社 1987 年版。该书综述了人体需要的各种营养素及热能的基本知识,阐明了从胎儿期至青春期的儿童和少年的营养与生长发育;还对改善中小学生膳食、病儿膳食、青少年运动员膳食,以及集体膳食的科学管理作了专题论述;对近十多年来,各国科学家研究的营养与儿童的发展、智力发展和行为的关系这一新课题也作了介绍。该书曾获全国妇联的奖励。

《幼稚教育论文续集》

孙铭勋编。孙铭勋(1905—1961),贵州平坝人。曾协助陶行知在南京创办中国最早的农村幼稚园。该书为论文集,共收入《幼稚教师是一种什么人》、《幼稚教师两个基本技能》、《再谈解放儿童》、《未来的儿童教育》等 13 篇文章,论述了幼稚教师应该具备的职业修养,以及儿童教育的基本特点。

《幼儿教育》

南京市幼儿教育讲习会编。中国儿童福利研究社 1948 年印行。

金陵女子文理学院与中国儿童福利研究社于1947年联合举办了“南京市幼儿教育讲习会”。该书即根据该次讲习会各位讲师的讲义整理而成。主要内容有幼儿的发育、幼儿生活习惯的培养、幼儿的饮食、营养、幼儿处群生活的培育、幼儿园各科教学、玩具、幼儿训导、家庭与儿童福利机构的联系、幼儿与社区的关系、家庭关系与合作等。该书另有附录两篇:《美国幼儿学校发展史》、《日间托儿所之保健工作》。

**《幼儿园玩具教具丛书》**

南京师范学院教育系学前教育专业玩具教具研究室编。室主任吴璇仪。吴璇仪(女,1911—1981),金坛人。江苏人民出版社1959年版。该丛书根据幼儿园教学上的需要,向教养员介绍怎样利用废物设计自制玩具。目的是贯彻勤俭办园的方针,丰富幼儿的生活。书中介绍了玩具教具研究室设计制作的一些玩具。该丛书包括《简制玩具图样》等几本小册子。书中详细介绍了玩具制作的材料、做法,提供了各种图形,便于学习制作。



**《幼儿教育的理论和实践》**

黄人颂著。黄人颂(女,1920年生),广西人。南京师范大学教育系教授,江苏省幼儿教育研究会秘书长、顾问。江苏人民出版社1954年版。该书根据前苏联幼儿教育的理论并结合中国的实际情况编写而成。全书包括绪论、体育、智育、德育、美育、结尾六大部分。它首先概述了幼儿教育全面发展的基本原则和幼儿园教育工作的内容、实施方式、教养员,然后着重讲述了幼儿体、智、德、美四育的意义、任务,具体实施的原则、内容、方法等。

**《幼儿园综合教育结构的探讨》**

赵寄石著。赵寄石(1921年生),上海松江人。南京师范大学教育系教授。此文连载于江苏省《幼儿教育》杂志1986年第12期和1987年第1期。作者从1983年9月开始与同校部分教师、南京市实验幼儿园合作探索“幼儿园综合教育结构”。实验到1986年7月完成。这篇论文就是关于这一课题的科研汇报。作者详细阐述了提出幼儿园综合教育结构的原因,幼儿园综合教育结构的含义,课题研究的方法、理论基础、指导思想以及综合教育结构的主题设计,“综合”的三个方面和三个层次。获 1990 年全国首届教育科学优秀成果评奖二等奖。

**《幼儿音乐教学法》**

汪爱丽著。汪爱丽(女,1927 年生),上海人。南京师范大学教育系教授。人民教育出版社 1987 年版。该书是根据国家教委制订的《幼儿师范学校教学计划》(试行草案)和《幼儿师范学校音乐教学大纲》(试行草案)编写的幼儿师范学校课本。全书共分七章,讲解了幼儿音乐教育的作用、任务和组织领导,并分章阐述了唱歌、韵律活动、倾听声音及欣赏音乐、音乐游戏和打击乐各部分的内容和教学方法。附有音乐课教案二例。

**《幼儿园爱祖国教育的实验研究》**

卢乐珍著。卢乐珍(女,1930 年生),浙江桐乡人。南京师范大学教育系教授,江苏省幼儿教育研究会理事长。刊载于《教育研究》1986 年第 6 期。该文通过具体的实验研究,就幼儿园开展爱祖国教育的内容、要求、方式、方法等进行了探索。认为幼儿园爱祖国教育的内容是家乡美、祖国好、民族亲。对幼儿进行爱祖国教育应当由近及远,应当触及情感,充分发挥艺术手段的作用,要通过幼儿自身的活动以及与家长的密切配合。论文探索了幼儿园爱祖国教育与小学、中学、大学爱国主义教育的区别与联系,提出应按照幼儿身心发展水平和接受教育的可能性,从低到高,循序渐进地进行爱祖国教育,保证教育的系统性、连续性和一致性,促进爱国主义品德的最终形成。



**《儿童绘画发展阶段初探》**

屠美如著。屠美如(女,1933 年生),常州人。南京师范大学教育系教授。刊载于《美术教育》1988 年第 1 期。该文结合中国的文化背景和运用科学的检测、量化手段,通过对 884 个儿童的绘画作品的调查、分析,得出了一岁半至十五岁儿童绘画能力发展趋势,划分了儿童绘画发展的阶段:涂鸦期、象征期、概念画期、写实期。揭示了中国儿童绘画发展各阶段的年龄特点,并提出了建议。此文为制订艺术教育目标、规格提供了依据,并使教师能针对艺术教育各阶段特点对儿童进行教育。

**《幼儿科学教育》**

王志明著。王志明(1933 年生),浙江上虞人。南京师范大学教育系教授。江苏教育出版社 1990 年版。该书为高等师范院校教材,被列入国家教委“七五”教育科学研究规划。内容包括幼儿科学教育概述,幼儿科学教育的目标、任务,幼儿科学教育的理论指导、过程及原则,幼儿科学教育的环境、设备和材料,家庭与社会的幼儿科学教育,教育评价在幼儿科学教育中的运用,等等。理论性强是本书的一大特色。

**幼儿教育学重要书目**

| 著作 | 作者 | 出版单位 |
| --- | --- | --- |
| 《幼儿卫生学》 | 南京师范学院教育系<br>学前教育教研室 | 江苏人民出版社 1959 年版 |
| 《幼儿园各科教学法》 | (同上) | (同上) |
| 《幼儿教育百科辞典》 | 唐淑等主编 | 上海教育出版社出版 |
| 《学前教育学》 | 黄人颂主编 | 人民教育出版社 1989 年版 |



原载《江苏省志·社会科学志》第二章《学术著作》第七节《教育学之二》,江苏古籍出版社,1998 年 11 月

# 浙江省《幼儿园课程指导》序

《幼儿园工作规程》颁布、实施以来，广大学前教育工作者参加幼儿园课程改革的自觉性、主动性不断增强，研究和探索逐步深入，并呈现出百花齐放的局面。这次，浙江省教育厅根据国家《幼儿园教育指导纲要（试行）》的基本精神，组织编写了《幼儿园课程指导》，这是浙江省学前教育工作者进行幼儿园课程改革的成果体现，深信会对幼儿园课程改革起到积极的推动作用。

从20世纪90年代初的浙江省《幼儿园系列教材》（以下简称《系列教材》）到新世纪初的《幼儿园课程指导》（以下简称《课程指导》），充分反映了近十年来浙江省学前教育工作者在教育理念和教育实践方面的进步，即由学前三年分科的文本教材转向学前四年课程的整体构建。从学前三年教育转向学前四年教育，这不仅体现了社会对“及早施教”认识上的提高，也反映了浙江省腾飞的经济实力和需要，更表现了浙江省教育行政领导的远见和魄力。从分科的文本教材转向课程的整体构建，则说明浙江省学前教育工作者对幼儿园课程特点及其与小学课程区别的把握：克服学科割裂，构建整体的、综合的、生活化的课程。如果说《系列教材》体现了80年代浙江省的教育水平和90年代的改革需要，那么，《课程指导》则积累了90年代的丰富经验，必将对新世纪初的学前教育起导向作用。



“课程是一种经过精心的设计和安排的结构，它包含了儿童要掌握的各项内容，儿童为达到规定的课程目标的系统过程，教师为帮助儿童实现这些目标应采取的行为以及教学环境等。”《幼儿园课程指导》以促进儿童身心发展为纲，根据幼儿园课程改革中新的教育理念，并充分考虑了浙江省的社会文化背景和地域乡土特点，提供了一套包括课程目标、内容及活动组织等较完整的课程框架和实施方案，对幼儿园构建适合本园特色的课程体系，对幼儿园教师实施课程、提高教育质量有十分积极的作用。

考察一个高质量的儿童课程方案的关键点，是这种方案能否满足儿童各方面的发展需要。而要适应和促进儿童的发展又意味着要把握好儿童生理、心理的发展水平和规律，并以此为依据来确定课程方案中的教育目标和教育内容。教师只有了解儿童发展的规律和特点，才能科学地设置学习环境，组织恰当的教育活动，这是做好工作的前提。《幼儿园课程指导》简明扼要地分析了 2—6 岁儿童身心发展的特点和各年龄段教育的重点，将课程设计建立在儿童发展的基础上，并创造性地将《幼儿园教育指导纲要(试行)》中五大领域目标分解为四个年龄段的各领域目标，从而构建了2—6 岁儿童的发展目标体系，这一工作对将素质教育落到实处，具有现实意义。



《幼儿园课程指导》吸取了陈鹤琴先生课程组织的思想，采用主题形式，对教育内容、教育形式进行了有机的整合。在选定主题教育内容时，充分考虑儿童的需要和兴趣，将主题与儿童的生活经验联系起来，将学习内容和过程联系起来，将不同的学习内容与不同的儿童参与活动的方式联系起来，将不同年龄教育的阶段性与连续性联系起来，形成了一个较完整的主题活动网络，这为幼儿园教师设计和组织教育活动提供了较清晰的思路。

《课程指导》根据浙江省学前教育的实际情况编写的“教育活动设计”部分，基本上属于预成课程范围，可供广大托幼机构的教师参考选用。但我欣喜地发现这部分内容也为教师适时地生成出新的、相关的教育活动留有许多余地，体现了计划性与灵活性的结合。

幼儿园课程建设是一项复杂、系统的工程，相信本书的出版，能进一步激发学前教育同仁对幼儿园课程改革的关注。感谢浙江省学前教育工作者所作出的奉献，预祝浙江省幼儿园课程改革硕果累累。

原载浙江省《幼儿园课程指导》，新时代出版社，2001 年 9 月

# 幼教园地里的一朵奇葩
## ——《幼儿园发展能力课程》代序

我们认识朱静怡老师已经整整十七个年头了。这十七年,不仅构筑了我们之间的合作情谊,也为我们架起了通往幼儿园老师和小朋友之间的桥梁;这十七年,还见证了朱老师对幼儿园课程研究的逐步深入。可以说,我们和朱老师在近二十年的幼儿园课程改革的过程中,共同成长,携手前进!

朱静怡是一位孜孜不倦、勤奋好学的幼儿园老师。1985 年,全国幼教研究会成立了课程、游戏、品德教育等五个课题组,作为副理事长的唐淑负责"课程"课题,赵寄石是课题组的特聘顾问,湖州市实验幼儿园报名参加了该课题组。1986 年,课题组第一次在南京活动时,朱老师在会上的表现给我们留下了深刻的印象:她如饥似渴地学习皮亚杰的认知建构理论等,在评析幼儿园的教学活动时她见解独到,交流方案时她思路清晰……这是我们第一次见面。她还参加了中国科学院心理研究所的心理学函授班,参加北京师范大学举办的儿童心理学暑期培训班等。学习期间,为了节省开支,她向友人借一住所,自带小菜,自炊伙食。她在年近半百时通过自学考试获得了幼教大专文凭,被评为全国自考优秀学员。



朱老师不仅好学,并且善于学习。她学习理论时密切联系自己的教学实践,将教育工作中的成败与学到的理论相对照,用学到的理论指导今后的实践,通过反复学习和思考,逐步加深理解。例如,朱老师从皮亚杰的认知建构理论中领悟出幼儿的学习不能靠外力灌输,应当调动幼儿的主动性和积极性,教师要创造条件开展活动,让幼儿在活动中学习,在活动中自我建构等。我们从她撰写的这本专著中可以看到:她广泛吸纳教育学、心理学、哲学、课程论等方面的理论,为她不断更新教育观念作了理论铺垫,同时又对她生动而丰富的实践经验作了提升。

朱静怡又是一个极富创造精神的幼儿园教师。她拥有一颗滚烫的爱心,时时、处处想着如何使每一个孩子都得到发展,为他们日后成长奠定基础。她非常注意培养孩子的自尊心、自信心、责任感,让每一个孩子明白自己的长处和不足,明确自己的追赶目标。在她的班上,孩子们会大方地说:我剪纸最好,他弹琴最好,我还有××缺点没改掉。有个孩子努力练拍球,他说:我已能连续拍 90 多个球了,但××已能拍 100 多个了,我要追上他,超过他。

朱老师还注意创造合作学习的机会。在带小班时,她就鼓励孩子带着自己心爱的玩具到幼儿园来相互交换着玩,在中大班,很多学习都是通过小组合作进行的。例如,1988 年初夏,我们看到在大班进行“动物世界”总结性活动时,她让孩子创编科学童话故事,由小组商讨故事名称、角色、情节等,分组在桌上合作搭建故事情景,由小组推选代表向全班介绍创编的故事。



朱静怡是位勤于思考的研究型老师。每次到她班上看活动或和她交谈,我们都会感到春意盎然、耳目一新。她带的班级让你感受到自然、愉快、和谐的氛围,让你感受到她和孩子始终处于持续发展之中。1988 年秋,全国幼儿园课程改革研讨会上,联合国儿童基金会驻京办事处项目专家考特尼和美国著名幼教专家柏特森教授观摩了朱老师的教育活动后,对她大加赞赏,竖起大拇指连声夸她是“世界第一”。

《幼儿园发展能力课程》就是她创造性成果的集中体现。20 世纪 80 年代初,幼儿园普遍存在着重知识传授轻能力发展、重教师教轻幼儿学等弊病,朱老师针锋相对、独树一帜地提出了以发展幼儿的认知能力和社会行为能力为目标的课程。1989 年秋我国第一次幼教国际会议在南京召开时,世界学前教育组织前主席柯蒂斯教授亲自将此课程定名为“发展能力课程”。如今,积累了将近二十年的探索成果终于问世，这对一名几十年如一日坚持在幼儿园一线的实践工作者来说，是多么可喜可贺、难能可贵的大事啊！这也是我国幼教课程建设系列中的瑰宝。我们作为见证人，写了以上文字，聊表我们祝贺和分享之心意。愿和读者共同向朱静怡老师学习。

合作者：赵寄石

原载《幼儿园发展能力课程》，朱静怡著，南京师范大学出版社，2003年10月

# 《闽南本土文化幼儿活动实例》序

“幼儿闽南民间艺术教育研究”是厦门市第九幼儿园承担的厦门市教育科研“十五”重点课题，也是中国学前教育研究会的“十五”课题。呈现在我们面前的这本书，是该课题的研究成果。这是份凝聚着厦门市第九幼儿园全体教师心血和智慧的部分研究成果，除了万分欣慰，我更是深深感动，感动于教师们在这片瘠土上的辛勤耕耘与潜心研究，感动于教师们在抢救、挖掘、传承、弘扬和发展本地优秀文化所做出的努力！

在全球各种思想文化相互激荡的年代里，在加快推进我国社会主义现代化建设的伟大进程中，如何对待博大精深源远流长的中华文化和民族精神，已不再是一个经济、政治和文化建设的策略问题，而是一个关系到能否实现中华民族伟大复兴的根本性问题。我们应清楚地意识到民族文化的不断丧失必将导致社会主流文化价值体系的崩溃和传统生活方式的解体。一个民族，如果抛弃自己的传统文化，是根本不可能创造出现代文明，更不可能立足于世界民族之林的。因此，“弘扬民族艺术，振奋民族精神”是当代教育发展战略的一项重要而艰巨的任务。闽南文化在中华民族文化中占有特殊的历史地位。它融入中华文化的主脉，是台湾文化的主根，也是海外华人文化的主板块之一，其地域性和民间乡土性在众多的民族文化中堪称极为特殊的种类之一；它清新、质朴、率真，表现了闽南劳动人民生活中的真实情感，散发出浓厚的泥土芳香，在一定程度上反映着闽南、台湾社会的文化状况以及东南亚华人社会的文化状况。这种文化在四千万闽南语系的族群中有着广阔的生存与发展空间，起着团结和凝聚的作用，而闽南语言与文化、艺术之间的有机相连，又有着很高的审美、欣赏价值。

挖掘闽南文化的内涵及精髓，将其作为学前教育课题进行专项研究，在这片尚未开垦的净土上开发出幼儿园的园本教材和教育资源，真的不能不让我们从心底里钦佩厦门市第九幼儿园的教师的睿智和勇气。我们原来就生活在浓郁的本土文化氛围之中，但随着城市化和现代化的进程，传统的本土文化往往容易被漠视和忽略。厦门市第九幼儿园的教师们将闽南文化引进幼儿园，就仿佛在孩子的心田里播下本土文化的种子，这种"润物细无声"的教育与熏陶，能让孩子吸纳本土文化的丰富营养，感受本土文化的精神，增进对民族文化的情感，能为孩子树立知识多元观和民族审美观打下基础，初步形成对民族文化客观、公正、关注的态度，培养他们作为未来的社会成员所应该具有的对本土文化的认同、接纳和归属感。可见，这是一项回归本土文化，将传统文化和现代文化融为一体的极有价值的研究。此外，这项课题研究对抢救、传承和发展闽南文化，加快闽台文化建设和祖国统一大业也具有重大的、积极的意义和作用。



经过三年的研究，厦门市第九幼儿园已初步建构了幼儿园闽南本土文化教育的园本目标、内容、方式、方法体系，积累了闽南本土文化幼儿教育的实践经验。本书富有独特性、创新性和操作性，反映了闽南本土文化幼儿教育的林林总总，让人目不暇接，如教育内容琳琅满目，涉及闽南民间童谣、传说、音乐、舞蹈、曲艺、戏曲、美术、节日习俗、茶文化、风味小吃、民间习俗等方面；区角活动则各具特色，面泥馆、木偶馆、陶艺馆、童谣室、服饰室、剪纸室、影雕区、珠绣区、戏曲南音角、织网角、闽南小吃一条街，等等。

感谢厦门市第九幼儿园为弘扬民族文化作出的贡献！祝愿厦门市第九幼儿园为孩子的自主发展、教师的专业成长、幼儿园的持续前进更上一层楼！

原载《闽南本土文化幼儿活动实例》，葛晓英主编，福建人民出版社，2008 年 1 月

# 《中国幼儿教育忧思与行动》序言

我与储朝晖博士是有"陶缘"的，他是陶行知先生的故乡人，我的先父是晓庄师范的首届毕业生，虽然我们年龄相差好几十岁，但我们都是在陶行知的精神氛围中成长的。三年前，我们在学陶、师陶的活动过程中相识、相知，结下了忘年交。我对他物理学学士、教育史硕士、教育管理博士的学历以及歙县陶行知纪念馆工作人员、中央教科所研究人员等经历很感兴趣。对他文理相通的知识结构、报效国家的壮志情怀、睿智深邃的学术视野、向上进取的拼搏精神、朴实诚恳的待人态度……非常欣赏。

当他邀我为他的大作《中国幼儿教育忧思与行动》作序时，遂欣然应允。我粗读了他的几本专著（包括本书），感悟到有几个共同特点：回顾历史与透视现实相结合，综述概况与案例分析相结合，揭示问题与解决策略相结合。本书的独到之处，还在于作者作为非幼教领域的学者、专家，进行了跨专业的、综合而广泛的研究，他以幼儿教育的基础性立论，呈列现实状况，展开理论思索，最后落足于切实行动。在分析古往今来众多幼教理论与实践的基础上，以充分的实地调研和广泛的文献分析，对幼儿教育进行了历史纵比、多国横比，对幼儿教育的问题给予了透彻剖析。

作者从大教育的眼光看待幼儿教育，思维敏锐，看出了幼儿教育中不少显性、隐性的问题，并作出了正确的诊断，能够给予幼教工作者新观念和新思路的启发。全书洋溢着作者弘扬幼儿教育的一腔热诚，充斥了作者忧国忧民的责任意识，表达了作者躬耕教育领域，实心实意地探索幼儿教育本土化发展的意愿，其核心价值十分可贵。

作者从历史观、科学观、发展观的角度看待幼儿教育存在与发展的状况，以深厚的理论功底和高度的责任感对幼教体制的产生及演变做了全面的考证和宏观的瞭瞰，对政府、社会的责任担当进行了发自肺腑的呼吁。书中所诊断出的一些问题，确实是中国幼儿教育的病症，该忧、应思。如揭示了以行政化、洋化、商业化为特征的“他主病”，陶行知早在80多年前批判的“富贵病”及具有时代气息的“应试病”等；指出了我国农村幼儿教育的落后局面，对农村幼儿教育发展模式进行了建设性的探讨；揭示幼儿权益的灰色区域，搜集了与幼儿权益有关的法律法规，对幼儿权益受侵害的各种深层原因给予了归纳整理；发掘幼儿教育中的安全隐患，针对幼教中的安全问题提出创造性的分析和对策。该书对我国幼儿教育所面临的弊病和困惑的分析，为我们全面考察幼儿所面临的教育生态环境提供了具有参考价值的资料。



尤其难得的是，作者利用自己职务的便利条件，对幼儿教育展开了广泛的调研。以极其开阔的视野，对中国的幼儿教育，从东部到西部，从南方到北方，分梯队考察，取材丰富，用宏观、详实的数据对全国范围的幼儿园发展速度、规模、水平、均衡性进行了广角呈现，有坡度，有峰谷。资料来源客观、广泛，且具有充分的权威性，如不少数据来自于教育部、信息中心的统计，许多案例来自于作者亲身实地的调查、接触。作者从这些客观数据、案例着手，条分缕析，得出了极具参考意义的结论。从非幼教领域的专家学者身份出发，作者还提出了振兴幼儿教育的六大行动方案，每一个方案都目标明确、操作性强，分别从政府立法、资金调拨、家庭教育、教师队伍建设、管理制度、教育教学研究等方面进行了阐述，给出了建设性的意见。

成功的幼儿教育，需要动员全社会的力量来关注它、扶持它，需要扎根本土幼儿生活来研究它，需要在真实反映幼儿教育现状的前提下来思考它、指导它，进而获得不断发展、不断进步。党的十七大报告明确把“重视学前教育”作为优先发展教育、建设人力资源强国的重要举措之一。相信本书独特的视角能协助广大幼教工作者对自己的角色产生更完整的认识、更深刻的反思。让我们沿着陶行知、陈鹤琴等现代教育家开辟的中国化、科学化、大众化的幼教道路与时俱进，再创辉煌。

原载《中国幼儿教育忧思与行动》，储朝晖著，南京师范大学出版社，2008 年 6 月

# 团结协作　与时俱进
# 开创江苏幼教新局面

——江苏省教育学会幼教专业委员会工作总结

江苏省幼教专业委员会于 1979 年 11 月与全国幼教研究会同时成立，当时，全国幼教研究会是中国教育学会下属二级学会，江苏省幼教研究会也是隶属于江苏省教育学会的二级学会，正式名称为江苏省教育学会幼教专业委员会。

28 年来，江苏省幼教专业委员会从第一届到第六届，历届理事在江苏省教育学会的亲切关怀和正确领导下，围绕省政府和省教育厅的中心工作，紧紧依靠各市幼教专业委员会、各大理事单位以及全体会员，严格遵守国家对社团管理的有关政策规定，充分履行职能，服务幼儿园，服务教师，服务幼儿教育研究，团结协作，努力开创幼教工作新局面。在开展群众性学术研究活动、推动全省幼儿教育教学改革、促进素质教育以及加强研究会自身建设方面不断取得新成绩，积累新经验。



**一、明确职能定位　服务幼教事业**

江苏省幼教专业委员会是一个社团组织，是行政的参谋与助手，自成立之日起，就定位于群众性学术团体的职能，作为群众性社团必须积极主动地为教育行政服务，配合教育行政的中心工作，关注教育行政的工作重点，拾遗补缺、咨询参谋、沟通协调，做到尽职而不越位、切实而不表面，充分发挥桥梁和纽带的作用。在中国学前教育研究会的指导下，积极服务于教育行政以及基层幼儿园，急教育行政之所急，办基层幼儿园之所需，利用自己的优势为江苏的幼教改革和发展做出自己的贡献。

1. 组织学术活动，引领幼教改革

根据我省幼教改革和发展的需要，充分依托中国学前教育研究会、南京师范大学教育科学院学前教育系的专业优势，我会每两年举行一次年会，确定一个研究主题，在全省范围内开展研讨活动。曾研讨的主题有“幼儿园游戏”、“幼儿园教育活动”、“九十年代好教师形象”、“幼儿德育”、“农村幼教”、“市场经济与幼教改革”、“幼儿素质教育”、“幼儿园教育指导纲要”、“幼儿学习特点和规律”等。活动方式有学术报告、论坛交流、现场观摩等，逐步营造了幼教科学研究的氛围。

2001 年，在贯彻《幼儿园教育指导纲要（试行）》的热潮中，中国学前教育研究会常务理事会、学术委员会在无锡市召开，我会借此机会在无锡市举办了“新世纪第一春学前教育” 讲习班，600 多名幼儿教师聆听了全国一流专家学者关于“课程的预成与生成”、“渴望学习”、“儿童游戏”等大型学术报告会，报告会的精神是：新世纪、新纲要、新思路，推进幼教改革进程，高起点、高标准、高品位，提高托幼保教质量。

随着我省幼教的迅猛发展，各种难点、热点问题应运而生。近年来，理事会围绕“幼教体制改革”、“幼儿双语教育”、“早期阅读”、“早期识字”、“自主游戏”、“兴趣小组”、“特色园”等热点、难点问题展开研讨，以先进的教育理念引领全省幼教改革朝着正确的方向发展。



2. 组织培训考察，广纳幼教精华

利用学会优势举行各类培训是我会的重点工作之一。我会配合研究主题，办了“幼儿园园长”、“幼儿园骨干教师”、“幼儿园游戏”、“幼儿园手工”、“幼儿园环境教育”、“幼儿教育观察方法”、“幼儿园教育活动”、“农村幼教”、“幼教论文撰写”、“幼儿园课题研究”、“幼儿园课程”等各类培训班，有效地促进了教师的专业成长。

我会先后组织全省部分园长和骨干教师赴香港、新加坡、西欧、北欧、俄罗斯等地参加国际研讨会，观摩境外先进的幼儿教育实践活动，广纳世界幼教精华，感受幼教国际交流的必要性和实践性，开阔了学术视野，增强了学术研究的信心，学到了展示研究成果的多种新方法。

3. 总结成功经验，交流分享成果

我会根据省教育学会论文评选的要求，积极组织全省幼教工作者及时总结经验，通过每年两次的全省幼教论文的征集和评选工作，展示幼教成果。我会要求论文撰写与提高教育教学质量结合起来，与课题研究结合起来。通过认真评选，涌现了一批既有理论认识，又有实践思考的优秀论文，这些论文论点集中、鲜明，文字表达简洁、流畅，展示了全省幼教改革和发展的成果。体裁有学术论文、调查报告、研究报告、案例分析、活动设计等。

为了及时推广幼教改革的成功经验和研究成果，我会编辑了由江苏少儿出版社出版的《中国民间儿童游戏》、《幼儿园教育活动设计》。还结合年会编辑了3册《幼儿园教师优秀论文集》，及时分享了有效经验和研究成果。

4. 参与和组织"双庆"及"幼教百年"活动

1999年，正值新中国成立50周年、中国学前教育研究会成立20周年，我会组织30多位幼教理论和实践工作者参加了中国学前教育研究会主办的、在上海举行的"双庆"活动，踊跃撰写论文，共有15篇论文入选《迈向21世纪的中国学前教育研究优秀论文集》。同年年底，我会在南京市举行了我省的"双庆"活动，充分展示和交流了我会成立20年来的幼教成果，海峡对岸的台湾同行也参与了我会的"双庆"活动。



2003年，中国学前教育机构诞生100周年，我会积极配合中国学前教育研究会，组织各种纪念活动，20多篇论文被选入由江苏教育出版社出版的纪念中国幼儿教育百年学术论文《为了每个幼儿的健康成长》。在南京、苏州等地拍摄十多个幼儿园现场活动，被选入《中国幼教百年》专题片，客观反映了江苏省幼教百年来有代表性的单位和人物，展示了我省幼教发展的新经验、新成果。

**二、开展课题研究　促进幼教改革**

28年来，我会无论在专业研究的品质方面，还是专业活动的规模方面，都得到长足的发展。专业委员会的学术形象是理事会工作的生命线，学术形象的确立取决于学术研究、学术服务的质量和水平，理事会始终将课题研究作为工作的突出任务，特别重视加强对重大课题的确定和研究。在继“九五”课题发展的基础上，“十五”课题有中国学前教育研究会研究课题15项，江苏省幼教专业委员会研究课题34项；“十一五”中国学前教育研究会研究课题22项，江苏省幼教专业委员会研究课题65项，并且已经全部开题。以课题研究促幼教改革，以科研骨干带动整体教师队伍，教中有研、以研促教蔚然成风，有效地提高了幼教改革水平和教师的专业能力。我会围绕课题管理与指导进行了各项工作，并取得相应的管理效果。其中部分课题成果显著。

1. 课题研究基本情况

14项中国学前教育研究会“十五”课题除1项由于机构调整、人员变化未能结题外，其余全部顺利结题。本会的研究课题也陆续结题。在中国学前教育研究会课题评奖中，江苏省幼教专业委员会获优秀组织奖，7项课题获优秀课题奖。获奖课题其研究成果在园内、本地区以及更广泛的幼教领域获得推广。如南京市白下区教师进修学校和游府西街幼儿园的课题“促进幼儿园教师专业成长的自我反省研究”，课题组撰写了《幼儿园教师自我反省案例汇编》及《幼儿园教师自我反省指导手册》，研究幼儿教师反省路径、反省框架和幼儿教育实践反省框架，有效地培养了教师的群体反思实践能力，提高了幼儿园教育质量和管理效果，并将研究成果向全区辐射，成为全区教研活动的重要内容，带动更多的教师和幼儿园参加研究队伍。



其他如江苏省军区机关幼儿园的课题“在户外环境中促进儿童自主发展的研究”、徐州八一幼儿园的课题“传统民间游戏的教育价值”等均在省内外产生了良好而广泛的影响。南京幼儿高等师范学校的课题“幼师德育途径与方法的研究”的部分内容已在学校的德育教育课程与德育实践活动中得到充分实践与运用。

2. 课题研究以幼儿园、幼儿以及幼儿教师发展为本

大部分课题研究单位都确立了教师是教科研工作的主力军，幼儿园是教科研工作的主阵地的思想，在专家的指导下独立开展研究活动。倡导园本科研、科研兴教、科研兴园，把有效的科研活动作为幼儿园发展、幼儿发展、教师发展的出发点和归宿，强化幼儿园课题研究的

本土化和园本化特色，强调以课题带动科研活动，以科研活动提高教育教学质量，最终提高教师专业水平，形成人人参与、积极主动、团结合作、稳步发展的课题研究氛围。

课题研究赋予了广大教师一种重要的能力，就是有效地、持续不断地改进教学工作的能力，促进教师对工作进行反思，寻求发现切实可行地改进教育教学活动的方式，最终促进幼儿身心有效发展。

3. 课题管理以过程性指导为重

江苏省幼教专业委员会强化对课题研究工作的规范管理与科学指导，根据需要责任到人，定期前往课题研究单位听取意见、分析情况、商讨对策、修订方案、总结经验，及时发现与解决问题，确保课题顺利进行。在课题组织管理方面，把好开题关、中期检查关、结题关。定期填写课题情况检查表，并一一对照核实。在课题研究的指导中，注重对课题负责人与骨干成员的培训与指导，定期组织有关课题交流与研讨活动，集中力量展开课题攻关，组织专家、科研人员参加部分课题的专题研讨活动，具体做法是：



(1) 规范课题日常管理。选派本会常务理事作为课题联络员，密切联络，加强指导。课题联络员经常深入课题研究单位，及时了解课题研究状况和进展，并组织相关理论研究专家和课题研究人员共同研究实践问题，在专家引领下，进行咨询、诊断和指导工作，对大部分课题的顺利开展和结题起到了关键作用。

(2) 加强课题中期检查。近年来，江苏省幼教专业委员会一直没有放松过对立项课题的严格检查和监督，事实证明这是十分有效和必要的。理事会要求每个课题组认真填写中期检查表，及时递交相关研究材料，举行课题中期现场观摩活动，交流与讨论课题研究中存在的问题和困难，学习与分享成功经验。

(3) 注重结题指导培训。理事会举行了多次有关课题研究的专题培训与研讨活动，在邀请北京、上海、南京等相关知名教授进行专题讲座的同时，深入研究现场，进行互动式的实地指导的评讲，共同解决研究难题，让更多的教师参与课题研究，学会课题研究。

(4) 及时总结表扬先进。2006 年春天在扬州市举办了“十五”课题的总结、交流、表彰会，同时进行“十一五”课题的培训。

4. 体会与思考

(1) 认真把好选题关。选题是幼儿园进行课题研究的关键。理事会倡导课题研究结合教育实践中急需解决的矛盾与问题，选择教育实践中教师身边的小问题，将研究与教育实践互相渗透，互为补充，使课题研究更具针对性，更容易调动教师的研究热情，减少操作的难度，所得成果有助于提高工作实践水平。

(2) 注重资料整理和总结提升。在课题指导和监督管理中，理事会注重教育实践活动的过程和阶段成果的形成，注重资料整理和总结提升，提炼教育研究的方法和经验，在日常教研工作中及时推广运用课题研究成果，以课题研究促进教师的专业化成长。

(3) 形成科学的研究态度。在课题研究中，教师的研究意识是能否深入开展幼儿园研究活动的根本。在研究过程中，理事会关注并端正教师的研究态度，强化研究者在实践中的研究意识，从而提高研究者的研究能力和研究水平。只有具备科学的研究态度，才能走出课题研究形式化、理论化的误区，实事求是地在行动中研究，在实践中研究，使课题研究达到应有的目的。

通过课题研究，本会在全省幼教领域培植了一批稳定的基层科研基地，培养了一批高素质的科研骨干教师，通过发挥基地和骨干教师的示范和辐射作用，以点带面，整体推进，引导全省群众性的幼教科研工作积极有序地发展。

### 三、加强组织建设　团结协作办会

1. 吸纳优质资源，扩展壮大队伍

勤俭办会是幼教专业委员会成立以来一直保持的优良传统。作为面向全省幼教服务的群众性社团，需要一定的活动经费。在严格按照省教育学会有关条例和教育行政部门有关规定开展工作的前提下，为了扩大对外交流，发挥学会功能，幼教专业委员会主要是通过举办培训班和发展队伍两个方面自筹资金，为深入开展专业委员会工作提供必要的保障。理事会每四年换届一次，逐年吸纳优质幼教资源，扩展壮大专业委员会队伍。现在由第六届理事会主持工作，第六届理事会共有团体会员 40 个，大理事单位 22 个，个人会员（即中国学前教育研究会个人会员）1 750 余人，遍及江苏各地的幼教园所及相关机构。在开展各项活动中，我会自力更生，勤俭办会，在人力、经费极为有限的情况下，积极开展工作，保持学会的正常运转。

**江苏省幼教专业委员会组织发展情况表**

| | 2000 年前 | 2004 年 | 2007 年 |
|---|---|---|---|
| 个人会员数（名） | 356 | 998 | 1 755 |
| 大理事单位（个） | 9 | 18 | 22 |

2. 加强自身学习，保持旺盛活力

作为全省幼教学术团体的核心，理事会发扬老一辈幼教工作者吃苦耐劳、爱岗尽职、团结奉献的精神，以专业委员会工作为己任，不断加强自身学习和作风建设，努力营造一种“和谐、务实”的良好会风，定时召开常务理事会议，交流经验，建立联系，协调工作，形成团结协作、乐于奉献的工作氛围，遵守财务制度、会议制度，定期做好工作计划和工作总结，在自己的业务范围内按章办事，依法办会，保持理事会具有旺盛的活力。在理事会核心作用的带动下，各市积极配合工作，主动要求承办学术年会及各类研讨会，使专业委员会逐渐走向自我完善、自我约束、自我发展、自主办会的良性循环之路。



3. 完成升格使命，开创辉煌明天

从全国幼儿教育研究会于 1992 年升格为国家一级学会起，15 年来，江苏省几辈幼儿教育工作者都热切期望江苏省幼教专业委员会能够升格为省一级学会。我们第六届理事会更是把升格工作作为学会的重点工作之一，特别自 2004 年正式向省教育厅递交申请升格报告以来，我们更注意团结全省广大幼教理论工作者和实践工作者，以对党和人民的高度负责精神，扎实工作，努力用自己的劳动和创造、聪明和智慧为江苏幼教的改革发展作出优质的服务，形成了力量雄厚的幼教优质资源。幼教专业委员会活动丰富、健康而活跃，多次被评为中国学前教育研究会、江苏省教育学会先进专业委员会，多人被评为江苏省学会工作先进个人，打下了完备的组织与制度建设基础，为成立江苏省学前教育学会创设了良好的环境和条件。2007 年 7 月，省教育厅王炳泰厅长召见了第六届理事会的主要领导成员，传达了教育厅党组同意由省二级学会升格为省级学会的意见，我们备受鼓舞，终于实现了学会升格的愿望。第六届理事长、秘书长们立即积极投入到江苏省学前教育学会的筹备工作之中。我们深信，乘着学会升格的契机和东风，在省教育行政部门领导下，定能进一步实现各方资源整合，发挥江苏幼教整体优势和潜力，共同开创江苏幼教更加灿烂辉煌的明天。

在此衷心感谢省教育厅以及各市教育局 28 年来对我会的正确领导和大力支持！感谢江苏省幼教专业委员会的开创者和先行者们的辛勤付出！感谢第六届理事会全体成员的努力工作！感谢全省幼教工作者的积极支持！



合作者：汝茵佳

# 学陶师陶　推进幼教

## ——中国陶行知研究会学前教育专业委员会第一届理事会工作报告

中国陶行知研究会学前教育专业委员会是中国陶行知研究会下属的全国二级学会，挂靠于南京师范大学。

中国陶行知研究会学前教育专业委员会自 2001 年 6 月在南京成立以来，至今已有八年。现向大会提交第一届理事会的工作报告，请予审核。

### 一、组织建设

1. 成立



在伟大的人民教育家陶行知先生诞辰 110 周年之际，为弘扬陶行知关于学前教育理论和实践方面的学术思想，经江苏、浙江、安徽、上海三省一市陶研会的发起和筹备，于 2001 年 6 月在南京召开了中国陶行知研究会学前教育专业委员会成立大会，中国陶行知研究会会长方明、秘书长管德明自始至终参加了会议。中国陶行知研究会副会长、江苏省陶行知研究会会长罗明，晓庄学院有关领导以及原陶行知夫人吴淑琴女士等出席了开幕式。成立大会由中国陶行知研究会副会长罗明主持，他介绍了中国陶行知研究会学前教育专业委员会的筹备工作，宣读了管理办法，通过了候选正副主任、正副秘书长名单，以及名誉主任、顾问名单。中国陶行知研究会学前教育专业委员会成立后，建立了专业委员会的领导班子，召开了第一届理事会的第一次全会，产生了来自江苏、浙江、安徽、河北、福建、黑龙江、陕西、山西 8 个省、市的理事 54 名，常务理事 15 名。研究了今后开展活动的形式、内容、时间、地点以及经费等问题。

2. 逐步扩大理事单位及常务理事

本专业委员会加强组织建设，不断发展会员，扩大了专业委员会的辐射能力和范围。第一届理事会第二次全会（杭州，2002 年 10 月）调整了理事会成员，增加了四川、广西、上海等省市 56 名理事，增加了常务理事 5 名。南京师范大学副校长朱小蔓教授为名誉主任，聘请了中国陶行知研究会副会长罗明、江苏省陶行知研究会周德藩会长、安徽省陶行知研究会钱业荣副会长担任顾问。

第一届理事会第三次全会（上海，2004 年 11 月）增加了北京、贵州等省市的理事 40 名，并增加了常务理事 6 名。

第一届理事会第四次全会（黄山，2006 年 10 月），新增加了理事 16 名。

第一届理事会共有来自全国 16 个省、市、自治区的 166 名理事，26 名常务理事。

3. 成立基地

在各幼儿园自主申报的基础上，于 2004 年正式确立了 50 个陶行知教育思想研究基地，并在上海会议上颁发了铜牌。



4. 移址上海

由于本专业委员会领导班子的变动等原因，经中陶会批准，中国陶行知研究会学前教育专业委员会于 2008 年着手进行由南京移址上海的工作，待第二届理事会产生后，本专委会将正式移址上海，挂靠于华东师范大学。

## 二、学术研究工作

中国陶行知研究会学前教育专业委员会就陶行知的生活教育、创造教育理论以及倡导举办中国的、省钱的、平民的幼儿园等几方面进行研究。

1. 召开研讨会

中国陶行知研究会学前教育专业委员会自成立以来，积极开展学术研究工作，共举办了四次学术年会。

第一届研讨会于 2001 年 6 月在南京召开。听取了南京师范大学高谦民教授《陶行知生活教育理论及儿童观》的学术报告，交流了学习陶行知教育思想的经验和体会，并前往陶行知先生纪念馆“犁宫”参观学习，瞻仰了陶行知先生的陵墓；还参观了南京市学陶师陶先进幼儿园；颁发了“十五”课题的研究指南。

第二届研讨会于 2002 年 10 月在杭州召开。听取了杭州大学田正平教授及中陶会副会长屠棠等专家的学术报告，举行了学陶师陶优秀论文的评比及大会交流；参观了学陶师陶先进园。

第三届研讨会于 2004 年 11 月在上海召开。听取了本专业委员会黄琼副主任的学术报告，参观了上海市新落成的陶行知纪念馆及学陶师陶先进幼儿园。

第四届研讨会于 2006 年 10 月底在陶行知先生的故乡——安徽省黄山市召开。时值伟大的人民教育家陶行知先生诞辰 115 周年暨逝世 60 周年之际，特邀请中央教育科学研究所储朝晖博士作了题为《幼儿主题性发展面临的问题与教育应对》的大会主报告。进行了论文评比，共收到论文近 200 篇。其中 125 篇论文获奖：一等奖 12 名、二等奖 37 名、三等奖 37 名、鼓励奖 39 名。6 名一等奖论文获奖者作了大会发言；观摩了来自安徽、江苏幼儿园教师的教育教学活动；参观了坐落在陶行知家乡歙县的陶行知纪念馆；参观了黟县的幼儿园及当地古迹。印发了《学陶师陶　推进幼教》文集，内容包括大会主题报告、获一等奖的论文，获二、三等奖及鼓励奖的名单，“十一五”课题研究指南及立项课题名单，陶行知有关的学前教育思想的论文和儿歌等。



2. 课题研究

为学习和研究陶行知的学前教育理论和实践，以促进学前教育改革，在会员自愿申报、学会组织专家评审的基础上，中陶会学前教育专业委员会于 2004 年正式立项了“十一五”课题 39 项，于 2006 年黄山会议上颁发了课题立项等证书。课题内容涉及：陶行知生活教育理论与实践研究、陶行知游戏理论与实践研究、陶行知教师教育思想与实践研究、陶行知道德教育思想与实践研究、陶行知创造教育理论的探索研究、陶行知的“小先生制”对幼儿发展的作用研究等各个方面。课题的研究单位遍布江苏、广东、广西、陕西、四川、福建、山西、河北、黑龙江、上海等省市。部分课题已经结题，共评出一等奖 2 个、二等奖 5 个、三等奖 4 个。

### 三、经费收支

本专委会没有下拨经费，全靠自主筹措。本着"以会养会"的原则，主要收入来源于团体会员缴纳的会费、基地管理费以及每次会议的会务费。

1. 团体会员交纳的会费

团体会员所缴纳的会费数额，专委会提倡每个会员单位根据本单位的实际情况自愿缴纳，每届 100～500 元不等。

基地管理费每届每个单位 800～1 000 元。

以上收入用于日常工作的开销，如邮寄资料、发放通知及参加上级主管部门会议的差旅等费用。

历年来总收入为 6 万余元，收支相抵。

2. 争取得到的外援

第一，国家级南京师范大学学前教育重点学科资助 2 万元。

由于黄山会议的经费严重不足，由南师大学前教育重点学科资助 2 万元，保证了会议的顺利进行。

第二，南京师范大学出版社宁谊实业有限公司赞助出版论文集。

由于南京师范大学出版社宁谊实业有限公司的精心编辑和快速印发，使精美的《学陶师陶　推进幼教——第四届全国陶行知学前教育思想研讨会文集》得以问世。

第一届理事会搭建了中国陶行知研究会学前教育专业委员会的组织结构和基本框架，发展了十几个省市的理事，但研究会的影响力还有待于进一步扩大，仍需积极发展团体会员，不断壮大陶研队伍；继续加强对陶行知教育思想的学习，尤其是生活教育理论、创造教育理论，其基本理念与《幼儿园教育指导纲要》的精神都是一致的；课题研究要以陶行知教育思想为指导，弘扬陶行知倡导的中国的、省钱的、平民的幼儿教育，特别关注农村幼儿教育，为农村弱势群体幼儿提供接受教育的机会。

感谢第一届理事会的全体理事及理事单位对专委会工作的支持！深信第二届理事会一定能将学陶师陶工作向广度和深度推进。让我们以陶行知的“捧着一颗心来，不带半根草去”的奉献精神，为促进我国新世纪幼教工作的发展作出新贡献！

合作者：邱学青

2009 年 6 月 9 日

# 学术成果

**论文等**

1. 办教养员短训班的几点体会　中国妇女　1959 年 3 期
2. 夸美纽斯的儿童早期教育思想　南京师范大学学报(社会科学版)　1981/02
3. 中国农村幼教事业的开拓者——陶行知　南京师范大学学报(社会科学版)　1982/01
4. 以"三个面向"为指针　努力改革幼儿教育　早期教育(教师版)　1985/03
5. 陈鹤琴的幼儿园课程论　湖南幼教　1986/04
6. 全国幼儿教育研究会常务理事会暨小型学术讨论会在京召开　早期教育(教师版)　1985/02
7. 论幼儿园课程改革　学前教育研究　1988/04(第二作者)
8. 从我国早期的幼师教育看幼师改革　师范教育　1987/01
9. 共同探索改革课程结构——幼儿园课程改革研讨会综述　早期教育(教师版)　1987/03
10. 同学·同事·同志——中国幼教的创业者陈鹤琴和陶行知　早期教育(教师版)　1988/12
11. 幼儿教育百科辞典·中国幼儿教育 120 多条　上海教育出版社　1989/01
12. 陈鹤琴与幼儿教育　极目江苏　人民日报社　1989/02
13. 农村学前一年课程结构的设想　学前教育研究　1989/04
14. 教育词典·幼儿教育 40 多条　江苏教育出版社　1989/04

15. 论农村学前一年课程的特点　幼儿教育改革与研究　教育科学出版社　1990/04
16. 教育大辞典·幼儿教育分册70余条,上海教育出版社,1990/09
17. 我国幼儿园课程结构改革概述　早期教育(教师版)　1990/11
18. 怀念一代宗师陈鹤琴先生　幼教园地　1992/01
19. 论陈鹤琴与中国幼儿教育　南京师范大学学报(社科版)　1992/03
20. 论陈鹤琴对我国幼儿教育的杰出贡献　早期教育(教师版)　1992/03
21. 时代赋予的使命——农村学前一年综合课程简介　幼教园地　1992/07
22. 我国近现代幼儿园课程理论和实践　幼儿园整体课程改革　1992/11
23. 宋庆龄对中国儿童生存、保护、发展和教育的贡献　学前教育研究　1993/02



24. 为了中国儿童的生存、保护和发展——学习《九十年代中国儿童发展规划纲要》体会　早期教育(教师版)　1993/03
25. 我国第一个幼稚园课程标准简介　学前教育研究　1995/02
26. 我国幼儿园课程改革的历史研究　《继往开来　再创辉煌》　北京师范大学出版社　1995/11　(第二作者)
27. 弦歌不绝有传人——纪念钟昭华先生逝世一周年　幼儿教育　1995/09
28. 江苏省幼教立法与事业发展　学前教育研究　1996/03　(第一作者)
29. 让更多的幼儿受教育　幼儿教育　1996/10
30. 中国多元化的幼教师资培养培训体系　学前教育研究　1997/03
31. 适应不同需要的学前儿童多种保教形式　为提高幼儿素质奠定基础　科学普及出版社　1997/11
32. 江苏省志·社会科学志·幼儿教育学　江苏古籍出版社　1998/11
33. 南京师大学前教育建系50年回眸　学前教育研究　1999/06

34. 回眸久久：全国幼教研究会的诞生及其发展　幼儿教育 1999/10
35. 我国幼儿园课程体系的研究　幼儿园课程研究与实践　南京师范大学出版社　2000/11
36. 弘扬陈鹤琴先生关于高等幼儿师范教育的思想　童心拓荒　南京大学出版社　2002
37. 我国童心世界的拓荒者陈鹤琴　高教教育与探索　2002/01
38. 以陈鹤琴教育思想解读《幼儿园教育指导纲要(试行)》　幼儿教育　2003/01
39. 1889—1949 中国学前儿童教育大事记　学前教育研究　2003/02/04/06/08/10/12
40. 我在南师幼教系 50 年　早期教育　2003/03/04
41. 中国幼教百年大事记　中国教育报　2003/11
42. 幼儿教育领域的辛勤跋涉者和引领者——赵寄石教授　香港幼儿学报　2005/05　(第一作者)
43. 中国农村幼儿教育的发展与变革　学前教育研究　2005/06
44. 东亚幼儿保育和教育动向——21 世纪 COE 工程日本福祉大学 2004 年度研讨会纪实　学前教育研究　2005/06
45. 五指活动与幼儿园课程渗透　幼儿教育　2005/10
46. 不尽的思念——悼念中国学前教育研究会名誉理事长孙岩同志　早期教育(教师版)　2006/01
47. 我国幼儿园社会领域教育初创阶段研究略述　学前教育研究 2006/02
48. 中华人民共和国幼儿教育 60 年大事记(上)　学前教育研究 2009/09
49. 中华人民共和国幼儿教育 60 年大事记(下)　学前教育研究 2009/10
50. 中国幼儿教育的发展　中国教育大百科全书　上海教育出版社 2009/12

## 著作

1. 幼儿教育百科辞典　第二主编　上海教育出版社　1989.1
2. 中国学前教育史资料选　编者之一　人民教育出版社　1989.6
3. 教育大辞典·幼儿教育分册　第二主编　上海教育出版社　1990.9
4. 中国学前教育史　第一主编　人民教育出版社　1993.3
5. 外国学前教育史　主编　苏州大学出版社　1994.1
6. 幼儿园课程指导丛书(15 册)　编委会副主任　南京师范大学出版社　1996.7
7. 陈鹤琴教育思想研究文集　编者　人民教育出版社　1997.7
8. 幼儿园班级管理　第一主编　南京师范大学出版社　1997.11
9. 幼儿园课程实施指导总论　主编　南京师范大学出版社　1997.12
10. 幼儿园课程实施指导丛书(6 册)　主编　南京师范大学出版社　1997.12
11. 幼儿园课程研究论文集萃(4 册)　主编　南京师范大学出版社　1998.3
12. 世纪小小百科(4 卷)　副主编　浙江教育出版社　1998.3
13. 新编幼儿园教师参考书上、下册　主编　湖南教育出版社　1998.6
14. 学前班教学参考书上、下册　主编　安徽教育出版社　1999.7
15. 学前班读本四种上、下册　主编　安徽教育出版社　1999.7
16. 幼儿园课程研究与实践　主编　南京师范大学出版社　2000.12
17. 农村幼儿园综合教育　主编　南京师范大学出版社　2000.12
18. 21 世纪幼儿园小书架(10 本)　主编　广西师范大学出版社　2001.8
19. 童心拓荒:现代儿童教育家陈鹤琴　主编　南京大学出版社　2001.10
20. 学前教育史　第一主编　辽宁师范大学出版社　2001.11
21. 学前班阶梯课程指导　主编　南京师范大学出版社　2003

22. 学前班阶梯课程　主编　南京师范大学出版社　2003
23. 学前教育思想史　第一主编　苏州大学出版社　2004
24. 幼儿园活动体验课程　第一主编　人民教育出版社　2005.6
25. 幼儿园渗透式领域课程 12 本　第二主编　南京师范大学出版社　2005.6
26. 幼儿园渗透式领域课程·托班　第一主编　南京师范大学出版社　2007
27. 渗透式幼小衔接课程(学前班)　第一主编　南京师范大学出版社　2008
28. 幼儿园渗透式领域课程实施指导丛书　第一主编　南京师范大学出版社　2008
29. 幼儿园渗透式领域课程丛书(小中大班)　第二主编　南京师范大学出版社　2009 年 6 月修订版
30. 学前教育思想史　主编　人民教育出版社　2009.11
31. 幼儿园课程研究论文集粹(4 本)第二卷　主编　南京师范大学出版社　2009.12

# 学术年表

1958年3月—6月　奉江苏省教育厅令，独自带领南京师范学院幼儿教育系54级30名女生赴本省溧阳县开展扫除文盲工作，协助该县文教局总结扫盲经验，参与接待从中央到省内外的参观团。5月，带领全体学生参加在南京召开的江苏省扫盲积极分子大会的会务工作。继而在溧阳县创办农村幼儿园，举办幼教师资培训班和自制玩教具展览会，协助省教育厅幼教干部卢乐珍筹备7月在溧阳召开的江苏省民办幼儿教育现场会。



同年10月—12月　教育系全体师生赴溧阳县、昆山县办学（从幼儿园到红专大学），协助系领导到溧阳县农村巡视师生办学情况，参与幼教师资及编写幼儿园教材等工作。期间，赴京参观全国教育与生产劳动相结合展览会。回校后协助系领导撰写总结报告及布置展览会。

1960年3月　南京师范学院及附属幼儿师范学校的师生混合编队，分赴本省九县，大力举办农村幼儿园。负责溧阳县的工作小组，重点办好全托幼儿园，举办玩教具展览及培训幼教师资。回校后在省教育厅领导下，组织师生参与编写、出版由江苏省教育厅主持的幼儿园语言、音乐等科教材。

同年6月　参加以副省长管文蔚为团长的“江苏省文教卫生检查团”，赴苏州地区江阴、常熟、吴江等地考察中学、小学、幼儿园及医院、乡镇公共卫生、计划生育等方面，事后参与撰写考察报告。

1965年3月—6月　奉江苏省教育厅令，带领教育系64级学生参与在丹阳县冷甲、横塘、窦庄三所农业中学改民办中学的试点工作，并指导当地的耕读小学。

1973年起　奉中共江苏省委宣传部令,带领学前教育教研室教师赴本省如东县辅导、培训农村幼儿教师,举办自制玩教具展览会。开始奔赴省内大江南北进厂、下乡指导幼教工作,足迹遍及20多个县市。

1975年　应邀参加中央卫生部妇幼局在如东县召开的"全国计划生育、妇幼保健、幼儿教育三项工作座谈会"。事前协助如东县准备农村幼教现场。

1976年　组织学前教育教研室教师联合南京市幼儿园老师编写"文革"后第一套幼儿园各科教材。

1977年　参加在如东县举办的"江苏省计划生育、妇幼保健、幼儿教育三项工作表彰会",事前协助当地准备农村幼教现场。

1978年　奉江苏省教育厅令,为全省开办两期(市和地区各一期,每期半年)幼儿师范师资培训班,担任班主任,负责拟订教学计划,指导撰写专题报告和组织实习。



1979年3月　随南京师范学院张焕庭副院长、教育系副主任章婉兴参加由中国社会科学院和教育部在北京联合召开的第一次全国教育科学规划会议。在会上与参会的另八位幼教界代表发起成立全国幼教研究会,并承担了成立大会的筹备工作。

同月底　在北京师范大学参加"文革"后首次召开的全国高校学前教育专业学术研讨会。在会上作《夸美纽斯论母育学校》的发言,并接受人民教育出版社的委托,编写《中国学前教育史》及《中国学前教育史资料选》(后来纳入全国教育科学及省社会科学"七五"规划)。

同年11月初　负责在宁召开的全国幼教研究会(全国二级学会)成立大会,代表发起人致开幕词,当选为第一届理事会的副秘书长。后参加在成都、南宁等地召开的理事会。

1982年春　受校系委派去省教育厅、教育部国际合作处接受联合国儿童基金会和中华人民共和国学前教育师资培训合作项目。具体负责82—84、84—86两届幼儿师范教育专修科的招生、教学及设备管理等工作。组织两届毕业生分赴苏、浙、皖、赣、鲁、湘等省举办幼教培训班。

1984年冬　在省教育厅支持下，带领81级全班学生赴扬州邗江县作农村幼教调查一个月，结束时付印一本《邗江县农村幼教调查报告》，并召开座谈会向省、县有关领导汇报调查结果，提出建议。

1985年1月　主持江苏省教育厅科研项目"陈鹤琴教育思想研究"，结集印发了"陈鹤琴教育思想学习与研究"4册。主持召开了全国第一次陈鹤琴教育思想研究座谈会，与会者80多人。

1985年4月　当选为全国幼教研究会第二届理事会的副理事长，负责"幼儿园课程结构的研究"课题组。

1985年底　受教育部委托，具体负责南京师范学院承办的在连云港市举行的首期全国高校学前教育专业教师培训班。

1987年春　率南京师大幼教考察团赴日本，对国立爱知教育大学及名古屋、京都、奈良等地的各级幼教机构进行考察学习。



1987年　全国幼教研究会会刊《学前教育研究》创刊，任编委，后又任副主编、顾问。

1987年—1990年　任全国教育规划"七五"重点项目《教育大辞典·幼儿教育分册》副主编，1990年9月由上海教育出版社出版。编写《中国学前教育史资料选》，1989年由人民教育出版社出版，同时主持江苏省社会科学"七五"重点项目——编写《中国学前教育史》，于1993年由人民教育出版社出版，获南京师范大学优秀教材一等奖、江苏省教委普通高校优秀教材三等奖。

1987年—1991年　参加赵寄石教授主持的全国教育科学"七五"规划"农村幼儿教育研究"课题组，为第二负责人。以南京江宁、扬州邗江为研究基地，并在南京、江阴、淮阴等地举办农村幼儿教师培训班。

1988年秋　主持在浙江湖州召开的全国幼教研究会第二次课程改革研讨会，并代表"农村幼儿教育研究"课题组作大会发言。

1989年秋　参与筹备由教育部主办、南京师大承办的教育部与联合国儿童基金会联合召开的我国第一次幼儿教育国际会议，负责会务及农村幼教现场观摩。

1990 年 6 月　在武汉召开的全国幼教研究会第三届理事会暨学术年会上，主持课程组研讨，并在大会上作汇报交流。

1990 年底　开始招收硕士研究生。方向为学前史和学前教育课程。

1991 年春　在江阴举行的“七五”课题结题会上作研究工作报告。课题成果《农村学前一年综合教育课程设计》一书于 1993 年 4 月由教育科学出版社出版，获江苏省第二次教育科学研究优秀成果二等奖。

1992 年 2 月　全国幼教研究会升格为中国学前教育研究会(国家一级学会)，被聘为学术委员会委员。

1992 年 3 月　江苏省陈鹤琴教育思想研究会成立于 1986 年，1992 年注册为省一级学会。任副理事长、法人代表。3 月 5 日，江苏省纪念陈鹤琴诞辰百年大会在南京师范大学举行。负责建立陈鹤琴纪念室，主持学术研讨会。

1992 年冬　在吉林长春主持幼儿园课程改革第三次研讨会，并在会上作《我国近现代幼儿园课程理论和实践》的大会发言。

1992 年—1996 年　主持“学前儿童多种保教形式的研究”，该课题系史慧中主持的中华哲学社会科学基金会“八五”研究项目“适应我国国情，提高幼儿素质的实验研究”的子课题，成果为《幼儿教育》和《为奠定良好的素质基础(二)》(科学普及出版社出版)。总课题获全国第二届教科研一等奖(作者为总课题核心领导成员)。并于 1995 年 8 月在日本横滨举办的第 21 届世界学前教育组织(OMEP)会议上发言交流。9 月，又在北京师大召开的亚太地区国际幼教会议上发言。

1993 年底起　任江苏省幼教研究会(即省教育学会幼教专委会)第四届理事会理事长，后继任第五届(1998 年)、第六届(2002 年)理事长。主持两年一次在连云港、苏州、常州、无锡、南通、扬州召开的学术年会，年会的主题有：科学教育、素质教育、农村幼教、幼儿的学习特点和规律、课题研究等。

1995年8月　参加世界学前教育组织(OMEP)在日本横滨召开的第21届世界大会,在会上作《多种学前教育组织形式》发言,并参加亚洲地区论谈会。

1995年9月　参加在北京召开的亚太地区国际幼教会议,主持社会教育组分会场并发言交流。

1995年10月　在成都召开的中国学前教育研究会第四届理事会暨学术年会上,主持课程课题组研讨。

1995年—1997年　主持省属高校文科项目"面向21世纪中国学前教育课程体系",后纳入全国"九五"课题一并进行。

1996年　被中国学前教育研究会任命为托幼机构教育专业委员会主任。同年主持在南京召开的幼儿科学教育研讨会。

1996年12月　被江苏省教委、卫生厅、妇联表彰为江苏省幼儿教育先进工作者。

1996年12月　应邀参加由香港教育学院举办的中华幼儿教育学术交流会,在大会上作主题报告《中国多元化的幼教师资培养体系》。



1996年底　参加中国学前教育研究在深圳召开的学术委员会,并在"当代国内外幼教理论与实践"讲习班上作《我国幼儿园课程改革的动向》报告。

1997年9月　获南京师范大学首届教书育人奖。

1997年11月　应邀赴马来西亚讲学一周。

1997年—1999年　主持全国教育科学"九五"重点项目规划"我国幼儿园课程体系研究",全国共有18个单位参加,曾在苏州、贵阳、扬州、珠海等地培训、交流。成果有:《幼儿园课程实施指导丛书》(6册),获全国师范院校基础教育改革实验研究项目优秀成果二等奖。并出版《幼儿园课程实践与研究》、《农村幼儿园综合教育》等书。

1997年—1999年　作为幼教系主任主持学校"211"项目"学前教育专业各学历层次教育计划及本科主要专业课程的建设"。据此研究成果,本专业被评为"特色专业"。

1997年—2000年　主持学校"211"项目:修改《中国学前教育史》

后扩展为《学前教育思想史》,2004年由苏州大学出版社出版。

1998年3月　在青岛市主持中国学前教育研究会托幼机构专业委员会(后更名为幼儿园课程与教学专业委员会)并举办幼儿园课程讲习班。

1998年11月　随南京师范大学朱小蔓副校长一行赴台参加"幼教心·两岸情"海峡两岸幼稚教育学术研讨会,并作《中国大陆幼教改革与发展动向》的报告。

1999年4月　在青岛市主持中国学前教育研究会课程与教学专业委员会召开的"迈向新世纪的幼儿园课程研讨会",为双庆活动遴选论文。

1999年11月　参加在上海举办的双庆活动:庆祝中华人民共和国成立50周年和中国学前教育研究会成立20周年。主持"课程"分会场,并获学会颁发的荣誉证书。

同年　"学前教育史"课程被江苏省教育厅评定为1999年度普通高校一类优秀课程。



2000年元月　江苏省陈鹤琴教育思想研究会产生第三届理事会,继任副理事长、法人代表,建立了13个研究基地,成立了4个专委会,立项了83个课题。主持纪念陈鹤琴诞辰110周年的学术活动。

2001年6月8日—11日　率江苏省幼教研究会40多人赴香港参加世界幼儿教育联会香港分会主办的第五届国际研究会,并在会上作《开展江苏幼教新局面》的发言。

2001年6月　主持在南京成立的中国陶行知研究会学前教育专业委员会(全国二级学会,挂靠于南京师大),任第一届理事会的主任委员。

同年8月　在北戴河参加中国学前教育研究会"十五"课题评审会,并在"幼教改革与发展问题"研习班上作学术报告:《百年幼教的历史经验》。

2002年3月　主持中国学前教育研究会课程与教学专业委员会在广西桂林召开的"学习《新纲要》,深化幼儿园课程改革"研讨会。

2002年—2003年　参与中国幼教百年纪念活动的筹备工作，具体负责编写《中国幼教百年》，组织拍摄南京师大的4位名师及江苏幼教相关的专题片。

2003年10月15日—18日　参与主持在北京召开的由中国学前教育研究会主办的“纪念中国幼教百年”的学术报告会。

2003年11月—12月　应邀赴新加坡智源教育学院讲授两门课程，再次去马来西亚讲学。

2004年6月　应邀赴新加坡智源教育学院讲授两门课程。

2004年　参加在东北师大召开的由中国学前教育研究会课程与教学专委会主办的“幼儿园社会领域教育研讨会”，并在会上作报告《对我国社会领域教育初创阶段的研究》；后又参加在广西北海的同类研讨会。

2004年8月　应邀参加江苏省教育科学研究院举办的“海峡两岸幼儿教育学术研讨会”，在会上作报告《对我国幼儿园课程改革与发展的思考》。



2004年10月　应邀赴日参加东亚幼教研讨会，在会上作了《中国农村幼教的改革与发展》报告。

2005年3月　江苏省陈鹤琴教育思想研究会产生了第四届理事会，继任副理事长、法人代表。建立了16个实验基地，立项了130多个课题。4个专业委员会分别在张家港、南通、金湖、南京进行学术交流。组织纪念陈鹤琴诞辰115周年学术活动。

2005年4月　率江苏省幼教研究会60多人赴西欧考察了德国混龄教育和意大利瑞吉欧的幼儿教育。

2005年秋　参加在桂林召开的中国学前教育研究会第三次会员代表大会，当选为第六届理事会的常务理事。主持学会“十五”课题的“课程”分会场的交流。

2006年12月　参与主持由中国学前教育研究会课程与教学专委会主办的在厦门市召开的“幼儿园课程建设与管理研讨会”。

2006年—2009年　主持国家级“十一五”高校教材《学前教育思

想史》的编写工作。2009 年 11 月由人民教育出版社出版。

2007 年 6 月　率江苏省幼教研究会 30 多人赴北欧，考察了丹麦等国的幼儿教育。

2007 年 12 月　率江苏省陈鹤琴教育思想研究会 10 多人参加在香港举行的第十五届国际幼教会议。

2008 年底　省教育厅批准了省幼教研究会升格为省一级学会的申请，遂带领省幼教研究会第六届理事会的主要成员积极筹备。年底升格为江苏省学前教育学会，任顾问。

2008 年 10 月　参加由中国学前教育研究会课程与教学专委会主办，在宁波市召开的“全国幼儿园课程适宜性与有效性学术研讨会”。

2008 年 11 月　参与主持中国学前教育研究会幼儿园课程与教学专业委员会在南宁召开的第六届全国幼儿音乐教育研讨会。此前曾参加过 2004 年福州、2006 年深圳、2007 年大连的几次同类学术会议。

2009 年 5 月　参加中国学前教育研究会在南京举办的“十一五”课题结题培训会。



2009 年 6 月初　主持中国陶行知研究会学前教育专业委员会在上海召开的理事会换届活动及学术交流会。此前曾主持过 2002 年杭州、2004 年上海、2006 年黄山的三次学术年会。现任第二届理事会顾问。

2009 年 6 月　参加中国学前教育研究会课程与教学专业委员会在成都召开的幼儿语言教育研讨会，此前曾参加过南京、上海等地的同类学术会议。

2009 年 6 月　组织会员参加江苏省陈鹤琴教育思想研究会与江苏教育出版社联合举办的《陈鹤琴全集》读书活动。

2009 年 10 月　参加中国学前教育研究课程与教学研究会在南京召开的第一次幼儿美术教育研讨会。

# 后 记

这是我学习、研究学前教育 60 年的一份作业，虽然不算丰硕，但能反映我的专业活动的轨迹。《文集》交稿之际，我思绪万千，感恩、感激之情喷涌而出。感谢我的亲朋好友及师长学生给予的关爱、教育和帮助、支持。

感恩我的先父母，养育我在践行陶行知教育思想的氛围中，又引领我走上学习幼教之路。我将《文集》奉献于先父诞辰百年之时，聊以告慰在天之灵。



感恩我的师长们，是他们的精神和学识教导我在学前教育学科领域里学习成长。尤其要感谢钱且华、钟昭华、丁祖荫等诸位教授给予的厚爱。

感谢校内外的课题研究合作者，《文集》的资源许多来自课题研究的成果，是他们的参与和帮助，不仅使我主持的从“七五”规划到“十一五”规划的课题一个个得以顺利完成，我们之间还建立起了真诚而深厚的朋友情谊。感谢南京市实验幼儿园、南师大幼儿园、扬州市公道中心幼儿园、武进奔牛实验幼儿园等单位多年来给予的支持和合作。

特别要感谢赵寄石、虞永平两位教授在百忙中为《文集》作序。他俩是我们南京师大学前教育学科的两代带头人，学前教育界的领军人士。我们之间的师生情谊分别已近 60、30 年，他们对我影响最深，支持最多，帮助最大，是我学习、研究学前教育的良师益友。

感谢南京师大教科院国家级学前教育重点学科和江苏教育出版

社为我提供了结集出版《文集》的机会。感谢责任编辑刘昱老师辛勤的劳动。

唐　淑

2009 年 12 月

**图书在版编目(CIP)数据**

唐淑文集/唐淑著. --南京:江苏教育出版社,2011.5
(学前教育家文库)
ISBN 978-7-5499-0564-5

Ⅰ. ①唐… Ⅱ. ①唐… Ⅲ. ①唐淑-文集②学前教育-教学研究-文集 Ⅳ. ①G612-53

中国版本图书馆 CIP 数据核字(2011)第 079188 号

| | |
|---|---|
| **书　　名** | 唐淑文集 |
| **作　　者** | 唐　淑 |
| **责任编辑** | 刘　昱　林　琬 |
| **出版发行** | 凤凰出版传媒集团<br>江苏教育出版社(南京市湖南路 1 号 A 楼　邮编 210009) |
| **网　　址** | http://www.1088.com.cn |
| **集团网址** | 凤凰出版传媒网 http://www.ppm.cn |
| **经　　销** | 江苏省新华发行集团有限公司 |
| **照　　排** | 南京前锦排版服务有限公司 |
| **印　　刷** | 江苏新华印刷厂 |
| **厂　　址** | 南京市张王庙 88 号(邮编 210037) |
| **电　　话** | 025-85521756 |
| **开　　本** | 890×1240 毫米　1/32 |
| **印　　张** | 11.75 |
| **字　　数** | 310 000 |
| **版　　次** | 2011 年 5 月第 1 版<br>2011 年 5 月第 1 次印刷 |
| **书　　号** | ISBN 978-7-5499-0564-5 |
| **定　　价** | 28.00 元 |
| **批发电话** | 025-83657791,83658558,83658511 |
| **邮购电话** | 025-85400774,8008289797 |
| **短信咨询** | 025-85420909 |
| **E-mail** | jsep@vip.163.com |
| **盗版举报** | 025-83658551 |